老子新说

中西会通
解老子

陈继龙 著

上海书店出版社

序

大约一百年前的某一天，卡夫卡得到朋友带来的薄薄一册小开本《道德经》——第一种捷克语译本的《道德经》。他当即就兴致盎然地浏览一番，说："对道家，我已深入研习蛮久啦，只要有译本，我全看过喽。"卡夫卡此前读的是德语译本。卡夫卡的读后感是：

> 这是一片大海。人们很容易在这片大海里沉没。这部格言式的《道德经》，是难以咬碎的如核桃般的坚果，但又偏偏令人为之陶醉，尽管其内核对我仍然紧锁着，隐藏不露。就像一个小孩玩彩色玻璃弹子球那样，我跟着玻璃弹子球——《道德经》里的这些格言，从思想的一个角落滑到了思想的另一个角落，却丝毫没有前进一步。通过这些格言玻璃弹子球，我只是发现了自己的智力槽太浅，无法包容老子的玻璃弹子球。

卡夫卡是捷克小说家，且是西方现代主义文学的奠基者，他的小说极富哲思。卡夫卡遇见老子，是西方文学家遇见东方哲学家，而且一见便着迷。有人认为，他的小说创作受老子思想影响甚深。不过，他自己却沮丧地发现，老子的水太深了，自己没法跟老子玩。

但是，海德格尔觉得他可以跟老子玩。

大约七八十年前的一日，海德格尔觉得老子的"道"契合于他的"存在"，"道"这杯酒，大可拿来浇他的"存在"块垒。欣喜的他发愿要与中国学者合作翻译《道德经》，尽管当时《道德经》的德语译本已不下30种，但他认为，翻译不应仅局囿于文字层面，而是一种借助外语经验重新发现母语中深藏之物的过程，经由翻译之路径，可以拓展自己的思想。海德格尔试图深入理解《道德经》中"道"的概念，并尝试将其融入自己的哲学思考中。《道德经》不失为他的思想栖居之地。当然，最终未见译就，是为憾事。但人们发现，在海德格尔的演讲和著述里，直接或间接引用《道德经》之处还是蛮多的。他跟老子，分明投缘。

海德格尔是德国哲学家，而且是西方现代哲学的代表人物，思想巨擘。海德格尔遇见老子，是西方哲学家遇见东方哲学家，巧的是，老子这位东方哲学家所处的时代，跟海德格尔心心念念要返回到的古希腊苏格拉底乃至早于苏格拉底的如巴门尼德时代，大体相当。东西方哲学思想穿越时空，在海德格尔这里发生了某种汇合。这是偶然，但也不全是偶然。先秦诸子中，能与儒家之孔子相颉颃者，即道家之老子。而老子更显高蹈，更好打破砂锅问到底——探究世界万物之本原或基质，更臻于哲学的本体论境界。因此，老子也就更容易引起后世哲学家的共鸣，获其青睐。有论者认为，海德格尔之所以借镜于老子，是老子的思想能助力他从由柏拉图直至黑格尔等人所砌筑的西方传统哲学城堡里突围而出，能助力他去开辟一个哲学的新天地。此乃人类思想史上的一个重要事件，颇堪玩味。

但是，若要玩出此中的真味道来，并非易事。其挑战最巨者，是海德格尔本已至为深邃、卓尔不群的思想，又偏被他自己用极为独特、极为晦涩的话术来表达。对此，他曾决绝地表示，哲学若想把明白易懂作为自己追求的目标，那无异于自杀。如果说，人的思想不能居无定所，在空气中飘浮，而需要居住在语言这栋屋子里的话，那海德格尔所造的这栋屋子是多么的与众不同，以至于一般的人站在它面前，往往连门都找不到，更遑论登堂入室了。海德格尔原本就没打算让人们都能轻松随便地走进他的家园，造访他。然而，惟其如此，对爱沉潜于思想深水区的探玄寻幽者而言，海德格尔思想之家正是一方魅力无限的秘境，那里必有奇伟瑰怪非常之观。他们是思想秘境的知之者、好之者，更是乐之者；他们虽柔弱如一根苇草，却是一根会思想的苇草。求索之途的险远，又何足惧哉！

我的朋友陈继龙先生就是此道中人。据我了解，他自20世纪80年代起，就属意于东西方哲学的研习，孜孜矻矻地精读原典多年，寒暑不避。其间，他反复深入地探讨了老子之"道"和海德格尔之"存在"哲学思想，乐此不疲。如今，他心有所会，言有所据，正果结成，著就二十余万字的《老子新说——中西会通解老子》一书。他有意拿中国的老子学说与西方哲学主要是海德格尔思想摆在一起，也就是把《道德经》跟海德格尔的诸种哲学著述同时摊开，原原本本、实实在在地对读，对老子的思想作一番新解。他的"解老"，新就新在是从海德格尔的视角出发，让人看见了一个有别于传统"解老"中的老子，看见了一个在人类思想史上建树不凡并给予西方哲学家以启迪的老子。在我看来，这也可以说是对海德格尔借镜老子的一次很有意思的回应——让文本里的老子借镜于海德格尔。

这次回应的具体内容，主要在此书的下篇（上篇是"老子《道德经》简注"），凡十五章，名之曰"中国老子古典学说与西方哲学思想的'视域交融'"。这部分的篇幅占了全书的四分之三，足见作者所用心力之深之大。像老子和海德格尔这样的思想巅峰者，其视域之开阔、所见之广博，毋庸置疑。而作者将他们的视域交融起来，左右逢源，亦自当另有一番深切幽远的发现。

展读《老子新说——中西会通解老子》，如同穿行于人迹罕至的林中路上，寻寻觅觅，时有所获，不啻为一次精神发现之旅、思想之旅。如若不信，请君不妨自己徐徐读来。

是为序。

刘仲善
2024 年 8 月 31 日

目 录

序 …………………………………………………… 刘仲善 1

绪论 老子思想与西方哲学思想的比较研究何以可能？
　　——以海德格尔为中心 ……………………………………… 1

引言 老子其人其事 …………………………………………… 13

上 篇
老子《道德经》简注

一章 / 17	二章 / 18	三章 / 18	四章 / 19
五章 / 20	六章 / 21	七章 / 21	八章 / 22
九章 / 23	十章 / 23	十一章 / 24	十二章 / 25
十三章 / 26	十四章 / 26	十五章 / 27	十六章 / 28
十七章 / 29	十八章 / 30	十九章 / 30	二十章 / 31
二十一章 / 33	二十二章 / 33	二十三章 / 34	二十四章 / 35
二十五章 / 35	二十六章 / 36	二十七章 / 37	二十八章 / 38
二十九章 / 39	三十章 / 39	三十一章 / 40	三十二章 / 41

三十三章 / 42	三十四章 / 42	三十五章 / 43	三十六章 / 43
三十七章 / 44	三十八章 / 45	三十九章 / 46	四十章 / 47
四十一章 / 47	四十二章 / 48	四十三章 / 49	四十四章 / 50
四十五章 / 50	四十六章 / 51	四十七章 / 51	四十八章 / 51
四十九章 / 52	五十章 / 53	五十一章 / 54	五十二章 / 54
五十三章 / 55	五十四章 / 56	五十五章 / 57	五十六章 / 58
五十七章 / 58	五十八章 / 59	五十九章 / 60	六十章 / 61
六十一章 / 61	六十二章 / 62	六十三章 / 63	六十四章 / 63
六十五章 / 64	六十六章 / 65	六十七章 / 65	六十八章 / 66
六十九章 / 67	七十章 / 67	七十一章 / 68	七十二章 / 68
七十三章 / 69	七十四章 / 70	七十五章 / 70	七十六章 / 71
七十七章 / 71	七十八章 / 72	七十九章 / 73	八十章 / 73
八十一章 / 74			

下 篇
中国老子古典学说与西方哲学思想的"视域交融"

第一章
"道"字涵义的演变溯源与老子之"道"的思想渊源 …… 77

第一节 "道"字涵义的演变溯源 …… 77
第二节 老子之"道"的思想渊源 …… 79

第二章
道生一,一生二,二生三,三生万物 …… 83

第一节 "道"是宇宙的创生者 …… 83

第二节　"道"的本源性与生成性 ·················· 85

第三章
道可道，非常道 ···································· 88

　　第一节　"道"的实质与特性 ······················ 88
　　第二节　老子之"道"与海德格尔的"道说" ········ 98
　　第三节　老子之"道"与海德格尔的"林中空地" ···· 103
　　第四节　技术无限膨胀的"坏"处 ·················· 108
　　第五节　艺术才是挽救技术发展弊端的唯一出路 ···· 112
　　第六节　重新回到"道"上来 ······················ 120

第四章
德者，得也 ·· 123

　　第一节　"德"的由来与功用 ······················ 123
　　第二节　"德"由物及人 ·························· 125
　　第三节　"道"与"德"的关系 ···················· 126

第五章
吾以观复 ·· 132

　　第一节　老子"观"的性质 ························ 132
　　第二节　老子的"观"与胡塞尔"直观"的耦合 ······ 137

第六章
有无相生 ·· 142

　　第一节　"有"与"无"的关系 ···················· 142

第二节　中国哲学史上的"贵无派"与"崇有派" ········· 145
第三节　牟宗三先生的"有无"主张 ················ 148
第四节　海德格尔的"有无论" ···················· 151
第五节　西方基督教与古希腊"无论"的分野 ········· 157
第六节　老子后学庄子的"无论" ·················· 159
第七节　从黑格尔到龙树菩萨的"有无论" ··········· 161

第七章
知其白，守其黑 ································· 164

第一节　显-隐二重性 ···························· 164
第二节　遮蔽与无蔽 ····························· 167
第三节　柏拉图的"洞穴"说本质上崇尚光明 ········· 169

第八章
知止不殆 ······································· 172

第一节　去甚、去奢、去泰 ······················· 172
第二节　"度"的哲学思考 ························ 174
第三节　"异化"问题 ···························· 176
第四节　海德格尔批判"本质论"与"虚无论" ········· 190

第九章
绝巧弃利 ······································· 192

第一节　老子否弃"巧"与"利" ··················· 192
第二节　"绝巧弃利"思想产生的社会历史背景 ······· 193
第三节　海德格尔的"泰然任之" ·················· 197
第四节　欧洲关键的十七世纪 ····················· 210

第五节 建立人与技术世界的新型关系 …………………… 214

第十章
以正治国，以奇用兵 …………………………………… 223

第一节 "轴心时代"下的老子道学 …………………… 223
第二节 老子的政治理想 ………………………………… 226
第三节 "无为而无不为" ………………………………… 229
第四节 老子的"道"与韩非的"术" …………………… 231
第五节 老子的人性论 …………………………………… 234
第六节 老子的愚民观 …………………………………… 236
第七节 海德格尔的愚民观 ……………………………… 237
第八节 老子的愚民观与海德格尔的愚民观比较 ……… 250
第九节 和平主义与"以奇治兵" ………………………… 254

第十一章
大成若缺 …………………………………………………… 257

第一节 "道"的运动生生不息 …………………………… 257
第二节 老子"道"的返还与反转 ………………………… 259
第三节 老子强调对立面的和谐与不争之争 …………… 262
第四节 "合抱之木"与"九层之台" ……………………… 266
第五节 任何事物本身就有缺陷 ………………………… 270

第十二章
善为道者 …………………………………………………… 272

第一节 儒道对立的体道观 ……………………………… 272
第二节 老子的"四大"与海德格尔的"四重统一体" …… 274

第三节　老子关于人体悟道的境界与海德格尔的"四重统一体" ······ 277

第十三章
恍兮惚兮 ······ 284

第一节　"道"不可言说 ······ 284
第二节　"道"与"言"的紧张关系 ······ 289
第三节　"道"无言 ······ 293

第十四章
涤除玄览，明白四达 ······ 298

第一节　体现老子思维特质的自然真理观 ······ 298
第二节　老子的关联性思维方式 ······ 300
第三节　老子近乎独断的直言式论断 ······ 301
第四节　老子与西方共通的因果律判断式叙述 ······ 303

第十五章
出于幽谷，迁于乔木 ······ 305

结语 ······ 313

后记 ······ 315

绪 论
老子思想与西方哲学思想的比较研究何以可能？——以海德格尔为中心

中国老子的道家学说与西方哲学大家的思想颇多暗合之处，这是一个不争的事实。比如，老子的辩证法与德国黑格尔的辩证法几乎是殊途同归、百虑一致。当然，前者产生于"百家争鸣"的春秋战国时代，是纯粹中国古典形态的，朴素而简洁；而后者则是德国18、19世纪古典哲学的集大成者，深邃而繁复。但他们的精神是相通的（老子的思想与西方其他哲学大家的思想相合的事例，本书也都有论及，在此不一一枚举了）。其中尤为值得大书特书的是，老子思想与德国现代哲学家海德格尔思想的亲缘关系。这是世界精神界的一个重大事件，不能不重笔浓彩地将其凸显出来，事实上本书的侧重点也正在于此。

若干年前，中国老子思想与德国现代哲学家海德格尔思想的比较研究，曾是一门"显学"。论者大多从二者思想的亲缘性着眼，论述他们在精神世界上的相通之处。这无疑是正确的，但缺乏深入的分析，特别是未能把老子《道德经》的文本与海德格尔的哲学思想对读，从中抽绎出互通款曲之处。故本书不揣冒昧，决心冒险一试，把老子古典学说放置于西方哲学的背景与分析框架中，特别是从海德格尔的视角出发，对它加以重新诠释，从而发现一个迥异于传统的中国式解释下的老子。本书旨在高扬老子在世界思想史上的崇高地位，捍卫中国古代文化与古典思想的话语权。

我们在对老子思想与海德格尔思想进行比较研究之前，需要对一些问题先作说明，为这个研究奠定坚实的基础。以下分三个方面分别阐述。

一、对两者比较研究的处理方法

对老子思想与海德格尔思想进行比较研究，无非是比较两者的异同（肯定是同多于异），这是本书的本意。在对两者的思想材料进行分析时，我们采用的大多是一种平行的对比法。也许这种处理方法缺少必要的深度，故我们有必要事先解释，为平行的对比法奠定一个坚实的思想基础。

我们知道，现代德国最具原创性的哲学家海德格尔在不断解构西方传统形而上学时，对中国老子的道家学说产生了浓厚的兴趣。他不仅与中国台湾地区学者萧师毅共同翻译过老子的《道德经》（未完成），还在其著述中直接称引老子的思想话语。海德格尔对老子的"道"推崇备至，他说："'道'或许就是为一切开辟道路的道路（指思想的道路——引者），由之而来，我们才能去思理性、精神、意义、逻各斯等根本上也即凭它们的本质所要道说的东西。也许在'道路''道'这个词中隐藏着运思之道说的一切神秘的神秘。"[1] 译者在对"一切神秘的神秘"所作的脚注中指出，它颇近乎老子所谓的"玄之又玄"。事实也确实如此。海德格尔仿佛一下子被思想的"闪电"击中，在冥冥中与老子之"道"契合了。老子之"道"，这一中国古代原创的思想经验，对于海德格尔来说，既陌生又新鲜，可用"惊奇"一词来形容。海德格尔在感觉西方传统形而上学"黔驴技穷"之际，一方面另辟蹊径，自创新词，以达解

---

[1]《语言的本质》，《在通向语言的途中》，孙周兴译，商务印书馆 2015 年版，第191页。

绪 论
老子思想与西方哲学思想的比较研究何以可能？——以海德格尔为中心

构之目的；另一方面，他借镜异域的学说，比如日本的禅宗，特别是中国的道家，以获得新的思想资源，助益他打开思路，去完成思想的任务。

准此以谈，我们采用的两者平行对比研究法是建立在海德格尔思想与老子学说高度契合的基础上。有了这个"地基"，我们的研究才不至于像建筑在沙滩之上而容易坍塌。

应该说，海德格尔对老子思想产生兴趣是一个偶然事件；但产生兴趣后，他马上找到老子之"道"迥异于西方传统思想的新鲜之处，并且一拍即合，则有其必然性。海德格尔曾经苦恼地说道："思想待在岸地上已经久而久之，已经太久了。"[1] 这暗指西方传统形而上学"陷入困境，寸步难行"已经太久太久了，需要突围出去，另觅新路。此时，老子学说以它质朴而神秘的话语、富有东方特色的思想姿态，进入他的眼帘，带来了一股清新之风。于是，海德格尔很自然地与之碰撞出思想的火花，产生共情共鸣之感。海德格尔遇到了异域异代思想上的知音，这在西方哲学史上是一件很稀罕的思想事件。

德国学者弗兰茨《海德格尔之思与神学之当前》一文论到如何对海德格尔思想与神学进行比较研究时，列举了三种方法：

第一种是"折中派"的方法。弗兰茨解释说："折中派在方法上有意识地或者无意识地假定：海德格尔思想乃是一个思想体系，或是一种思想累积，或是一种思想储存，它是由各个部分组成的；或者说，海德格尔思想是一条带有各个思想发展阶段的思想道路。人们可以把这个思想体系（其各个部分、抑或这个整体、或其决定性的基础）或者这条思想道路（其各个发展阶段、或它所包括的整个路线、或它的基本特征）与一种可能的神学的思想体系或思想道路相提并论，对两者作一对照，并且可以追问：其中是否能够揭示

---

[1]《关于人道主义的书信》，《路标》，孙周兴译，商务印书馆2014年版，第371页。

出某些亲缘关系或者类似性("类比"),其中是否可能这样那样地发生一种影响,甚或已经发生了一些影响,或者,是否一种所谓的卓有成效的对话在此根本就是不可能的。"[1] 这种比较研究,重在揭示两种思想体系或者说两种思想道路的亲缘性及其产生的影响,或者通过比较研究,否定它们存在进行对话的可能性,即"一种所谓的卓有成效的对话在此根本就是不可能的"。

第二种是"讥讽派"的方法。弗兰茨解释说:"除了讥讽派这个独有的有些令人奇怪的新创词语之外,我找不到任何更合适的名称了。"[2] 他在文后的注释中说:"我们在此段落中不作文献说明,因为讥讽派乃是一个普遍现象,其起因就隐藏在我们每一个人中。讥讽派植根于早就流行的对于作为 γλῶσσα(有"口才、口语、方言"等意思——译者)的语言的领悟之中。"[3] 弗兰茨说:"如果我们想一起思考,我们就势必将投身于海德格尔的语言之中。然而,这当然不可能意味着,我们能把海德格尔的声音(voces)保存下来,以便能脱离其思想道路而任意地利用这种声音,并因此飘浮无据地对之乱加指摘。做这样一种'嚼舌头'(Züngeln)的诱惑委实是太大了,因为每当我们随我们的观念一道陷入一种无计可施的境况中时,恰恰就会出现这种情况……神学的困难也是适当的言说的困难,亦即一种翻译的困难,即把它翻译为我们时代的语言或翻译为当下具体情境的语言的困难"[4]。这种方法是弗兰茨坚决否弃的,因为"讥讽派"对比较对象的思想词语缺乏必要的领悟力,以至于不能准确地理解其含义或脱离其思想道路,滥用其词语,因而达不到研究的目的。

[1]《海德格尔之思与神学之当前》,[德]海德格尔等:《海德格尔与有限性思想》,孙周兴等译,华夏出版社2002年版,第169页。
[2] 同上,第176页。
[3] 同上,第207页。
[4] 同上,第176—177页。

绪 论
老子思想与西方哲学思想的比较研究何以可能？——以海德格尔为中心

第三种是"解释学派"的方法。弗兰茨举出富克斯的例子，说："富克斯并不是简单地进行'阐释'，而是生动地思考他自己的观点。从他自己的观点出发，富克斯在其神学解释学的新开端范围内为海德格尔指定了一个位置。"[1] 这种所谓"解释学"的比较方法，不是建立在对比较对象思想实证材料进行实事求是研究的基础上，而是从自己的观点出发，任意指派海德格尔在神学解释学的新开端范围内的位置。显然，这样的比较研究鲜有价值可言。

我的研究方法接近于"折中派"，既基于老子思想与海德格尔思想的亲缘性，他们之间的"共同点"，又以平行比附的细致描述，对两者思想一一对照，并详加说明与阐释。也许是因为囿于中国式的研究法，相比西方式的论证方法，我更注意思想实证材料的对比，以此来增强说服力。当然，我不能绝对保证自己不犯"讥讽派"的错误，或许我也会错量他们的思想，误用他们的词语，并妄加评论，但就我目前的领悟力与理解力，大概还不会太过离谱。或许我也会像"解释学派"，以自己的"先见"，任意指派他们在思想史上的位置，不能客观公正地对待他们，如果真是这样，这只能证明我思想方法上的无能与任意性，但我相信：在主观上，我是严格按照胡塞尔现象学的思想原则，已经用"括号"把自己的"先见"搁置起来，尽量让思想的"实事"如其所是地呈现出来。

二、对老子与海德格尔思想中西异同的理解

老子生活的年代约在公元前 571—前 470 年，海德格尔生于 1889 年，卒于 1976 年，是现代哲学家，他们两个人相隔了二十多个世纪，各自所处的时代与历史背景全然不同。

[1]《海德格尔之思与神学之当前》，第 177 页。

老子活动于春秋晚期,当时正是农耕时代,同时又是一个社会剧烈变动的时代。新的社会制度在滋长、发展,旧的社会制度面临前所未有的挑战,逐步走向衰败。对于这样巨大的社会变动,各个思想家都作出了反应,但答案不尽相同。

就这一时期的情形看,社会正经历着一个思想的裂变运动。庄子就曾描画过当时的情景:

> 天下大乱,贤圣不明,道德不一,天下多得一察焉以自好。譬如耳目鼻口,皆有所明,不能相通。犹百家众技也,皆有所长,时有所用。虽然,不该不遍,一曲之士也……是故内圣外王之道,暗而不明,郁而不发。天下之人各为其所欲焉以自为方。悲夫!百家往而不反,必不合矣。后世之学者,不幸不见天地之纯,古人之大体,道术将为天下裂。(《庄子·天下》)

庄子还评述了老子的思想,他说:"以本(指道)为精,以物为粗,以有积为不足,澹然独与神明居,古之道术有在于是者。关尹、老聃闻其风而悦之。建之以常无有,主之以太一(指道),以濡弱谦下为表,以空虚不毁万物为实。"据《史记·老子韩非列传》记载,儒家创始人孔子曾经问礼于老子,但在《道德经》里,我们不难发现,老子对儒家学说持强烈的批判态度。三十八章曰:"故失道而后德,失德而后仁,失仁而后义,失义而后礼。夫礼者,忠信之薄而乱之首。"老子从道开始,逐级递降,似乎在揭示思想的蜕变与堕落过程。可见儒道两家犹如水火而不相容。

海德格尔的好友、德国哲学家雅斯贝尔斯称古代世界曾出现过一个"轴心时代",即公元前800—前200年,世界各地几乎同时涌现了杰出的思想家与哲学家,一时蔚为大观。雅斯贝尔斯说:

> 哲学家首次出现了。人敢于依靠个人自身。中国的隐士与

绪 论
老子思想与西方哲学思想的比较研究何以可能？——以海德格尔为中心

> 云游哲人（盖指老子与孔子——引者）、印度的苦行者、希腊的哲学家和以色列的先知，尽管其信仰、思想内容与内在气质迥然不同，但都统统属于哲学家之列。人证明自己有能力，从精神上将自己和整个宇宙进行对比。他在自身内部发现了将他提高到自身和世界之上的本原。[1]

这说的正是老子与孔子所代表的道家与儒家最活跃的时期。

海德格尔则处在与老子迥然不同的大机器大工业时代，他经历了残酷的两次世界大战，曾在纳粹的统治下生活。美国哲学家托马斯·希恩（Thomas J. Sheehan），是一位海德格尔研究专家，他在《海德格尔：人和思想家》一书中说：

> 马丁·海德格尔也许是本世纪最有影响的哲学家。从许多方面看，他是个没有生平事迹的人。有一次他讲授亚里士多德，开场便说："他生出来，他工作，他死了。"讲起海德格尔恐怕也差不多。他1889年生于德国西南部，除了在马堡工作五年之外，一生都在西南部从事他的工作，1976年5月26日在那里去世，然而，在这八十六年中，他的思想震撼了整个哲学界。海德格尔的生平事迹和他的思想历程其实就是一回事。他自始至终生活在他的思想中。[2]

海德格尔除了在20世纪30年代出任过纳粹统治下的弗莱堡大学校长外，一生的活动确实平淡无奇，他专注于自己的思想创作。但在思想界，他也有过几次令人瞩目的举动：在达沃斯论坛上与新康德主义代表人物卡西尔的思想交锋；与自己的恩师、现象学的开

---

[1]《历史的起源与目标》，魏楚雄、俞新天译，华夏出版社1989年版，第10页。
[2] Thomas J. Sheehan ed., Heidegger: The Man and the Thinker, Chicago, 1981, p.1.转引自陈嘉映：《海德格尔哲学概论》，商务印书馆2014年版，第4页。

创者胡塞尔在思想上始合终离，分道扬镳，并独创了自己的生存哲学，一生孜孜追问存在的意义；在《形而上学导论》中大声疾呼，要以德意志的思想力量拯救颓败的欧洲。此外，海德格尔早期深受基督教神学（包括天主教与路德新教）的浸淫，神学对他的影响贯穿其一生。尽管海德格尔反对技术文化，但不可否认，他的思想已经受过科学思维方式的熏陶。

如果单纯从老子与海德格尔各自生活的历史环境与文化土壤看，他们的思想似乎难以联系到一起。

此外，中国古代文明与西方现代文明呈现一幅截然不同的思想文化景观，故二者在思维方式上及在各自关心的领域上有很大的不同。除老子外，中国古代的思想家大多涉及的是经验世界，重直觉、重人生。而西方从古希腊开始就已经在追求超越的先验世界，其滥觞就是著名的柏拉图的"理念世界"；从亚里士多德创设"逻辑学"后，西方思想界发展了逻辑思辨能力，着意于构建思想体系，出版大部头的哲学著作，比如康德的《纯粹理性批判》、黑格尔的《精神现象学》。就连海德格尔自己，也有皇皇巨作《存在与时间》问世。中国古代的思想著作大多短小精悍，言简意赅，儒家的《论语》是语录体，老子的《道德经》只有五千余言。但老子显然已经超迈同时代的思想家，逸出他们的藩篱，自觉关注与追求形而上的"道"了。老子的"道论"既是本体论，又是宇宙论，已经脱离了经验世界，为古代中国的精神文明开辟了一个新天地，创造了一种新境界。

不过，思想观念史的事实证明，不同地域、国家与时代的思想家，他们之间的创造性对话完全是可能的。因为思想观念有它内在的理路，哲学家们有其共同关注的观念与思想，不必受地域、国家与时代的限制。钱锺书《谈艺录》序言中有一句名言："东海西海，心理攸同；南学北学，道术未裂。"钱先生博览中外典籍，这应该是其从经验而来的不刊之论。海德格尔曾经很精辟地说过："民族

绪 论
老子思想与西方哲学思想的比较研究何以可能？——以海德格尔为中心

间真正的相互理解只产生和实现于一点：即在创造性的交互对话中沉思那被历史性地给予和交付它们的东西。在这样一种沉思中，各民族回到了各自的本己之物，并且更加鲜明和决断地将自己带入其中，站立其中。"[1]

海德格尔后期欣赏老子的思想，正是看到了老子思想与自己思想的契合点或者说共同处，那就是共同沉思的"历史性地给予和交付它们（指民族——引者）的东西"。在海德格尔那里是"存在"，在老子那里则是"道"。两者的阐述方式有所不同，但都是各自民族精神的本己之物。基于此，作为民族精神代表的思想家，他们通过创造性的对话得以理解对方是完全可能的。

思想家所阐发的义理具有普世性，它们可以超越时代与文明的畛域，异代异域而具同怀。英国哲学家怀特海说："整个西方哲学史不过是柏拉图的注脚。"这表明，柏拉图提出的若干重要的论题始终是哲学家们所共同关注的。围绕这些重要的论题，哲学家们见仁见智，各自提出自己的观点，形成诸多流派。同一流派的哲学家们声气相投，惺惺相惜；不同流派的哲学家们针锋相对，互相驳难，以此证明自己观点的正确。当然，也有极少数的哲学天才丰富和发展了柏拉图的思想，构筑了他们自己的思想体系。但重要的哲学论题仍旧是这些。这是就欧洲内部而言，但这一铁律同样适用于中国，故超越时代与文明的对话完全是可能的。如此说来，海德格尔与老子思想的"视域交融"也就不奇怪了。

海德格尔曾说："我们不仅缺乏任何尺度，可以让我们去评价形而上学的某个阶段相对于另一个阶段的完满性。根本上，我们也没有权利作这样一种评价。柏拉图的思想并不比巴门尼德的思想更见完满。黑格尔的哲学也并不比康德的哲学更见完满。哲学的每一个阶段都有其本己的必然性。我们简直只能承认，一种哲学就是它

---

[1]《通向交谈之路》，《从思想的经验而来》，孙周兴、杨光、余明锋译，商务印书馆2018年版，第13页。

之所是。我们无权偏爱一种哲学而不要另一种哲学——有关不同的世界观可能有这种偏爱。"[1] 海德格尔一定认为，老子的思想有它本己的必然性，有它独特的思想风貌；尽管海德格尔说"我们无权偏爱一种哲学而不要另一种哲学"，但相同观念的哲学思想彼此吸引，甚或合流，这是不可避免的事情。

三、老子与海德格尔思想相互解释的基础

老子与海德格尔的思想能够相互进行解释，是有他们共同的基础的：或在某些重要的哲学论题上，海德格尔看到了老子思想与他相同或相通点，或与海德格尔重视源始的开创性的思想有关。现在列举其荦荦大端者，作一简要论述，而更详细的分析，将在本书下篇的各个章节中逐次展开。

第一，海德格尔非常重视历史开端处的原创性的思想经验，认为这些思想经验是后代无法超越的。而老子正是这样一位古代中国具有原创性的道家思想宗师，海德格尔对他看重、欣赏，最后接受、吸纳，就不足为奇了。海德格尔有句名言："开端即未来。"故他曾以"返回步伐"，到苏格拉底以前的思想家——赫拉克利特、巴门尼德那里去寻觅、发掘古希腊人早前的思想经验，以显明思想的另一向度。我们只要知道海德格尔珍视古希腊前苏格拉底时期的思想家甚于重视柏拉图、亚里士多德就足够了。这是一条主线，为人们所熟知。而他显然还有另外的一条副线，即从中国古代老子的"道"那里去体认与深味古老东方思想的智慧。这里有一条铁证，可以证明老子的"道"在他心目中的地位与分量。他说："从我们所指出的实事来思，'本有'一词现在应作为为思想服务的主导词

---

[1]《哲学的终结和思想的任务》，《面向思的事情》，陈小文、孙周兴译，商务印书馆2014年版，第81—82页。

语来说话。作为如此这般被思考的主导词语,'本有'就像希腊的 λόγος［逻各斯］和中文的'道'一样几不可译。"[1]

第二,海德格尔对老子的"道"有很高的评价,几乎可以说与他的"存在"等量齐观。这个开辟一切道路的思想之"道"是比理性、精神、意义、逻各斯等更为原始,更具震撼力,因为它"隐藏着运思之道说的一切神秘的神秘"。这个"道"正是有待人们去追思的东西。而海德格尔的"存在"也具有同样的性质,它隐藏着太多的思想秘密,连海德格尔本人也对存在茫然失措。他说:"存在对我们来说,实际上几乎就只是一个词,而它的意义则是一团飘忽不定的迷雾。"[2]海德格尔在《存在与时间》中试图从"此在"出发去探寻存在的意义,"此在"占据了主导地位,"存在"反倒隐而不彰了。这暴露了他主体性思想的弱点。而当他意识到这一点后,就抽身出来,转向寻绎存在-真理本身的历史。但是,"存在"到底是怎么一回事情,仍然是一个谜团。海德格尔说:"什么是存在呢?存在是存在本身。将来的思想必须学会去经验和道说存在。'存在'——它不是上帝,不是世界根据。"[3]看来,它的命运与老子的"道"的命运一样,无法解说("道可道,非常道")。"存在"与海德格尔理解的老子之"道"在精神上是相通的,它们在一条思想的轨道上交集。它们神秘,只有极少数的人能够给予道说(在海德格尔那里是诗人与思想家,在老子那里是体道悟道之士);它们比一切存在者,比理性精神要质朴、原始,更能反映本质性的东西。

第三,海德格尔反对人的主体性,反对技术理性,主张人与存在共属一体,人应归属于存在,而老子也认为人要皈依于道。海德格尔在解释《赫拉克利特残篇》50时引用了斯纳尔的译文:"如果

[1]《同一与差异》,孙周兴、陈小文、余明锋译,商务印书馆2014年版,第47页。
[2]《形而上学导论》,王庆节译,商务印书馆2017年版,第59页。
[3]《关于人道主义的书信》,《路标》,第392页。

你们不是听了我的话，而是听了意义，那么，在相同的意义中说'一是一切'就是智慧的。"[1] "一"就是存在，它统摄一切存在者，包括人，所以人从属于存在。当然，存在也借由人道说它的意义，让它的本质现身。人与存在有一种适应性，并且应该是可以协调一致的。而在老子那里，人的主体性也被消解掉了。老子主张"无为"。日本福永光司认为老子的无为，乃是不恣意行事，不孜孜营私，以舍弃一己的一切心思计虑，一依天地自然的理法而行的意思。这正与海德格尔反对计算性的思维方式不谋而合。老子以为"民之难治，以其多智。故以智治国，国之贼；不以智治国，国之福"（六十五章），人唯有去智辩、去伪诈、去巧利，与道合一，方能"见素抱朴，少私寡欲"（十九章），故"孔德之容，惟道是从"（二十一章）。这与海德格尔反对主体性，让人归属于存在的思想，何其相似尔！

---

[1]《逻各斯》，《演讲与论文集》，孙周兴译，商务印书馆2018年版，第227页。

引 言
老子其人其事

先秦诸子里，有个老子，但他究竟是谁？还真是个谜。先秦典籍里偶有提及老子的，尽是些碎片，拼不出一张全图来，还颇有些荒诞不经的说法，不足采信。据传，孔子说老子像龙，这倒是蛮贴切的——神龙见首不见尾。一鳞半爪，玄乎其哉！等到太史公司马迁作《史记》，总算为老子写了一篇数百字的传记，其中给出了他的籍贯、姓名字和履历。

老子是楚苦县（今河南鹿邑）厉乡曲仁里人，姓李名耳，字聃，在周朝久住，做过周的图书馆馆长（"守藏室之史"），博学有道，所以孔子也跑来向他讨教。老子发觉周室日趋衰微，就离周而去。过函谷关时，守关的尹喜要他留下著述才肯放行。他走笔写下一本五千多字的讲论道与德的书，分上下篇，此书被称为《老子》或《道德经》。然后，他就神隐，"莫知其所终"了。

这样一来，老子的眉目清晰了许多。但是，这篇传记还是有漏洞，有疑点，有难以自洽处。历史学者钱穆进行了一番考辨后认为，太史公是把经过庄子等人神化过的三个不同的"老子"——被孔子请益的老子、做周史官的老子、写《老子》的老子——团捏成了一个"老子"。而《老子》一书，要到战国时代才写出来，故其作者要晚于孔子，不可能当过孔子的老师。当然，也有学者认为老子就一个，且不晚于春秋时代。20世纪70至90年代，马王堆西汉墓帛书《老子》和郭店战国中期楚简《老子》先后发现，书于竹帛的老子言，当然让人更有底气相信《老子》至少在战国中期以前已经完成，而将其成书时间追溯到春秋晚期即孔子时代，也是可行的。但老子究竟是谁，至今仍旧众说纷纭，谜底仍旧没有揭晓。

好在《老子》五千余言分明在。《老子》不仅是道家的经典，更是先秦诸子学说中最可入世界哲学之林的经典。有统计说，《老子》是被移译成外语语种最多、版本最多的中国古典著作。《老子》之道的哲学光芒，烛照于世，洞彻深远，至今犹然。

上篇 老子《道德经》简注

老子《道德经》传世至今，版本甚富，各本文字亦多有不同，聚讼纷纭，莫衷一是。故本书上篇《老子〈道德经〉简注》所采《道德经》正文不固守某一特定底本，而是博采众家之长，择善而从。又《道德经》中存在的部分错简、衍文等内容，改为楷体小字并用括号加以标识，特此说明。

一章

道可道,非常道①;名可名,非常名②。无,名天地之始③;有,名万物之母④。故常无,欲以观其妙⑤;常有,欲以观其徼⑥。

此两者⑦,同出而异名,同谓之玄⑧,玄之又玄,众妙之门⑨。

注释:

① 第一句第二个"道"字是言说之义。 常道:常久之道。朱谦之《老子校释》谓:"天地之道,恒久而不已,四时变化,而能久成。若不可变、不可易,则安有所谓常者?"常道不可言说。

② 第一句第二个"名"字是命名的意思。《管子·心术》:"名者,圣人之所以纪万物也。"又《管子·七法》尹知章注:"名者,所以命事也。"
常名:恒常不变之名。此名亦不可命名。

③ 名:称作。

④ 母:指源始,万物从所出。

⑤ 常无,欲以观其妙:经常从无形处去观照道的奥妙。

⑥ 常有,欲以观其徼:经常从有形处(道落实到德)去观照道的终归。徼,边际,引申为终归。

⑦ 两者:指"无"与"有",两者同出于道,是道的一体两面。《庄子·天下》:"老聃闻其风而悦之,建之以常无有。"常无有,就是"常无""常有"。

⑧ 玄:深远幽昧。

⑨ 众妙之门:一切奥妙的门户。

二章

天下皆知美之为美，斯恶已①；皆知善之为善，斯不善已。

故有无相生②，难易相成，长短相形③，高下相倾④，音声相和，前后相随。

是以圣人处无为之事⑤，行不言之教⑥。万物作焉而不始⑦，生而不有，为而不恃，功成而弗居。夫唯弗居，是以不去。

注释：

① 斯：这。
② 有无相生：有无对立，有从无生，无从有显。
③ 长短相形：长与短彼此比较而显示。
④ 高下相倾：高与下彼此比较而存在。
⑤ 圣人：道家理想中的最高人物，指其人纯任自然，内心虚空寂静，没有任何私欲与心机。　无为：日人福永光司《老子》（陈冠学译）认为，老子的无为，乃是不恣意行事，不孜孜营私，以舍弃一己的一切心思计虑，一依天地自然的理法而行的意思。
⑥ 不言：指不恣意发号施令。
⑦ 作：兴起。　始：干涉。丁原植《郭店竹简老子释析与研究》据简本训"始"为主宰。

三章

不尚贤①，使民不争；不贵难得之货②，使民不为盗；不见可欲，使民不乱。

是以圣人之治，虚其心③，实其腹，弱其志④，强其骨。常使民无知无欲，使夫知者不敢为也⑤。为无为⑥，则无不为。

注释：

① 尚：推崇、崇尚。　贤：有才能的人。河上公注："贤谓世俗之贤……去质为文也。"

② 贵：珍视。

③ 虚其心：（使民）摒除智虑，空虚其心。

④ 弱其志：削弱（百姓的）志向。

⑤ 知者：同"智者"。王弼本"知者"即作"智者"。

⑥ 为无为：顺应自然之理去作为。第一个"为"作动词，做。

四章

道冲而用之或不盈①。渊兮似万物之宗②，（挫其锐，解其纷，和其光，同其尘。）③湛兮似或存④。吾不知其谁之子⑤，象帝之先。

注释：

① 冲："盅"的假字。傅奕本"冲"即作"盅"。《说文解字》："盅，器虚也。"

② 渊：深。　宗：祖宗。

③ 挫其锐，解其纷，和其光，同其尘：此四句重见于五十六章。马叙伦《老子校诂》说："'挫其锐'四句乃五十六章错简，而校者有增无删，遂复出也。"

④ 湛：沉。《说文解字》："湛，没也。"《小尔雅·广诂》："没，无也。"

⑤ 其：承上指道。

⑥ 象：王安石《老子注》引《系辞》曰："见乃谓之象。"见，同"现"，出现、显现。　帝：中国古代观念中的上帝或天帝具有意志。《古文尚书·仲虺之诰》云："有夏昏德，民坠涂炭，天乃锡王勇智，表正万邦。"陈梦家《古文字中之商周祭祀》说："商人之'帝'为生活（或生产上）之主宰……周人之'天'若'上帝'为政治上之主宰。"（《燕京学报》第19期，1936年，第149页）

五章

天地不仁①，以万物为刍狗②；圣人不仁③，以百姓为刍狗。

天地之间，其犹橐籥乎④？虚而不屈⑤，动而愈出。

多言数穷⑥，不如守中⑦。

注释：

① 天地不仁：谓天地不偏不党，无所亲爱。老子认为，天地只是一个自然的存在，没有意志，没有情感。

② 刍狗：用稻草扎成的狗，用于祭祀。祭祀完毕，即弃之。魏源《老子本义》云："结刍为狗，用于祭祀，既毕事则弃而践之。"

③ 圣人不仁：圣人则效天地，亦无所偏爱。

④ 橐籥：即风箱。范应元《老子道德经古本集注》云："囊底曰'橐'，竹管曰'籥'。冶炼之处，用籥以接橐囊之风氖，吹炉中之火。"

⑤ 屈：穷竭。严复《老子道德经评点》曰："屈音掘，竭也。"

⑥ 数：犹"速"。马叙伦《老子校诂》曰："数借为速。《礼记·曾子问》：'不知其已之迟数。'注：'数读为速。'"

⑦ 中：中空。张默生《老子章句新释》认为："（老子）说的'中'字，是有'中空'的意思，好比橐籥没被人鼓动时的情状，正是象征着一个虚静无为的道体。"

六章

谷神不死①,是谓玄牝②。玄牝之门,是谓天地根。绵绵若存,用之不勤③。

注释:

① 谷神:指道。以道虚空,故以谷比喻之。谷为两山之间的低地,其意为虚空,乃"虚怀若谷"之"谷"意。神,因应无穷。严复《老子道德经评点》说:"以其虚,故曰谷;以其因应无穷,故称神;以其不屈愈出,故曰不死。"

② 玄牝:玄妙的雌性生殖力,指道。道生万物,故以喻之。

③ 勤:尽。《淮南子·原道训》:"旋县而不可究,纤微而不可勤。"注:"勤,犹尽也。"

七章

天长地久。天地所以能长且久者,以其不自生①,故能长生②。

是以圣人后其身而身先③,外其身而身存④。非以其无私邪?故能成其私⑤。

注释:

① 不自生:不自营其生。

② 长生:长久。范应元《老子道德经古本集注》曰:"长久者莫如天地,天地均由道而生,所以能长且久者。"

③ 后其身而身先:把自己放在后面,反而处于最前面。

④ 外其身而身存：把自己置之度外，反而得以保全性命。
⑤ 成其私：无私反而成就其私。薛蕙《老子集解》云："夫圣人之无私，初非有欲成其私之心也，然而私以之成，此自然之道耳。"

八章

上善若水，水善利万物而不争①，处众人之所恶，故几于道②。

居善地，心善渊③，与善仁④，言善信，政善治⑤，事善能⑥，动善时⑦。夫唯不争，故无尤⑧。

注释：

① 上善若水，水善利万物而不争：最高的善就像水一样，水性利于万物而不争。
② 几：接近。
③ 心善渊：薛蕙《老子集解》云："藏心微妙，深不可测，善渊也。"渊，深渊。
④ 与善仁：与人结交兼爱无私。与，交往。《庄子·大宗师》："孰能相与于无相与。"陆德明《经典释文》云："与，犹亲也。"
⑤ 政善治：为政善于治国。薛蕙《老子集解》曰："治国则清静自正，善治也。"
⑥ 事善能：行事善于发挥所长。
⑦ 动善时：司马谈述道家之学曰："与时迁徙，应物变化。"
⑧ 尤：罪过。马叙伦《老子校诂》说："尤为訧省。《说文》曰：'訧，罪也。'"《周易·贲卦》象辞曰："匪寇婚媾，终无尤也。"

九章

持而盈之①，不如其已②。揣而锐之③，不可长保。金玉满堂，莫之能守。富贵而骄，自遗其咎④。功遂身退⑤，天之道⑥。

注释：

① 持而盈之：持满之义。

② 已：停止。

③ 揣而锐之：捶打使之尖锐。揣，孙诒让《老子札记》谓："揣字盖当读为捶，盖揣与捶声转字通也。"

④ 咎：灾祸。

⑤ 功遂身退：遂，成功。身退，似不必一定退位。老子思想似无遁世之意，只是成而不有而已。王真《道德经论兵要义述》："此言身退者，非谓必使其避位而去也，但欲其功成而不有之耳。故经云夫唯不居，是以不去，其此之谓乎？"

⑥ 天之道：自然的规律。成玄英《道德经义疏》云："天者，自然之谓也。"如苏辙《老子解》所言"日中则移，月满则亏"之类。在老子看来，"功遂身退"这种社会人事现象，亦合于自然的规律。

十章

载营魄抱一①，能无离乎？专气致柔②，能如婴儿乎？涤除玄览③，能无疵乎？爱民治国，能无为乎？天门开阖④，能为雌乎⑤？明白四达⑥，能无知乎⑦？

注释：

① 载营魄抱一：载，马叙伦《老子校诂》引石田羊一郎曰："载字，唐玄宗改为哉，属上句读，当从之。并当依《淮南》引补'也'字，与后文'愚人之心也哉''盗夸也哉''非道也哉'语法正同。"其说是。据此，九章末句"天之道"应为"天之道也哉"。本章六个平行的问句，句式文字齐整，而首句多一"载"字，非是。营魄，魂魄。河上公注："营魄，魂魄也。"抱一，高亨《老子正诂》说："一谓身也。"抱一，即精神与形体合二为一。《庄子·庚桑楚》引老子曰："卫生之经，能抱一乎？"即此意也。

② 专气：聚气。专，同"抟"，集聚。《管子·业内》："抟气如神，万物备存。"尹知章注："抟谓结聚也。"

③ 涤除：消除（杂念）。 玄览：高亨《老子正诂》说："'览'读为'鉴'，'览''鉴'古通用……玄鉴者，内心之光明，为形而上之镜，能照察事物，故谓之玄鉴。"《淮南子·修务训》："执玄鉴于心，照物明白。"注："鉴，镜也。"

④ 天门开阖：天门谓心。《庄子·天运》："其心以为不然者，天门弗开矣。"陆西星《南华真经副墨》说："天门者，灵府也。"天门开阖，犹言心灵活动的兴起与止息。

⑤ 雌：安静柔弱。

⑥ 明白四达：通晓一切。奚侗《老子集解》云："明白四达，是无所不知也。"

⑦ 知：同"智"，此作心机解。老子黜聪明，故主张"无知"。

十一章

三十辐共一毂①，当其无有②，车之用。埏埴以为器③，当其无有，器之用。凿户牖以为室④，当其无有，室之用。故有之以为利⑤，无之以为用⑥。

注释：

① 辐：连接车轴心与轮圈的木条。　毂：车轮中心的圆心。

② 当其无有：当，在。无，车毂中空的地方。高亨《老子正诂》说："无谓轮之空处，有谓轮之实体，言车之用在其空处与实体也。"

③ 埏埴：糅合黏土。埏，抟和。埴，黏土。

④ 户牖：门窗。

⑤ 有之以为利："有"提供了便利。

⑥ 无之以为用："无"发挥了作用。

十二章

五色令人目盲①，五音令人耳聋②，五味令人口爽③，驰骋畋猎令人心发狂④，难得之货令人行妨⑤。是以圣人为腹不为目⑥，故去彼取此⑦。

注释：

① 五色：青、赤、黄、白、黑。

② 五音：宫、商、角、徵、羽。

③ 五味令人口爽：五味，酸、苦、甘、辛、咸。爽，口病。《淮南子·精神训》："五味乱口，使口爽伤。"

④ 畋猎：狩猎、打猎。

⑤ 行妨：做出损害人的事情。妨，《说文解字》："妨，害也。"

⑥ 为腹不为目：蒋锡昌《老子校诂》说："老子以'腹'代表一种简单清静、无知无欲之生活，以'目'代表一种巧诈多欲……之生活。"其说近是。"为腹"只求安饱，"为目"纵情声色。

⑦ 去彼取此：摒弃"为目"的生活（"彼"），采取"为腹"的生活（"此"）。

十三章

宠辱若惊①,贵大患若身②。何谓宠辱若惊?宠为下③,得之若惊,失之若惊,是谓宠辱若惊。何谓贵大患若身?吾所以有大患者,为吾有身④,及吾无身,吾有何患⑤?故贵以身为天下⑥,若可寄天下⑦;爱以身为天下,若可托天下。

注释:

① 宠辱若惊:河上公注:"身宠亦惊,身辱亦惊。"若,相若、同等。
② 贵大患若身:重视名誉财货如同重视自己的身体。大患,指身外名誉财货。参见四十四章:"名与身孰亲?身与货孰多?"
③ 宠为下:得宠是卑下的。范应元《老子道德经古本集注》云:"辱因宠至,是宠为辱根,故宠为下。"。
④ 吾所以有大患者,为吾有身:有身才有名誉财货这些大患。
⑤ 及吾无身,吾有何患:假如无身,就没有名誉财货这些大患了。及,犹若也。
⑥ 贵以身为天下:珍视身体方能治理天下。王弼注:"无物可以易其身,故曰'贵'也。如此乃可以托天下也。"下句义同。以"爱"换"贵",爱,爱惜。
⑦ 若:乃。《庄子·在宥》引老子曰:"贵以身为天下,则可以托天下;爱以身为天下,则可以寄天下。"两个"则"字可证"若"作"乃"解。"则""乃"义同。

十四章

视之不见,名曰"夷"①;听之不闻,名曰"希"②;搏之不得,名曰"微"③。此三者不可究诘④,故混而为一。其上不皦⑤，其下不昧⑥。绳绳兮不可名⑦，复归于无物。是谓无状之状，无物之象，是谓恍惚⑧。迎之不见其首，随之不见其后。执古之道，以御今之有⑨。能知古始⑩，是谓道纪⑪。

注释：

① 夷：河上公注："无色曰夷。"
② 希：河上公注："无声曰希。"
③ 微：河上公注："无形曰微。"
④ 究诘：推问。
⑤ 皦：敦煌本"皦"作"皎"，古"皦""皎"通。《说文解字》："皦，玉石之白。"又："皎，月之白。"
⑥ 昧：幽暗。
⑦ 绳绳：一般解为"绵绵不绝"，如河上公注："绳绳者，动行无穷极也。"但高亨《老子正诂》别有新解，云："'绳绳'疑本作'黽黽'，形近而讹。《说文》：'黽，冥也，从冥黾声。读若黾蛙之黾。'则黽黽犹冥冥矣，谓其不可见也。不可见自不可名，故曰'黽黽不可名'。" 名：作动词，名状。
⑧ 恍惚：似有若无。
⑨ 御今之有：治理今天的国家。御，治理。奚侗《老子集解》曰："《诗·思齐》：'以御于家邦。'郑笺：'御，治也。'"有，刘师培《老子斠补》曰："有即域之假文也，有通作或，或即古域字。《诗·商颂·玄鸟》：'奄有九有。'毛传：'九有，九州也。'"
⑩ 古始：古代道的本源。
⑪ 道纪：道的规律。《文子·微明》曰："故随时而不成，无更其刑；顺时而不成，无更其理。时将复起，是谓道纪。"

十五章

古之善为士者，微妙玄通①，深不可识。夫唯不可识，故强为之容②。豫兮若冬涉川③，犹兮若畏四邻④，俨兮其若客⑤，涣兮若冰之将释，敦兮其若朴，旷兮其若谷，混兮其若浊。孰能浊以静之徐清⑥？孰能安以动之徐生⑦？保此道者，不欲盈。夫唯不盈，故能蔽而新成⑧。

注释：

① 玄通：谓（为道之士）深远而通达。
② 容：作动词，形容、描述。
③ 若冬涉川：高亨《老子正诂》说："《诗·小旻》：'战战兢兢，如临深渊，如履薄冰。'若涉大川与如临深渊同意。"
④ 四邻：四周的敌国。
⑤ 俨兮其若客：恭敬严肃，如作客。客，王弼本作"容"，盖因"客"与"容"形近而误。
⑥ 孰能浊以静之徐清：谁能在浑浊（动荡）中安静下来而缓缓得以澄清。
⑦ 孰能安以动之徐生：谁能在安定中变化起来而徐徐自生。
⑧ 蔽而新成：易顺鼎《读老札记》说："蔽者，敝之借字……敝与新对。能蔽而新成者，即二十二章所云'敝则新'。"易说是。敝，旧也。

十六章

致虚极①，守静笃②。万物并作，吾以观复。夫物芸芸③，各复归其根④。归根曰静⑤，静曰复命⑥。复命曰常⑦，知常曰明。不知常，妄作，凶。知常容⑧，容乃公⑨，公乃全⑩，全乃天⑪，天乃道⑫，道乃久，殁身不殆⑬。

注释：

① 致虚极：把心灵的空虚推至极致。

② 守静笃：守持清静至于笃厚。
③ 芸芸：众多。《庄子·在宥》："万物云云，各复其根。"语本老子，只"芸芸"作"云云"。高亨《老子正诂》曰："'芸''云'同声系，古通用。"成玄英《南华真经注疏》云："云云，众多貌也。"
④ 根：根源。参见六章："玄牝之门，是谓天地根。"
⑤ 归根曰静：回归根源叫做清静。
⑥ 静曰复命：高亨《老子正诂》说："本性天所赋予，故《礼记·中庸》：'天命之谓性。'复其本性而至于静，是复命已，故曰'静曰复命'。"
⑦ 复命曰常：回复本性是不变的规律。常，规律。张岱年《中国哲学大纲》说："变化的不易之则，即所谓常。"
⑧ 知常容：认识规律便能包容一切。
⑨ 容乃公：能够包容一切便能公正。
⑩ 公乃全：公正就能无不周遍。"公乃全"，王弼本虽作"公乃王"，但其注释则谓"无所不周普也"，可见原文应是"公乃全"。劳健《老子古本考》说："'公乃全，全乃天'，全、天二字为韵。王弼注云'周普'是也。"
⑪ 全乃天：无不周遍就符合自然。天，自然之谓也。
⑫ 天乃道：符合自然就是道。
⑬ 殁身不殆：终身没有危险。殆，危险。

十七章

太上①，下知有之②；其次，亲而誉之③；其次，畏之；其次，侮之。信不足焉，有不信焉④。悠兮其贵言⑤。功成事遂，百姓皆谓："我自然。"⑥

注释：

① 太上：最好。蒋锡昌《老子校诂》说："'太上'者，古有此语，乃

最上或最好之谊。《魏策》：'故为王计：太上，伐秦；其次，宾秦……'谓最好，伐秦也。"

② 下知有之：下面百姓知道有（统治者）存在而已。

③ 亲而誉之：亲近并且赞誉（统治者）。

④ 信不足焉，有不信焉：（统治者）诚信不足，百姓才有不信任产生。

⑤ 悠兮其贵言：（统治者）悠然而不轻易发号施令。吴澄《道德真经注》说："贵，宝重也……宝重其言，不肯轻易出口……盖圣人不言无为，俾民阴受其赐，得以各安其生。"

⑥ 我自然：我本来就是如此。

十八章

大道废，有仁义①；智慧出②，有大伪；六亲不和③，有孝慈；国家昏乱，有忠臣。

注释：

① 大道废，有仁义：冯友兰《中国哲学史新编》说："'大道废，有仁义'，这并不是说，人可以不仁不义，只是说，在'大道'之中，人自然仁义，那是真仁义。至于由学习、训练得来的仁义，那就有模拟的成分，同自然而有的真仁义比较起来它就差一点次一级了。"冯说是。

② 智慧：聪明才智。老子是黜聪明才智的。

③ 六亲：父、子、兄、弟、夫、妇。如果六亲和睦，就不需要孝慈了。

十九章

绝圣弃智①，民利百倍；绝仁弃义②，民复孝慈；绝巧弃利，盗贼无有。此三者，以为文不足③，故令有所属④。见素抱朴，少私寡欲。

注释：
① 绝圣弃智：郭店简本作"绝智弃辩"，是。通观《道德经》全篇，老子并没有贬抑圣人的意思，但老子确实贬黜才智与巧辩。
② 绝仁弃义：郭店简本作"绝伪弃诈"，是。老子并不反对仁义，反而主张"与善仁"（八章）。
③ 此三者，以为文不足：三者指智辩、伪诈与巧利。文，文饰。此句意谓三者皆为文饰，不足以治国。
④ 属：归属。

二十章

绝学无忧①。唯之与阿②，相去几何？美之与恶，相去若何③？人之所畏，不可不畏。荒兮，其未央哉④！众人熙熙⑤，如享太牢⑥，如春登台。我独泊兮⑦，其未兆⑧，如婴儿之未孩⑨。儽儽兮⑩，若无所归。众人皆有余，而我独若遗⑪。我愚人之心也哉！沌沌兮！俗人昭昭，我独昏昏⑫；俗人察察⑬，我独闷闷⑭。澹兮⑮，其若海，飂兮⑯，若无止。众人皆有以⑰，而我独顽且鄙⑱。我独异于人，而贵食母⑲。

注释：
① 绝学无忧：弃绝学问，可以无忧。参见四十八章："为学日益，为道日损。"老子认为学习知识越多，求道所得就越少。
② 唯之与阿：唯，恭敬的答应之词，如今语"唯唯诺诺"。成玄英《道德经义疏》云："唯，敬诺也。"阿，刘师培《老子斠补》说："阿当作诃，《说文》：'诃，大言而怒也。'……诃俗作呵。"唯与阿正相对立，与

下文美与恶对立一样。

③ 相去若何：谓相差不远。若何，几何、多少。

④ 荒兮，其未央哉：荒，吴澄《道德真经注》说："荒，犹广也。"央，吴澄《道德真经注》说："央，犹尽也。"未央即无尽。

⑤ 熙熙：愉悦。

⑥ 太牢：古代天子祭祀用牛、羊、豚三牲，三物皆备谓之太牢；而诸侯祭祀仅用羊与豚，谓之少牢，规格低一等。

⑦ 泊：淡泊。

⑧ 未兆：不显露迹象。兆，征兆。

⑨ 咳：《说文解字》曰："咳，小儿笑也。"王弼本"咳"作"孩"。古代"咳""孩"通用。

⑩ 儽儽：疲倦貌。《礼记·玉藻》："丧容累累。"郑玄注："累累，羸惫貌。"古代"儽""累"通用。

⑪ 遗：不足。奚侗《老子集解》说："遗借作匮，不足之意。"

⑫ 昏昏：暗昧。

⑬ 察察：苛察。释德清《老子道德经解》云："察察，即俗谓分星擘两，丝毫不饶人之意。"

⑭ 闷闷：高亨《老子正诂》认为当读为"闵闵"，傅奕本正作"闵闵"。范应元《老子道德经古本集注》云："有训作昏昧不分别者。"参见五十八章："其政闷闷，其民淳淳。"

⑮ 澹：安静。

⑯ 飂：《说文解字》曰："飂，高风也。"即强劲之风。

⑰ 有以：有所作为。王弼注："欲有所施用也。"以，用。

⑱ 鄙：朴野鄙陋，比喻跟不上形势。

⑲ 食母：为道所养。范应元《老子道德经古本集注》云："食者，养人之物，人之所不可无者也。母者，指道而言也。"参见五十二章："天下有始，以为天下母。"始，本始，万物从所出，道也，故道称之为"母"。

二十一章

孔德之容①,惟道是从。道之为物,惟恍惟惚。惚兮恍兮,其中有象②;恍兮惚兮,其中有物。窈兮冥兮③,其中有精④;其精甚真,其中有信⑤。自古及今,其名不去⑥,以阅众甫⑦。吾何以知众甫之状哉?以此⑧。

注释:

① 孔德之容:大德的行动。孔,大也。容,高亨《老子正诂》以为是"搈"的假字。《说文解字》:"搈,动搈也。"
② 象:迹象。
③ 窈兮冥兮:深远暗昧。
④ 精:最微小的物质。《庄子·秋水》云:"夫精,小之微也。"
⑤ 信:信验。
⑥ 名:指道名。
⑦ 以阅众甫:以察看万物的起始。阅,察看。甫,俞樾《诸子平议》说:"按甫与父通,众甫者,众父也……河上公注曰:'父,始也。'而此注亦曰:'甫,始也。'然则'众甫'即'众父'也。"众甫,这里指道,乃万物的起始。

二十二章

曲则全①,枉则直②,洼则盈③,敝则新,少则多,多则惑。是以圣人抱一④,为天下式⑤。不自见⑥,故明;不自是,故彰;不自伐⑦,故有功;不自矜,故能长⑧。夫唯不争,故天下莫能与之争。古之所谓"曲则全"者,岂虚言哉?诚全而归之⑨。

注释：

① 则：乃、就。
② 枉：弯曲。
③ 洼：低洼。
④ 抱一：执一。一，指道。《庄子·天地》："记曰：'通于一而万事毕。'"成玄英《南华真经注疏》云："一，道也。夫事从理生，理必包事，本能摄末，故知一万事毕。"《韩非子·扬权》："用一之道，以名为首……故圣人执一以静，使名自命，令事自定。"两个"一"字均指道。
⑤ 式：法式。
⑥ 自见：吴澄《道德真经注》说："自见，犹云自炫。"见，同"现"。
⑦ 伐：夸耀。
⑧ 不自矜，故能长：不骄矜，所以能够长久。矜，骄矜。
⑨ 诚全而归之：确信能够保全并归之于道。

二十三章

希言自然①。故飘风不终朝②，骤雨不终日。孰为此者？天地。天地尚不能久，而况于人乎？故从事于道者，同于道③；德者，同于德；失者④，同于失。同于道者，道亦乐得之⑤；同于德者，德亦乐得之；同于失者，失亦乐得之⑥。信不足焉，有不信焉⑦。

注释：

① 希言自然：少发号施令合于自然。希言，少言，多言的反面。蒋锡昌《老子校诂》说："'多言'者，多声教法令之治；'希言'者，少声教法令之治。故一即有为，一即无为也。"

② 飘风：疾风。
③ 从事于道者，同于道：《淮南子·道应训》引老子言亦作"从事于道者同于道"。同于道，即合于道。
④ 失者：高亨《老子正诂》云："失当作天，形近而讹……《庄子·天下篇》：'以天为宗，以德为本，以道为门，兆于变化，谓之圣人。'亦此三字（指天、德、道）并举，可为左证。"
⑤ 道亦乐得之：道也乐于得到他。
⑥ 失亦乐得之：此句谓天也乐于得到他（同于天者）。失，天字之误。
⑦ 信不足焉，有不信焉：此二句重见于十七章。

二十四章

企者不立①，跨者不行②，自见者不明，自是者不彰，自伐者无功，自矜者不长。其在道也，曰余食赘行③，物或恶之④，故有道者不处。

注释：

① 企者不立：踮起脚跟则站立不稳。企，同"跂"，踮起脚跟。
② 跨者不行：大步跨越则不能长行。跨，跨越。
③ 余食赘行：剩饭肉瘤。赘，肉瘤。行，易顺鼎《读老札记》说："行，疑通作形……疣赘可言形，不可言行也。"《庄子·骈拇》："附赘县（悬）疣，出于形哉。"
④ 物：指人。 或：作"有"解。 恶：厌恶。

二十五章

有物混成，先天地生。寂兮廖兮①，独立不改，周行而不殆②，可以为天下母。吾不知其名，故强字之曰"道"，强为之名曰"大"。大曰逝③，逝曰远，远曰反④。故道大，天大，地大，人亦大⑤。域中有四大，而人居其一焉。人法地，地法天，天法道，道法自然⑥。

注释：

① 寂兮寥兮：无声无形。

② 周行：王弼注："无所不至。" 殆：同"怠"，懈怠。

③ 大：道的代名词。 逝：吴澄《道德真经注》说："逝谓流行不息。"

④ 反：兼有"返回"与"反转"之义，这里是"返回根本"的意思。

⑤ 人亦大：河上公本"人"作"王"，但后文有"人法地"之句，作"人"是。严灵峰《老子达解》说："《庄子·秋水篇》：'号物之数谓之万，"人"处一焉。'……《抱朴子》云：'有生最灵，莫过乎人。'人为万物之灵……范应元本、傅奕本'王'并作'人'，当据改。"

⑥ 自然：非指自然界，指自然而然。吴澄《道德真经注》说："道之所以大，以其自然，故曰'法自然'，非道之外别有自然也。"

二十六章

重为轻根①，静为躁君②。是以圣人终日行不离辎重③，虽有荣观④，燕处超然⑤。奈何万乘之主⑥，而以身轻天下⑦？轻则失根，躁则失君。

注释：

① 重为轻根：厚重是轻浮的根本。河上公注："人君不重则不尊，治身不重则失神。"

② 静为躁君：安静是躁动的主宰。《周易·恒卦》上六爻辞王弼注：

"夫静为躁君，安为动主。"与此同义。

③ 辎重：古代军中装载器械粮食的车子。

④ 荣观：华丽的台观。

⑤ 燕处超然：安居而超然不顾。燕处，犹安居。林希逸《老子鬳斋口义》云："燕，安也。处，居也。"

⑥ 万乘之主：大国的君主。乘，车辆的量词，以四匹马拉一辆车子为一乘。古代以车辆的多寡来衡量国家的实力。

⑦ 以身轻天下：苏辙《老子解》说："人主以身任天下，而轻其身，则不足以任天下矣。"

二十七章

善行无辙迹①，善言无瑕谪②，善数不用筹策③，善闭无关楗而不可开④，善结无绳约而不可解⑤。是以圣人常善救人，故无弃人；常善救物，故无弃物。是谓袭明⑥。故善人者，不善人之师⑦；不善人者，善人之资⑧。不贵其师，不爱其资，虽智大迷⑨，是谓要妙⑩。

注释：

① 辙迹：轨迹。

② 瑕谪：疵病。《管子·水地》："夫玉……瑕适皆见，精也。"尹知章注："瑕适，玉病也。""适（適）""谪（謫）"古代通用。

③ 善数不用筹策：善于计算而不用筹码。数，计算。筹策，古代用于计算的一种竹签。

④ 关楗：门栓。董思靖《道德真经集解》说："楗……拒门木也。横曰'关'，竖曰'楗'。"

⑤ 绳约：绳索。吴澄《道德真经注》云："绳约，索也。合之而成体曰'绳'，用之而束物曰'约'。"

⑥ 袭明：内藏智慧。袭有掩藏之义。
⑦ 善人者，不善人之师：善人乃不善人的老师。
⑧ 不善人者，善人之资：不善人乃善人的借鉴。资，取资。
⑨ 虽智大迷：自以为聪明，其实是绝大的迷惑。
⑩ 要妙：深妙的道理。高亨《老子正诂》说："要疑当读为幽。幽妙犹言深妙也。要、幽古通用。"

二十八章

知其雄，守其雌①，为天下谿②。为天下谿，常德不离，复归于婴儿。知其白，守其黑③，为天下式。为天下式，常德不忒④，复归于无极⑤。知其荣，守其辱，为天下谷。为天下谷，常德乃足，复归于朴⑥。朴散则为器⑦，圣人用之，则为官长⑧，故大制不割⑨。

注释：

① 知其雄，守其雌：知晓雄强，却持守雌柔。
② 谿：同"溪"，溪谷。
③ 知其白，守其黑：知晓明亮，却持守暗昧。
④ 忒：差失。
⑤ 无极：无限。
⑥ 朴：质朴，此指道。
⑦ 朴散则为器：质朴的道分散后就成为万物。器，物也。《庄子·马蹄》："纯朴不残，孰为牺尊？白玉不残，孰为珪璋？"即袭"朴散则为器"之义。
⑧ 官长：百官之长，指君王。
⑨ 大制不割：大治就是无治。蒋锡昌《老子校诂》说："'大制'犹云大治，'无割'犹云无治。盖无治，则可以使朴散以后之天下复归于朴……正乃圣人之大治也。"无治，即无为而治。

二十九章

将欲取天下而为之①,吾见其不得已②。天下神器③,不可为也,不可执也。为者败之,执者失之。是以圣人无为,故无败;无执,故无失。故物或行或随④,或嘘或吹⑤,或强或羸⑥,或载或隳⑦。是以圣人去甚、去奢、去泰⑧。

注释:

① 将欲取天下而为之:想用有为的态度治理天下。取,治理。蒋锡昌《老子校诂》说:"《广雅·释诂三》:'取,为也。'《国语》:'疾不可为也。'韦解:'为,治也。'"为,有为。

② 不得已:不可得。苏辙《老子解》说:"若欲取而为之,则不可得矣。"已,范应元《老子道德经古本集注》云"已,语助",无义。

③ 神器:神圣之物。王弼注:"神,无形无方也。器,合成也。无形以合,故谓之神器也。"

④ 或行或随:有的前行,有的随后。

⑤ 或嘘或吹:出气有的缓和,有的急促。《玉篇》引《声类》云:"出气急曰吹,缓曰嘘。"

⑥ 羸:羸弱、虚弱。

⑦ 或载或隳:有的安全,有的毁坏。载,安全。河上公注:"载,安也。"

⑧ 去甚、去奢、去泰:去掉极端的、奢侈的、过分的。

三十章

以道佐人主者,不以兵强天下,其事好还①。师之所处,荆棘生焉。(大军之后,必有凶年。)② 善有果而已③,不以取强④。果而勿矜,果而勿伐,果而勿骄,果而不得已,果而勿强。物壮则老⑤,是谓不道⑥,不道早已⑦。

注释:

① 其事好还:用兵这件事情容易得到还报。好,容易,常用于动词前。还,还报。林希逸《老子鬳斋口义》说:"我以害人,人亦将以害我,故曰其事好还。"

② 大军之后,必有凶年:马叙伦说:"验(王)弼注曰:'言师凶害之物也,无有所济,必有所伤,贼害人民,残荒田亩,故荆棘生焉。'是王亦无此两句,成(玄英)于此两句无疏,则成亦无。盖古注文所以释上两句者也。"马说可从。

③ 果:取得成果,此指解救危难。王弼注:"果,犹济也。言善用师者,趣以济难而已矣。"

④ 不以取强:不以用兵逞强。

⑤ 物壮则老:事物壮大了就要衰老。

⑥ 不道:不合于道。

⑦ 早已:提早死亡。

三十一章

夫兵者,不祥之器,物或恶之,故有道者不处。君子居则贵左,用兵则贵右①。兵者不祥之器,非君子之器②,不得已而用之,恬淡为上③。胜而不美④,而美之者,是乐杀人。夫乐杀人者,则不可得志于天下矣。吉事尚左,凶事尚右。偏将军居左,上将军居右,言以丧礼处之⑤。杀人之众,以哀悲莅之⑥,战胜,以丧礼处之。

注释：

① 君子居则贵左，用兵则贵右：范应元《老子道德经古本集注》云："左，阳也，主生；右，阴也，主杀。是以居常则贵左，用兵则贵右。"

② 非君子之器：不是君子所应有的东西。

③ 恬淡：马王堆帛书甲本作"铦袭"，此作"安静"解。《庄子·天道》："夫虚静恬淡、寂漠无为者，万物之本也。"

④ 美：得意。

⑤ 以丧礼处之：以办丧事的仪式处理用兵打仗。

⑥ 以哀悲莅之：王弼本作"以哀悲泣之"。简本丙本作"故杀□□，则以哀悲莅之"。莅，莅临。

三十二章

道常无名①，朴虽小②，天下莫能臣③。侯王若能守之，万物将自宾④。天地相合，以降甘露，民莫之令而自均⑤。始制有名⑥，名亦既有，夫亦将知止⑦，知止可以不殆。譬道之在天下，犹川谷之于江海⑧。

注释：

① 道常无名：道永远是无名的。参见四十一章："道隐无名。"李霖《道德真经取善集》引王弼注曰："道无形故不可名。"

② 朴虽小：道虽然细微（即庄子所谓"小之微也"）。朴，道的代名词。参见二十八章："朴散则为器。"小，《庄子·天下》："至大无外，谓之大一；至小无内，谓之小一。"老子有时称道为"大"，有时又称道为"小"。范应元《老子道德经古本集注》云："圣人因见其大无不包，故强为之名曰'大'，复以其细无不入，故曰'小'也。"

③ 莫能臣：不能使道臣服。

④ 宾：服从。

⑤ 民莫之令而自均：无需对百姓发号施令，他们就能均沾甘露的润泽（天地相合降下甘露，实道为之）。

⑥ 始制有名：为道制名。范应元《老子道德经古本集注》云："道本无名，老子初不得已而强为之名，以发明后世，此始制有名也。"

⑦ 名亦既有，夫亦将知止：名称有了以后，也就能够知晓它的限度。

⑧ 譬道之在天下，犹川谷之于江海：道在天下的地位，犹如川流山溪附归于大海一样。

三十三章

知人者智，自知者明。胜人者有力，自胜者强①。知足者富，强行者有志②，不失其所者久，死而不亡者寿③。

注释：

① 自胜者强：自己能够战胜自己的人可称为强大。

② 强行者有志：勤勉而行的人可称为有志气。参见四十一章："上士闻道，勤而行之。"

③ 死而不亡者寿：高亨《老子正诂》引《左传·襄公二十四年》"太上有立德，其次有立功，其次有立言，虽久不废，此之谓不朽"，曰："'死而不亡'，犹云'死而不朽'也。"

三十四章

大道汜兮①，其可左右。万物恃之以生而不辞②，功成而不有。衣养万物而不为主③。常无欲，可名于小。万物归焉而不为主④，可名为大。以其终不自为大，故能成其大。

注释：

① 氾：同"泛"，水泛滥，此以水喻大道的周流四行。
② 万物恃之以生而不辞：此言道不辞让生长万物之举。
③ 衣养万物而不为主：道护养万物而不自以为主宰。衣养，犹覆盖。参见五十一章："养之覆之。"
④ 万物归焉而不为主：万物附归于道而道不自以为主宰。

三十五章

执大象①，天下往。往而不害，安平太②。乐与饵③，过客止。道之出口，淡乎其无味。视之不足见，听之不足闻，用之不足既④。

注释：

① 大象：指道。奚侗《老子集解》说："大象，道也。道本无象，强云大象。四十一章所谓'大象无形'也。"奚说是。
② 安平太：于是平和安泰。安，乃。王引之《经传释词》云："安，犹于是也，乃也，则也。"太，同"泰"。
③ 乐与饵：音乐与美食。饵，《玉篇》："饵，饼也。"此喻指美食。
④ 既：穷尽。

三十六章

将欲歙之①，必固张之②；将欲弱之，必固强之；将欲废之，必固兴之；将欲取之，必固与之③，是谓微明④。柔弱胜刚强。鱼不可脱于渊，国之利器不可以示人⑤。

注释：

① 歙：收敛。《韩非子·喻老》"歙"作"翕"。古代"翕""歙"通。
② 固：姑且。《开元碑》"固"作"故"，固与故均为"姑"的假字。《韩非子·说林》："将欲败之，必姑辅之；将欲取之，必姑予之。"
③ 与：给予。
④ 微明：范应元《老子道德经古本集注》云："张之、强之、兴之、与之之时，已有翕之、弱之、废之、取之之几伏在其中矣。几虽幽微，而事已显明也，故曰'是谓微明'。"几，预兆，细微的迹象。
⑤ 利器：指统治者的权谋。此为韩非子"权术说"的先声。

三十七章

道常无为而无不为①。侯王若能守之，万物将自化②。化而欲作③，吾将镇之以无名之朴④。无名之朴，夫亦将无欲⑤，不欲以静⑥，天下将自正⑦。

注释：

① 道常无为而无不为：道常常是无为的，然而没有一件事情是它所不为的。张岱年《中国哲学大纲》说："道是自然的，故常无为。道生成一切，故又无不为。"
② 自化：自我化育。
③ 化而欲作：高亨《老子正诂》说："欲读为私欲之欲，名词也。《说文》：'作，起也。'化而欲作者，言万物既化而又私欲萌动也。"高说是。
④ 吾将镇之以无名之朴：我将用道来定息万物的私欲萌动。镇，安定、定息。简本"镇"作"贞"。廖名春《郭店楚简老子校释》说："'贞'与'镇'为义同通用。《释名·释言语》：'贞，定也。'"陈锡勇《郭店楚简老子论证》说："'镇'，《广雅·释言》：'镇，抚也。'《释诂》：'镇、抚，安也。'"（以上转引自彭裕商、吴毅强《郭店楚简老子集释》）无名之

朴,指道。

⑤ 夫亦将无欲:(道定息万物私欲后)万物亦将无欲也。夫,彼,指万物。

⑥ 不欲以静:无欲而且安静。不欲,《龙兴观碑》作"无欲",是。以,连词,作"而且"解。

⑦ 天下将自正:天下将自然安定了。正,安定,王弼本即作"天下将自定"。

三十八章

上德不德①,是以有德;下德不失德②,是以无德。上德无为而无以为③,下德为之而有以为④。上仁为之而无以为⑤;上义为之而有以为。上礼为之而莫之应⑥,则攘臂而仍之⑦。故失道而后德,失德而后仁,失仁而后义,失义而后礼。夫礼者,忠信之薄而乱之首。前识者⑧,道之华⑨,而愚之始。是以大丈夫处其厚⑩,不居其薄;处其实,不居其华。故去彼取此⑪。

注释:

① 上德不德:上德之人不自恃有德。

② 下德不失德:下德之人拘执形式上的德。

③ 无以为:冯友兰《中国哲学史新编》认为是不矫揉造作。林希逸《老子鬳斋口义》云:"以者,有心也。无以为,是无心而为之也。"

④ 下德为之而有以为:下德之人为刻意求德,而有意为之。"有以为"与"无以为"相对,意即有意为之。

⑤ 上仁为之而无以为:上仁之人有所作为,但却是无意的。

⑥ 上礼为之而莫之应:上礼之人有所作为,但没有人响应他。以上各"上"字均解作第一等的意思。

⑦ 攘臂而扔之：捋起袖子露出胳膊强行牵拽别人。扔，林希逸《老子鬳斋口义》云："扔，引也。民不从强以手引之，强掣拽之也。"
⑧ 前识：犹"前见"或"先见"，但未必合于道，甚或相反。
⑨ 道之华：（所谓的"前见"或"先见"，其实）乃是道的虚华。
⑩ 处其厚：处身敦厚。河上公注："处其厚者，谓处身于敦朴也。"
⑪ 去彼取此：去除虚华，采取敦厚。

三十九章

昔之得一者①：天得一以清，地得一以宁，神得一以灵②，谷得一以盈，万物得一以生，侯王得一以为天下正③。其致之也④，谓天无以清，将恐裂；地无以宁，将恐废⑤；神无以灵，将恐歇；谷无以盈，将恐竭；万物无以生，将恐灭；侯王无以贞⑥，将恐蹶⑦。故贵以贱为本，高以下为基。是以侯王自称孤、寡、不穀⑧。此非以贱为本邪？非乎？故至誉无誉⑨。是以不欲琭琭如玉⑩，珞珞如石⑪。

注释：

① 得一：得道。一，道之别称。严灵峰说："一者，道之数。"道以数而言曰"一"，以量而言曰"大"，以微而言曰"小"。
② 神：老子所谓的"神"不是人格神，其地位低于道。
③ 天下正：天下的首领。王念孙《读书杂志》云："《尔雅》曰：'正，长也。'《广雅》曰：'正，君也。'《吕氏春秋·君守篇》：'可以为天下正。'高注：'正，主也。'"
④ 其致之也：高亨《老子正诂》认为是推而言之的意思。张松如《老子说解》以为此句似启下，非总上。
⑤ 废：王弼本"废"作"发"。严灵峰说："按：《老子》作'废'不作'发'。如十八章：'大道废。'三十六章：'将欲废之。'"严说是。

⑥ 无以贞：无法成为首领。"贞""正"古通用。正，首领。
⑦ 蹶：跌倒，此指失败。
⑧ 不穀：不善。范应元《老子道德经古本集注》说："穀，善也……春秋王者多称不穀……有善而自称不善者，乃不自以为德也。"
⑨ 至誉无誉：最高的声誉就是无誉。《庄子·至乐》："故曰：'至誉无誉。'"庄子用"故曰"，显然是引用老子的原话。
⑩ 琭琭：玉美的样子。
⑪ 珞珞：古作"落落"，石恶的样子。《后汉书·冯衍传》："不碌碌如玉，落落如石。"李贤注："玉貌碌碌，为人所贵；石形落落，为人所贱。"其义庶几近之。"碌碌""琭琭"古通。

四十章

反者①，道之动；弱者②，道之用。天下万物生于有③，有生于无④。

注释：

① 反：返还。此句郭店简本即作："返也者，道僮（动）也。"
② 弱：柔弱，乃"柔弱胜刚强"的柔弱。
③ 有：万物之母。"有"在物前。从逻辑上说，在物存在之前，必须先有"有"。
④ 无：指道。道是万物存在的始源。

四十一章

上士闻道①，勤而行之；中士闻道，若存若亡②；下士闻道，大笑之。不笑不足以为道。故建言有之③：明道若昧，进道若退，夷道若颣④，上德若谷，大白若辱⑤，广德若不足，建德若偷⑥，质真若渝⑦，大方无隅⑧，大器晚成，大音希声，大象无形，道隐无名。夫唯道，善贷且成⑨。

注释：
① 上士：第一等的士人。其下"中士""下士"依次递等。
② 若存若亡：似有似无。故中士闻道，将信将疑。
③ 建言：犹云"立言"，是老子之前已有的成言。
④ 夷道若颣：平坦的道路好似崎岖。夷道，平坦之道。颣，张舜徽《周秦道论发微》说："《说文》：颣，丝节也……丝有节则不平，因引申为凡不平之名。"《左传·昭公十六年》"刑之颇类"，服虔注："类读为颣。颣，不平也。""类（類）""颣"古通。
⑤ 辱："黸"的假字。范应元《老子道德经古本集注》云："黸音辱，黑垢也。"
⑥ 建德若偷：刚健之德好似懦弱的样子。建德，犹言"健德"。《释名·释言语》："健，建也。能有所建为也。""建""健"古通。偷，懦弱。高亨《老子正诂》说："偷借为媮为偄。《说文》：媮，弱也。偄，弩弱也。"
⑦ 质真若渝：质性真实好似变化多端。渝，改变。
⑧ 大方无隅：最方正的好似没有棱角。隅，角。
⑨ 贷：施与。

四十二章

道生一①，一生二②，二生三③，三生万物。万物负阴而抱阳④，冲气以为和⑤。人之所恶，唯孤、寡、不穀⑥，而王公以为称。故物或损之而益，或益之而损⑦。人之所教，我亦教之⑧。强梁者不得其死⑨，吾将以为教父⑩。

注释：

① 道生一：一即是道。《淮南子·天文训》："道始于一，一而不生，故分而为阴阳，阴阳合和而万物生。"一又是有。司马光《道德真经论》解释说："自无入有。""有""无"是道的一体两面。

② 一生二：混沌初开，生出天地。《吕氏春秋·大乐》："太一出两仪，两仪出阴阳。"太一指道，两仪即天地。

③ 二生三：天地生出阴气、阳气与和气（从高亨说）。

④ 负阴而抱阳：背阴向阳。马其昶《老子故》说："抱负犹向背。"

⑤ 冲气以为和：阴阳两气涌摇交荡而成和气。《说文解字》："冲，涌摇也。"和，和气，即阴阳两气的和合之气。

⑥ 人之所恶，唯孤、寡、不穀：人所厌恶的唯有"孤""寡""不穀"这些称谓。

⑦ 物或损之而益，或益之而损：物有时减损它反而增加，有时增加它反而减损。

⑧ 人之所教，我亦教之：古人教导我的，我也用来教导他人。

⑨ 强梁者不得其死：刚暴之人不得好死。《说苑·敬慎》载周庙金人铭文有"强梁者不得其死"之句，当是古训。

⑩ 吾将以为教父：（因此）我把强梁者作为教父（警诫自己）。

四十三章

天下之至柔，驰骋天下之至坚①。无有入无间②，吾是以知无为之有益。不言之教，无为之益，天下希及之③。

注释：

① 驰骋：驱策、役使。

② 无有入无间：无形的东西能够穿透没有间隙的东西。《淮南子·原道训》作"出于无有，入于无间"。

③ 希：稀少。傅奕本即作"稀"。"希""稀"古通。

四十四章

名与身孰亲？身与货孰多①？得与亡孰病②？甚爱必大费③，多藏必厚亡④。故知足不辱，知止不殆⑤，可以长久。

注释：

① 身与货孰多：生命与财货哪个更贵重？多，《说文解字》："多，重也。"有看重之意。

② 得与亡孰病：得到名货与丧失生命哪个更有害？病，害。

③ 甚爱必大费：蒋锡昌《老子校诂》说："此言甚爱名者必大损。"

④ 多藏必厚亡：蒋锡昌《老子校诂》说："多藏货者必益亡也。"亡，失去。

⑤ 殆：危险。

四十五章

大成若缺①，其用不弊②。大盈若冲，其用不穷。大直若屈，大巧若拙，大辩若讷。躁胜寒，静胜热。清静为天下正③。

注释：

① 大成若缺：最完好的器具乃有缺陷。若，乃、就。

② 其用不弊：它的作用是不会穷尽的。弊，旧，引申为穷尽。

③ 清静为天下正：清静无为之人可以做天下的君长。正，君长、主宰。

四十六章

天下有道,却走马以粪①。天下无道,戎马生于郊②。祸莫大于不知足,咎莫大于欲得。故知足之足③,常足矣。

注释:
① 却走马以粪:屏却战马,用它运粪肥田。却,屏却。粪,肥田。
② 戎马生于郊:战马大兴于郊野。
③ 知足之足:满足于"知足"的意思。

四十七章

不出户,知天下;不窥牖①,见天道。其出弥远②,其知弥少。是以圣人不行而知,不见而明③,不为而成④。

注释:
① 牖:窗子。
② 弥:越。
③ 不见而明:不亲自窥见而明天道。王弼本"不见而明"作"不见而名"。"名""明"古通。
④ 不为:无为。

四十八章

为学日益,为道日损①,损之又损,以至于无为。无为而无不为②。取天下常以无事③，及其有事④，不足以取天下。

注释：

① 为学日益，为道日损：学习知识一天比一天增加，对于求道，知识要一天比一天减少。

② 无为而无不为：《淮南子·原道训》云："所谓无为者，不先物为也。所谓无不为者，因物之所为。"

③ 取：治理。河上公注："取，治也。"

④ 及：犹"若"。

四十九章

圣人常无心①，以百姓心为心。善者，吾善之；不善者，吾亦善之，德善②。信者，吾信之；不信者，吾亦信之，德信。圣人在天下，歙歙焉③，为天下浑其心④，百姓皆注其耳目⑤，圣人皆孩之⑥。

注释：

① 圣人常无心：圣人常常没有固定的心志。今诸本"圣人常无心"作"圣人无常心"，河上公注："圣人重改更，贵因循，若似无心也。"帛书乙本作"圣人恒无心"，"恒"即"常"，知今本"恒"作"常"，乃因避汉文帝刘恒讳而改，兹据帛书乙本改。

② 德善：（使不善者）将化而复归于善也（从范应元注）。德，得也。

③ 歙歙焉：收敛（主观意志）。歙歙，范应元《老子道德经古本集注》云："歙，音吸，收敛也。"

④ 浑其心：使人心思归于浑朴。

⑤ 百姓皆注其耳目：百姓都倾注自己的耳目（明辨是非）。释德清《老子道德经解》说："谓注目而视，倾耳而听，司其是非之昭昭。"

⑥ 圣人皆孩之：圣人都以婴儿般的淳朴看待百姓。

五十章

出生入死①，生之徒②，十有三③；死之徒④，十有三；人之生生而动，动之于死地⑤，亦十有三。夫何故？以其生生之厚。盖闻善摄生者⑥，陆行不遇兕虎⑦，入军不被甲兵⑧，兕无所投其角，虎无所措其爪，兵无所容其刃⑨。夫何故？以其无死地。

注释：

① 出生入死：出世为生，入土为死。《韩非子·解老》："人始于生而卒于死。始之谓出，卒之谓入，故曰'出生入死'。"

② 生之徒：长寿之人。蒋锡昌《老子校诂》说："长寿之类。"

③ 十有三：十分之三。王弼注："十有三，犹云十分有三分。"

④ 死之徒：蒋锡昌《老子校诂》说："短命之类。"高延第《老子证义》说："死之徒，谓得天薄者，中道而夭。"

⑤ 人之生生而动，动之于死地：人对自己奉养过度，妄动而走向死亡之地。生生，奉养过度。王弼本"人之生生"作"人之生"，脱一"生"字。下文"生生之厚"即承上而言。《韩非子·解老》引老子语亦云："民之生生而动，动皆之死地，亦十有三。"

⑥ 善摄生者：善于养生之人，即顺乎自然、"营魄抱一"之人。摄，调摄。

⑦ 兕：犀牛。

⑧ 被：遭遇。蒋锡昌《老子校诂》说："《广雅·释诂二》：'被，加也。''遇''被'皆为受动词。"

⑨ 容：用。《释名·释姿容》曰："容，用也。合事宜之用也。"

五十一章

道生之，德畜之①，物形之②，势成之③。是以万物莫不尊道而贵德。道之尊，德之贵，夫莫之命而常自然④。故道生之，德畜之，长之育之，亭之毒之⑤，养之覆之。生而不有，为而不恃，长而不宰，是谓玄德⑥。

注释：
① 畜：养育、抚养。《诗·日月》："父兮母兮，畜我不卒。"高亨《诗经今注》云："畜，养也。"
② 物形之：（在道生德畜之下，）物呈现出各种的形态。
③ 势成之：环境使物成长。势，环境。如河上公注："一为万物作寒暑之势以成之。"此指自然环境，应该还包括社会环境。
④ 莫之命：（道、德只生养万物，）但不对它们施加命令。
⑤ 亭之毒之：亭、毒，安定。《仓颉篇》："亭，定也。"《广雅·释诂》："毒，安也。"亭之、毒之是使动用法，即使之安定的意思。
⑥ 玄德：深远之德。

五十二章

天下有始①，以为天下母②。既得其母，以知其子③；既知其子，复守其母。没身不殆。塞其兑④，闭其门⑤，终身不勤⑥；开其兑，济其事⑦，终身不救。见小曰明⑧，守柔曰强。用其光，复归其明⑨，无遗身殃⑩，是谓袭常⑪。

注释：

① 始：始源，此指道。
② 母：比喻的说法，指道，道生万物，故称。
③ 子：比喻的说法，指万物。
④ 兑：口。奚侗《老子集解》说："《易·说卦》：'兑为口。'引申凡有孔窍者皆可云'兑'。《淮南·道应训》：'王者欲久持之，则塞民于兑。'高注：'兑，耳目鼻口也。老子曰"塞其兑"是也。'"
⑤ 门：门径。王弼注："门，事欲之所由从也。"
⑥ 勤：病。马叙伦《老子校诂》说："勤借为瘽。《说文》曰：'病也。'"
⑦ 济其事：助益成事。济，《尔雅·释言》："济，益也。"
⑧ 见小曰明：能见细察微，可称作聪慧。
⑨ 用其光，复归其明：吴澄《道德真经注》云："用其照外之光，回光照内，复返而归藏于其内体之明也。"即收敛光耀之意。
⑩ 遗：遗留。
⑪ 袭常：遵循常道。袭，因袭。

五十三章

使我介然有知①，行于大道，唯施是畏②。大道甚夷③，而人好径④。朝甚除⑤，田甚芜，仓甚虚。服文彩⑥，带利剑，厌饮食⑦，财货有余，是谓盗夸⑧。非道也哉！

注释：

① 介然有知：确然有所知。介然，坚确的样子。《荀子·修身》："善在身，介然必以自好也。"杨倞注："介然，坚固貌。"
② 唯施是畏：畏惧邪路。施，邪道。王念孙《读书杂志》说："施读为迆。迆，邪也。言行于大道之中，唯惧其入于邪道也。"
③ 夷：平坦。

④ 径：邪径。河上公注："径，邪不平正也。"
⑤ 除：整洁。河上公注："高台榭，公室修。"
⑥ 文彩：华美的衣服。
⑦ 厌：饱足。
⑧ 盗夸：盗魁。《韩非子·解老》"盗夸"作"盗竽"，云："竽也者，五声之长者也，故竽先则钟瑟皆随，竽唱则诸乐皆和。"高亨《老子正诂》解释："'夸''竽'同声系，古通用。据韩说，盗竽犹今言盗魁也。竽以乐喻，魁以斗喻，其例正同。"

五十四章

善建者不拔，善抱者不脱①，子孙以祭祀不辍②。修之于身，其德乃真；修之于家，其德乃余；修之于乡，其德乃长③；修之于邦④，其德乃丰；修之于天下，其德乃普。故以身观身，以家观家，以乡观乡，以邦观邦，以天下观天下⑤。吾何以知天下然哉？以此。

注释：

① 抱：抱持。
② 辍：停止，这里是断绝的意思。
③ 长：兴盛。《吕氏春秋·知度》："此神农之所以长，而尧舜之所以章也。"高诱注曰："长，犹盛也。"
④ 邦：先秦时代诸侯封国的称谓。王弼本作"国"，盖因避汉高祖刘邦之讳而改。《韩非子·解老》引老子言"修之邦，其德乃丰"，正作"邦"。
⑤ 天下：指周天子统治下的王土。《诗·北山》："溥天之下，莫非王土。"

五十五章

含德之厚，比于赤子。蜂虿虺蛇不螫①，猛兽不据②，攫鸟不搏③。骨弱筋柔而握固。未知牝牡之合而朘作④，精之至也。终日号而不嗄⑤，和之至也。知和曰常，知常曰明⑥。益生曰祥⑦，心使气曰强。物壮曰老⑧，谓之不道，不道早已⑨。

注释：

① 蜂虿虺蛇不螫：蜂蝎毒蛇不能伤害他。虿，蝎子。虺，毒蛇。

② 猛兽不据：猛兽不以爪攫取他。据，俞樾《诸子平议》曰："据当作攑……今作据者，假字耳。"高亨《老子正诂》解释说："俞说是也。兽以爪攫物曰攑，古书通以据为之。《战国策·楚策》：'两虎相据。'"

③ 攫鸟不搏：鹰隼不能搏击他。攫鸟，鹰隼之类的猛禽。成玄英《道德经义疏》云："攫鸟，鹰鹯类也。"

④ 未知牝牡之合而朘作：（婴儿）不懂男女交合，小生殖器却自动挺起。牝牡，雌雄。朘作，生殖器挺起。朘，男性生殖器。

⑤ 终日号而不嗄：整天啼哭但嗓子不会沙哑。嗄，沙哑。《庄子·庚桑楚》："儿子终日嗥而嗌不嗄，和之至也。"正本于老子语。

⑥ 知常曰明：知晓常道，可称作聪慧。

⑦ 益生曰祥：过分贪求生活享受会带来灾殃。益生，过分贪求生活享受。祥，妖孽。易顺鼎《读老札记》说："祥即不祥……王注曰：'生不可益，益之则夭。'夭字当作妖，盖以妖解祥字。"李霖《道德真经取善集》引孙登曰："生生之厚，动之妖祥。"

⑧ 物壮曰老：物过分强壮就会衰老。

⑨ 早已：提早死亡。已，停止，这里指死亡。

五十六章

知者不言①，言者不知。塞其兑，闭其门，挫其锐，解其纷，和其光，同其尘②，是谓玄同③。故不可得而亲，不可得而疏；不可得而利，不可得而害；不可得而贵，不可得而贱④。故为天下贵⑤。

注释：

① 知者：即智者。陆德明《经典释文》云：知者，或并音智。河上公注："知者贵于行道，不贵于言。"这正是智者的表现。

② 挫其锐，解其纷，和其光，同其尘：挫掉锐气，消解纷扰，含蓄光芒，混同尘世。

③ 玄同：冥默之中与道混同为一。苏辙《老子解》："默然不言，而与道同矣。"

④ 不可得而亲，不可得而疏；不可得而利，不可得而害；不可得而贵，不可得而贱：意谓不区分亲疏、利害、贵贱。

⑤ 贵：为……所尊贵。

五十七章

以正治国①，以奇用兵②，以无事取天下③。吾何以知其然哉？以此：天下多忌讳④，而民弥贫；人多利器⑤，国家滋昏⑥；人多伎巧⑦，奇物滋起⑧；法令滋彰⑨，盗贼多有。故圣人云："我无为而民自化，我好静而民自正，我无事而民自富，我无欲而民自朴。"

注释：

① 正：清静无欲的正道。释德清《老子道德经解》云："此言治天下国家者，当以清净无欲为正。"
② 奇：诡秘。
③ 取天下：犹言治理天下。取，治理。
④ 忌讳：禁忌。
⑤ 人多利器：人主多用权谋。人，指人君。利器，即人君的权谋。三十六章"国之利器，不可以示人"，义同。
⑥ 滋：越加、更加。
⑦ 伎巧：智巧、巧诈。
⑧ 奇物：新奇之物。
⑨ 彰：显明。

五十八章

其政闷闷①，其民淳淳；其政察察②，其民缺缺③。祸兮福之所倚，福兮祸之所伏。孰知其极④？其无正⑤？正复为奇，善复为妖。人之迷，其日固久⑥。是以圣人方而不割⑦，廉而不刿⑧，直而不肆⑨，光而不耀。

注释：

① 闷闷：浑浑噩噩，含有宽厚之意。
② 察察：苛察。林希逸《老子鬳斋口义》说："察察者，烦碎也。"
③ 缺缺：狡狯。高亨《老子正诂》说："缺疑借为狯。《说文》：'狯，狡狯也。'……'缺''狯'古通用。"
④ 极：准则。《诗·氓》："士也罔极，二三其德。"
⑤ 其无正：大概没有定准吧？正，定准。
⑥ 人之迷，其日固久：严灵峰《老子达解》说："言世人之迷惑于祸、

福之门，而不知倚、伏之理者，其为时日必已久矣。"严说是。

⑦ 方而不割：方正而不伤人。吴澄《道德真经注》说："方，如物之方，四隅有棱……其棱皆如刀刃之能伤害人，故曰割。"

⑧ 廉而不刿：锐利而不伤人。《吕氏春秋·孟秋》："其器廉以深。"高诱注："廉，锋利。"刿，伤。《说文解字》："刿，利伤也。"

⑨ 直而不肆：直率而不放肆。吴澄《道德真经注》说："直者不能容隐，纵肆其言，以评人之短……（圣人）则不肆。"

五十九章

治人事天，莫若啬①。夫唯啬，是谓早服②。早服谓之重积德③，重积德则无不克，无不克则莫知其极④，莫知其极，可以有国⑤。有国之母⑥，可以长久，是谓深根固柢、长生久视之道⑦。

注释：

① 治人事天，莫若啬：治理人民，颐养身体，莫过于爱惜精力。《吕氏春秋·本生》："以全其天也。高诱注："天，身也。"严灵峰《老子达解》解释说："'天'，犹身性……'事天'，犹治身也。"啬，爱惜。

② 早服：早作准备，郭店简本"早服"正作"早备"。

③ 重积德：不断地积德。重，厚，这里是不断的意思。

④ 极：穷尽。

⑤ 有国：保有国家

⑥ 国之母：指道。五十二章："天下有始，以为天下母。"天下母，即道也。

⑦ 长生久视：长生久活。《吕氏春秋·重己》："莫不欲长生久视。"高诱注："视，活也。"

六十章

治大国，若烹小鲜①。以道莅天下②，其鬼不神③；非其鬼不神④，其神不伤人；非其神不伤人，圣人亦不伤人。夫两不相伤⑤，故德交归焉⑥。

注释：

① 小鲜：小鱼。
② 莅：莅临。
③ 其鬼不神：其鬼不灵。
④ 非：非唯、非但。高亨《老子正诂》训"非"字为"'不唯'二字之合音"。
⑤ 两不相伤：指神不伤人，圣人亦不伤人。
⑥ 德交归焉：德俱归于民。交，王弼注："神圣合道，交归之也。"楼宇烈释："交，俱、共。"

六十一章

大邦者下流①，天下之交，天下之牝②。牝常以静胜牡，以静为下。故大邦以下小邦③，则取小邦④；小邦以下大邦，则取大邦。故或下以取，或下而取⑤。大邦不过欲兼畜人⑥，小邦不过欲入事人⑦。夫两者各得其所欲，大者宜为下。

注释：

① 大邦者下流：大国处于江河下流，这里比喻谦卑。
② 天下之交，天下之牝：（江河下流是）天下交汇的地方，它居于雌

柔的位置。牝,雌性动物,这里比喻谦柔。

③ 下:谦下。

④ 取:取得(信任)。

⑤ 或下以取,或下而取:大国要以谦下取得小国的信赖,小国要以谦下取得大国的信任。

⑥ 兼畜:兼并蓄养。河上公注:"大国不失下,则兼并小国而牧畜之。"

⑦ 事:侍奉。

六十二章

道者,万物之奥①。善人之宝,不善人之所保②。美言可以市尊③,美行可以加人④。人之不善,何弃之有?故立天子,置三公⑤,虽有拱璧以先驷马⑥,不如坐进此道⑦。古之所以贵此道者何?不曰求以得⑧,有罪以免邪⑨?故为天下贵。

注释:

① 奥:高明《帛书老子校注》说:"帛书甲、乙本'奥'字均作'注',当读为'主'。《礼记·礼运》'故人以为奥也',郑玄注:'奥犹主也。'""万物之奥"就是"万物之主"的意思。一说,奥指室内的西南角,后泛指室内深处,晦暗不明,故有"藏"的意思。河上公注:"奥,藏也。"

② 不善人之所保:不善人也要保持依靠。河上公注:"道者,不善人之保倚也。遭患逢急,犹能知自悔卑柔也。"

③ 美言可以市尊:漂亮的言辞可以换取别人的尊敬。市,交易。

④ 美行可以加人:美好的行为可以对别人施加影响。

⑤ 三公:周制,太师、太傅、太保为三公。三公乃高官,秉执国政,辅佐天子治理天下。

⑥ 拱璧以先驷马:蒋锡昌《老子校诂》说:"古之献物,轻物在先,重物在后。"此句谓先以拱璧献上,然后再献驷马。拱,同"珙"。《玉

篇》："珙，大璧也。"拱璧，大璧，属于珍贵的物品。驷马，四匹马驾驶的车子，古代一般只有天子、贵族可以乘坐。

⑦ 坐进：跪坐进献。坐，蒋锡昌《老子校诂》说："'坐'即跪坐。古人之坐，两膝着地，因反其跖而坐于其上。故《庄子·在宥篇》，'跪坐而进之'，'不如坐进此道'，谓不如跪坐而进以道也。"进，进献。

⑧ 求以得：王弼注："以求则得求。"

⑨ 有罪以免：王弼注："以免（罪）则得免。"两"以"字作"而"解。

六十三章

为无为，事无事，味无味①。大小多少②，（报怨以德。）③图难于其易，为大于其细。天下难事，必作于易；天下大事，必作于细。是以圣人终不为大④，故能成其大。夫轻诺必寡信，多易必多难。是以圣人犹难之⑤，故终无难矣。

注释：

① 味无味：以无味为味。王弼注："以恬淡为味，治之极也。"
② 大小多少：严灵峰《老子达解》说："大必生于小，多必起于少。"
③ 报怨以德：严灵峰以为当移至七十九章"必有余怨"句下。
④ 圣人终不为大：圣人始终不自以为大。
⑤ 圣人犹难之：圣人尚且以难为难，即重视困难的意思。

六十四章

其安易持①，其未兆易谋。其脆易泮②，其微易散③。为之于未有，治之于未乱。合抱之木，生于毫末④；九层之台，起于累土⑤；千里之行，始于足下。为者败之，执者失之。是以圣人无为，故无败；无执，故无失。民之从事，常于几成而败之⑥。慎终如始，则无败事。是以圣人欲不欲⑦，不贵难得之货；学不学⑧，复众人之所过⑨，以辅万物之自然而不敢为。

注释：
① 其安易持：事物稳定时，它就容易维持。
② 其脆易泮：事物脆弱时，它就容易分离。高亨《老子正诂》说："泮借为判。《说文》：'判，分也。'"
③ 其微易散：事物微细时，它就容易消散。
④ 毫末：原指毫毛的末端，此指树木的萌芽。
⑤ 累土：一堆土。林希逸《老子鬳斋口义》云："一篑之土。"
⑥ 几：接近。
⑦ 圣人欲不欲：圣人欲求他人所不欲者。
⑧ 学不学：（圣人）效法人们未能效法的大道（从魏启鹏说）。
⑨ 复：补救、弥补（从任继愈说）。

六十五章

古之善为道者，非以明民①，将以愚之②。民之难治，以其多智③。故以智治国，国之贼④；不以智治国，国之福。知此两者亦稽式⑤。常知稽式，是谓玄德。玄德深矣，远矣，与物反矣⑥，然后乃至大顺⑦。

注释：
① 明民：使民多巧诈。河上公注"明"为"明智巧诈"。明，使动用法，使……明。

② 愚：愚昧。前人将"愚"训为质朴，非是。
③ 智：智巧，与"敦厚""淳朴"相反。
④ 贼：祸害。
⑤ 知此两者亦稽式：知晓这两者（用智与不用智）的差别乃是法则。亦，乃也（见裴学海《古书虚字集释》）。稽式，法式、楷式。
⑥ 与物反矣：河上公注："玄德之人与万物反异。"
⑦ 大顺：即自然。

六十六章

江海之所以能为百谷王者，以其善下之①，故能为百谷王。是以圣人欲上民②，必以言下之；欲先民③，必以身后之。是以圣人处上而民不重④，处前而民不害。是以天下乐推而不厌。以其不争，故天下莫能与之争。

注释：
① 善下之：善于处在低下的地位。
② 圣人欲上民：圣人要想统治人民。上，居于……之上，这里是统治的意思。
③ 先民：站在人民前面。先，这里是领头的意思。
④ 重：重累。高亨《老子正诂》说："民戴其君，若有重负以为大累，即此文所谓重。故重犹累也。而民不重，言民不以为累也。"

六十七章

天下皆谓我道大，似不肖①。夫唯大，故似不肖。若肖，久矣其细也夫②！我有三宝，持而保之。一曰慈，二曰俭③，三曰不敢为天下先。慈，故能勇④；俭，故能广⑤；不敢为天下先，故能成器长⑥。今舍慈且勇⑦，舍俭且广，舍后且先，死矣。夫慈，以战则胜，以守则固。天将救之，以慈卫之。

注释：
① 不肖：不像具体事物。肖，相似、相像。
② 久矣其细也夫：它早就细小得很了。
③ 俭：俭啬。
④ 慈，故能勇：蒋锡昌《老子校诂》说："是勇谓勇于谦退，勇于防御，非谓勇于争夺，勇于侵略。"
⑤ 俭，故能广：王弼注："节俭爱费，天下不匮，故能广也。"
⑥ 器长：万物的首长。器，指物。
⑦ 且：取。王弼注："且，犹取也。"

六十八章

善为士者①，不武；善战者，不怒；善胜敌者，不与②；善用人者，为之下。是谓不争之德，是谓用人之力，是谓配天③，古之极也④。

注释：
① 为士者：指管理士卒者，即将帅。为，管理，这里统率的意思。
② 与：争斗。王弼注："与，争也。"
③ 配天：与天道相合。
④ 极：准则。

六十九章

用兵有言："吾不敢为主①，而为客②；不敢进寸，而退尺。"是谓行无行③，攘无臂④，仍无敌⑤，执无兵⑥。祸莫大于轻敌，轻敌几丧吾宝⑦。故抗兵相若⑧，哀者胜矣⑨。

注释：

① 主：主动进攻。河上公注："主，先也，不敢先举兵。"
② 客：以防御应敌。苏辙《老子解》云："客，应敌者也。"
③ 行无行：（摆开军队的行阵）却像没有行阵一样。行，行列、行阵。
④ 攘无臂：捋袖奋臂却像没有手臂一样。攘，捋、擅，这里是卷袖露臂的意思。
⑤ 仍无敌：欲就敌抗争却像无敌可就一样。仍，就，凑近。
⑥ 执无兵：欲执兵器相战却像没有兵器一样。兵，兵器。
⑦ 宝：指身体。河上公注："宝，身也。"《吕氏春秋·先己》："凡事之本，必先治身，啬其大宝。"高诱注："大宝，身也。"
⑧ 抗兵相若：举兵相当。若，相若、相当。
⑨ 哀者：怀有慈悲之心的人。哀，慈悲。《说文解字》："哀，闵也。"闵，同"悯"，哀伤之意。高亨《老子正诂》解释说："盖哀之者存不忍杀人之心，处不得不战之境，在天道人事皆有必胜之理也。"

七十章

吾言甚易知，甚易行。天下莫能知，莫能行。言有宗①，事有君②。夫唯无知③，是以不我知④。知我者希，则我者贵⑤。是以圣人被褐怀玉⑥。

注释:

① 言有宗:言论有宗旨。
② 事有君:事物有主宰。王弼注:"君,万物之主也。"
③ 无知:指一般人的无知。
④ 不我知:不了解我。古汉语中有宾语提前的惯常句式,不我知,即不知我。
⑤ 则:法则,这里作动词,效法的意思。释德清《老子道德经解》云:"则,谓法则,言取法也。"
⑥ 被褐怀玉:穿着粗布衣怀揣美玉。被,穿着。褐,粗布衣。

七十一章

知不知①,尚矣②;不知知③,病也。圣人不病,以其病病④。夫唯病病,是以不病⑤。

注释:

① 知不知:知道自己有所不知。
② 尚:同"上",河上公本"尚"正作"上",最好的意思。
③ 不知知:无知却以为知。《吕氏春秋·别类》:"过者之患,不知而自以为知。"
④ 病病:把毛病当作毛病(即正视毛病)。这里的"毛病"不是生理上的,是认知上的。
⑤ 是以不病:所以就没有认知上的毛病了。

七十二章

民不畏威,则大威至①。无狎其所居②,无厌其所生③。夫唯不厌，是以不厌④。是以圣人自知不自见⑤，自爱不自贵⑥。故去彼取此⑦。

注释：
　　① 民不畏威，则大威至：民众不畏惧统治者的威压，那么更大的祸害就要来临了。前一个"威"字作"威压"解，后一个"威"字作"武力惩罚"解。
　　② 狎：假借为"狭"。奚侗《老子集解》说："狭，即《说文》'陕'字，隘也。'隘'有'迫'谊……此言治天下者无狭迫人民之居处，使不能安舒。"
　　③ 厌：压迫。奚侗《老子集解》说："厌，《说文》：'笮也。'……无厌笮人民之生活，使不能顺适。"
　　④ 不厌：不厌恶，即六十六章"天下乐推而不厌"之"厌"。
　　⑤ 自知不自见：自知但不自我炫耀。见，同"现"，表现。
　　⑥ 自爱不自贵：自爱但不自居高贵。
　　⑦ 去彼取此：舍弃彼（自见、自贵）而采取此（自知、自爱）。

七十三章

　　勇于敢则杀①，勇于不敢则活。此两者，或利或害②。天之所恶，孰知其故③？（是以圣人犹难之。）④天之道，不争而善胜，不言而善应，不召而自来，繟然而善谋⑤。天网恢恢⑥，疏而不失。

注释：
　　① 勇于敢则杀：勇于果敢坚强就会被杀。七十六章"坚强者死之徒"同义。
　　② 此两者，或利或害：这两种"勇"，有的得利，有的遇害。

③ 孰知其故：谁知道是什么缘故。
④ 是以圣人犹难之：此句重见于六十三章，当是窜入之文。
⑤ 繟然：舒缓的样子。
⑥ 恢恢：广大。

七十四章

民不畏死，奈何以死惧之？若使民常畏死。而为奇者①，吾将得而杀之，孰敢？常有司杀者杀②。夫代司杀者杀③，是谓代大匠斫④。夫代大匠斫者，希有不伤其手矣⑤。

注释：

① 奇：邪恶。王弼注："诡异乱群，谓之奇也。"
② 司杀者：指天道。河上公注："司杀者谓天。"司，掌管。
③ 代司杀者杀：代替天道去执行杀人的任务。
④ 是谓代大匠斫：此之谓代替巨匠去砍伐木头。斫，砍、削。
⑤ 希有：少有。

七十五章

民之饥，以其上食税之多①，是以饥。民之难治，以其上之有为②，是以难治。民之轻死，以其上求生之厚③，是以轻死。夫虽无以生为者④，是贤于贵生⑤。

注释：

① 食税：吃蚀（百姓上交的税赋）。

② 有为：指政令烦苛。
③ 求生之厚：追求丰厚的生活享受。
④ 无以生为者：不追求功名利禄为生的人。河上公注："爵禄不干于意，财利不入于身。"
⑤ 贤于贵生：胜过看重保养生命的人。贤于，犹言"胜于"。

七十六章

人之生也柔弱①，其死也坚强②。草木之生也柔脆③，其死也枯槁④。故坚强者死之徒⑤，柔弱者生之徒。是以兵强则灭，木强则折⑥。强大处下，柔弱处上。

注释：
① 柔弱：指人活着时肢体柔软。
② 坚强：指人死去时肢体僵硬。
③ 草木之生也柔脆：王弼本"草木"前有"万物"二字。蒋锡昌《老子校诂》说："'万物'二字当为衍文。盖'柔脆'与'枯槁'，均指草木而言也。"据删。柔脆，指草木枝叶活着时柔弱。
④ 枯槁：指草木死后枝叶干枯。
⑤ 死之徒：死亡一类。徒，属，类。
⑥ 木强则折：树木强壮就会遭到摧折。王弼本作"木强则兵"，于意难明。《列子·黄帝》引老子文"兵强则灭，木强则折"，是。

七十七章

天之道，其犹张弓与①？高者抑之，下者举之，有余者损之，不足者补之。天之道，损有余而补不足。人之道则不然[2]，损不足以奉有余。孰能有余以奉天下，唯有道者。是以圣人为而不恃，功成而不处[3]，其不欲见贤[4]。

注释：

① 其犹张弓与：大概犹如拉开弓弦一样吧？张，《说文解字》："张，施弓弦也。"与，同"欤"，表疑问。

② 人之道：与"天之道"相对，指人类社会的法则。

③ 处：居有、占有。

④ 见贤：表现自己的才智。见，同"现"，表现。

七十八章

天下莫柔弱于水，而攻坚强者莫之能胜[1]，以其无以易之[2]。弱之胜强，柔之胜刚，天下莫不知，莫能行。是以圣人云："受国之垢[3]，是谓社稷主；受国不祥[4]，是为天下王。"正言若反[5]。

注释：

① 攻坚强者莫之能胜：攻击坚强的东西没有能胜过它（水）。

② 易：替代、更易。

③ 受国之垢：承受国家的耻辱。垢，耻辱。

④ 受国不祥：承受国家的灾祸。

⑤ 正言若反：正道之言好似反话。河上公注："此乃正直之言，世人不知，以为反言。"

七十九章

和大怨，必有余怨。报怨以德，安可以为善①？是以圣人执左契②，而不责于人③。有德司契④，无德司彻⑤。天道无亲，常与善人⑥。

注释：

① 安可以为善：怎么可以算是妥善之法呢？安，表示疑问，相当于"怎么""岂"。

② 执左契：古代借债，在木板或竹简上刻上契约，一剖为二，债权人与债务人各执一半。债权人到底是执左契，抑或执右契，似有争议。马王堆帛书甲本作"右契"，乙本作"左契"。高亨《老子正诂》说："《说文》：'券，契也。'古者契券以右为尊。"似此，"左契"当为"右契"。

③ 责：索要债务。

④ 有德司契：有德之人就像持有借据一样宽裕。

⑤ 无德司彻：无德之人就像掌管税收一样苛取。彻，《广雅·释诂》："彻，税也。"《论语·颜渊》："盍彻乎？"郑玄注："周法什一而税谓之彻。"

⑥ 与：相与、亲近。

八十章

小国寡民，使有什伯人之器而不用①，使民重死而不远徙②。虽有舟舆，无所乘之；虽有甲兵，无所陈之③。使民复结绳而用之。甘其食，美其服，安其居，乐其俗。邻国相望，鸡犬之声相闻，民至老死不相往来。

注释：

① 什伯人之器：伯，百。高明《帛书老子校注》说："'十百人之器'，系指十倍百倍人工之器，非如俞樾独谓兵器也。"

② 远徙：向远方迁移。徙，迁移。

③ 陈：陈列、摆开。

八十一章

信言不美①，美言不信②。善者不辩，辩者不善。知者不博，博者不知。圣人不积，既以为人己愈有③，既以与人己愈多④。天之道，利而不害；圣人之道，为而不争⑤。

注释：

① 信言：真言。释德清《老子道德经解》说："谓真实之言，即由衷之言也。"

② 美言：华美之言。释德清《老子道德经解》说："乃巧言也。"

③ 既以为人己愈有：（圣人）尽量帮助他人，自己反而富有。既，《广雅·释诂》："既，尽也。"为，施与。

④ 既以与人己愈多：（圣人）尽量给予他人，自己反而丰足。

⑤ 为而不争：高亨《老子正诂》说："为亦施也……圣人之道，有施于民，无争于民也。"

下篇

中国老子古典学说与西方哲学思想的"视域交融"

第一章
"道"字涵义的演变溯源与老子之"道"的思想渊源

第一节 "道"字涵义的演变溯源

"道"最初的涵义是"道路",许慎《说文解字》:"道,所行道也,从辵从首。一达谓之道。"桂馥《说文解字义证》引刘熙《释名》云:"道,蹈也。"蹈者,践履也。不过,近人马叙伦《说文解字六书疏证》卷四认为:"'所行道也'非本训,盖本训'行'也。校者不知'行'本是道路之名,故加'所行道也'以释之。"然而,不管是释"道路",还是释"行走",都与具体的事物或人的行动有关,尚未指涉后来"道理""原则""本源""本体"或"动因"等意思。

以人类行走于道的初始经验观之,要走路,就必欲通达某处。故"道"又有"通达"之义。《庄子·齐物论》就认为"道通为一",扬雄《法言·问道》对此进一步发挥:"道也者,通也,无不通也……道若涂(途)若川,车航混混,不舍昼夜。"张载《正蒙·乾称》谓:"通万物而谓之道。"这揭示了"道"字从"道路"之"道"到"万物之道"的生成转换,透露了"道"字涵义扩展衍变的信息。

"道"字的涵义专属于某种事物,而以某种事物加以"命名",给"不确定以确定",是为"专名"。这已经是"道"字生成为

"道理""规矩"之义的滥觞了。比如："车道"初始意义为车行的道路，但进一步演变下去就变成行车必须遵循的"道理""规矩"。再由日常人事而及于社会伦理，如"君臣父子之道"之"道"就已经脱离了初始意义而进入到具有社会伦理内容的较一般意义的"道理""规矩""法则"了，变成了一个类的"集名"。

又，人类行走于道，欲达目的地，必须选择一正确的方向，循此而行。此种尝试的经验积累多了，就有了一套成型的方法。故"道"字便有了"方法"之义。如我们时常挂在口上的"成功之道""治国之道"等。

此外，"道"尚有"道义""道德"之义。这应该是从人类行走于道，须有所遵循而引申出来的。既有所遵循，就有规范。道义、道德就是规范，只不过已经注入了具体的社会伦理内容罢了。

但上述只是"道"字涵义生成发展的中间环节，将它再抽象、升华，就有了更一般意义上的"原理"或"法则"的涵义了。它全然脱开"类"的纠缠、束缚，具有笼罩万物、至广无极的"位格"，普遍适用于宇宙人生中的任何事物，为他们提供准则与依据。《庄子·知北游》载："东郭子问于庄子曰：'所谓道，恶乎在？'庄子曰：'无所不在。'"说的大概就是这种普遍性的状态。

"道"字涵义发展到被指称"本源""本体"或"动因"，即一切存在物的基始（在亚里士多德那里就是"第一推动力"），就不可究诘、不可经验了。它离开初始意义远矣，已经被剥掉了任何"具体内容"，所谓"为道日损，损之又损，以至于无为"（四十八章），所以又被称为"无"。这个意义上的"道"实不可以说，故《庄子·知北游》云："道不可言，言而非也。"庄子不言"道"，正是"道"作为"本源""本体"或"动因"的神秘所致。说不可说之神秘——作为"本源""本体"或"动因"之"道"究为何物，就如同指说西方基督教的上帝为何物一样，乃人的僭妄与徒劳。如康德所断言的，上帝是人的理性所不能到达的彼岸世界，作为"自在之物",上帝只属于信仰范畴,已逸出了人的认知范围。

第二节 老子之"道"的思想渊源

现将先于老子且与老子之"道"有关联的思想,顺其历史脉络,梳理出一个通往老子的线索,并指明它们的某种联系。

(一)殷周时期的"道"。在迄今已知的甲骨文里尚未发现"道"字。《尚书·洪范》相传为箕子所作,乃商亡后箕子答周武王治国之道的内容。其中提到"王道",云:"无偏无陂,遵王之义;无有作好,遵王之道;无有作恶,遵王之路。无偏无党,王道荡荡;无党无偏,王道平平;无反无侧,王道正直。"此处"王道"之"道",显指一个公平无私的王者所应遵循的准则、法则。《尚书·君奭》云:"我道惟宁王德延,天不庸释于文王受命。"此"我道"乃周公旦之"道",亦"法则"之义。《诗·大东》"周道如砥,其直如矢",虽是赞美周朝政治的清明,但此"道"作"道路"解,乃其本义。

(二)春秋时期的"道"。在《左传》与《国语》里,"道"义已有分殊,大约有"引导""天道""人道""王道""仁道""义道"诸义,兹分别枚举以证之。如《左传·昭公五年》"道之以训辞,奉之以旧法",此"引导"义;《左传·哀公十一年》"盈必毁,天之道也",此"天道"义,盖人类观察自然界,觉察有反复出现之现象,乃将其概括为天道;又有将天道运用于社会生活,赋予天道以浓厚的人事色彩,其中自然包含了人类自身的经验与思考,如《国语·周语》"天道赏善而罚淫";《国语·晋语》"报生以死,报赐以力,人之道也",此"人道"义,谓做人的道理;《国语·晋语》又有"思乐而喜,思难而惧,人之道也",此亦"人道"义,但与上则有差异,谓人之"本性";《左传·桓公六年》"所谓道，忠于民而信于神……夫民，神之主也。是以圣王先成民，而后致力于神"，此"王道"义，实已兼有鬼神之道的意思；《论语·里仁》"吾道一以贯之"，此"仁义忠恕"之道；《墨子·贵义》"今为义之君子，奉承先王之道以语之"，此"先王之道"，乃"义道"也；又有《周易·系辞》"一阴一阳之谓道"。

以上对于"道"的形容、概括、限定，表明"道"的涵义仍未脱出具体的"类"，尽管"天道远，人道迩"（《左传·昭公十八年》），"天道"神秘而不可知，不过，它尚未上升到一个更抽象、更空洞的层面，不具有哲学上的意义。

（三）老子之"道"与殷周、春秋时代之"道"的承袭与借鉴关系。《史记·老子韩非列传》载："老子者，楚苦县厉乡曲仁里人也，姓李氏，名耳，字聃，周守藏室之史也。"从这段记载看，老子曾经做过东周管理藏书的小吏，对古代典籍应该有着广泛的涉猎与钻研。老子自己也承认有对古代"道"之思想的传承："执古之道，以御今之有。能知古始，是谓道纪。"（十四章）严复在《老子道德经评点》里说："'执古'二语，与孟子'求故'同一意蕴，科、哲诸学皆事此者也。吾尝谓老子为柱下史，又享高年，故其得道，全由历史之术。读'执古''御今'二语益信。"严复突出老子对古代思想的承袭是毫无疑问的，但是他忽略了老子在承袭前人基础上的创新，以为老子全是"率由旧章""述而不作"，则不尽符合事实。如前所述，纯思辨概念的"道"的提出，并由此发展出一套本体论、宇宙生成论、认识论、知识论体系，就是老子哲学上最大的创新，也是对前人思想的重大突破。老子之道论创进多于拘墟，创新多于保守，不愧为道家的开山宗师。

我们先谈老子之"道"对殷周、春秋时代之"道"的承袭与借鉴。对于殷周、春秋时代的"天道"观，越国范蠡阐释得最为透彻，《国语·越语》载范蠡语云："天道盈而不溢，盛而不骄，劳而不矜其功。"又云："天道皇皇，日月以为常。明者以为法，微者则

下篇
中国老子古典学说与西方哲学思想的"视域交融"

是行。阳至而阴,阴至而阳。日困而还,月盈而匡(亏损)。"这里的"天道"包含了三层意思:(一)谦逊。故充盈而不会溢出,强盛而不会骄傲,劳苦而不会夸耀自己的功绩。(二)是自然之法则。明智的人取法于它,精微的人遵循它而行动。(三)物极必反。阴阳转化,日月盈亏互换。但有循环论的意味,《老子》十五章说:"保此道者,不欲盈。夫唯不盈,故能蔽而新成。"九章云:"富贵而骄,自遗其咎。功遂身退,天之道也。"也是"盛而不骄,劳而不矜其功"的意思。而五十八章"祸兮福之所倚,福兮祸之所伏"揭示了祸、福互含对方的因素,且可以相互转化,此语可能也是从"日困而还,月盈而匡"中得到启发的。从《老子》七十九章"天道无亲,常与善人"中,我们甚至可以清晰地看到《国语·周语》"天道赏善而罚淫"的身影。先秦天道观的一个重要内容就是"无为"。《礼记》记载孔子对鲁哀公问时说:"无为而物成,是天道也。"这一"无为"思想,应该也是当时人的一种共识,甚至推广到社会政治层面。刘向《说苑·君道》载:"晋平公问于师旷曰:'人君之道如何?'对曰:'人君之道,清净无为。'"我们现在读老子道论,"无为"的思想比比皆是,其中最著名的是《老子》三十七章:"道常无为而无不为。"具体落实到社会人事及治国之道,如六十四章:"是以圣人无为,故无败。"五十七章:"故圣人云:'我无为而民自化。'"在四十三章中,老子认为可从"无有入无间"推导出"无为之益"的结论。"无有入无间",就是无形相的东西可以渗入到没有裂隙的东西里。

这里需要特别提一下的是《周易》经传对老子的影响。顾颉刚先生指出:《晋卦》卦辞"康侯用锡马蕃庶,昼日三接"中的"康侯"乃卫康叔,周初封于卫,而《周易》中没有西周初叶之后的故事,可推知《周易》大约作于西周初年。[1]《周易》诸传,相传为

---

[1] 《周易卦爻辞中的故事》,《古史辨》第 3 册,上海古籍出版社 1982 年版,第 28 页。

孔子所作，是对《周易》的解说，写作年代应在春秋时期。《周易》经传有"阴阳"观念。《礼记·祭义》云："昔者圣人建阴阳天地之情，立以为《易》。"《周易·系辞》也说："一阴一阳之谓道。"通俗地讲，"阳"就是光明，"阴"就是黑暗。按照古人的说法，自然界与社会的事物、人物都是阴阳相对的。最简单的例子，日是阳，月是阴，男人是阳，女人是阴，等等。不仅如此，古人还将"阴阳"概念推广到世界的万事万物，结果万事万物都具有对立的性质，如"有"与"无"等，所以"一阴一阳之谓道"的"道"应该解释为规律。这种"阴阳"观念在《老子》中也有反映，四十二章："道生一，一生二，二生三，三生万物。万物负阴而抱阳，冲气以为和。"《周易》对"阳"的评价是积极的，对"阴"的评价则是消极的；而在老子那儿，"阴""阳"则是平等的。虽然，老子对"阴阳"概念没有作专门的论述，但他受"阴阳"概念的启迪而充分发挥万事万物对立的思想，是极其重要的。大家都比较熟知的，如二章"有无相生，难易相成，长短相形，高下相倾，音声相和，前后相随"。其次，我们应当注意《周易》崇尚"谦逊"的观念对老子的沃溉。《谦卦》卦辞："谦，亨，君子有终。"《周易·象辞》对此解说道："谦，亨。天道下济而光明，地道卑而上行。天道亏盈而益谦，地道变盈而流谦，鬼神害盈而福谦，人道恶盈而好谦。谦，尊而光，卑而不可逾，君子之终也。"《老子》通篇贯穿着"谦逊得福"的思想，是老子道性的一个重要方面，如老子于八章中以水为喻，说："上善若水，水善利万物而不争，处众人之所恶，故几于道。"

第二章
道生一，一生二，二生三，三生万物

第一节 "道"是宇宙的创生者

老子的"道"在中国古代思想史上具有别开生面的革命性意义，它开启了中国式思想传统的一个最重要的维度。在西方形而上学陷入困境而难以自拔的今天，它似乎为漫漫长夜带来了一缕曙光。为了阐释道的丰富思想意蕴，我们有必要从"道"字的初义出发，探寻老子《道德经》里"道"的别样涵义。

道具有开端的推动力与生成的功能性，即开启与生成了天地万物，是宇宙的创生者。

老子《道德经》一章说："无（指道），名天地之始；有（指道的功用），名万物之母。"这里，"始"指道的开端性，"母"指道的生成性。

二十五章："有物（指道）混成，先天地生。"郭店竹简《老子》甲本"有物混成"作"有状混成"（从裘锡圭说）。据此，我们可以很有把握地断言，"道"首先是一种物质性的实体，故老子说："道之为物，惟恍惟惚。惚兮恍兮，其中有象；恍兮惚兮，其中有物。"（二十一章）《韩非子·解老》说，道"唯夫与天地之剖判也具生"，猜度到了它的物质性质。如果要拿什么东西作为创造万物的基始来比附道的话，那就是古希腊思想家赫拉克利特所说的

"火"。赫拉克利特的"火"与老子的"道"同是无神性的具有物质性质的世界创造者。

道这种独异的物体，又是极其精细微小的。"窈兮冥兮，其中有精。"所谓"精",《庄子·秋水》云："夫精，小之微也。"即微小中最微小的，但无疑是一种物质性的东西。

道也具有创生天地万物的无比威力："道生一，一生二，二生三，三生万物。"（四十二章）这里的"一"即道的别称。宋林希逸《老子鬳斋口义》指出："一者，道也。"既然"一"即"道"，何以"道"又生出"一"呢？杨国荣说："所谓'道生一'，即道的'自生'。事实上，'道'之外并不存在更为超越的东西，'道'即以自身为原因，'道生一'所突出的便是'道'的'自因'性。"[1]"道"与"一"乃混沌未判的状态，是"一而二，二而一"的同一样东西。《淮南子·原道训》曰："所谓无形者，一之谓也。所谓一者，无匹合于天下者也。""无匹合于天下者"，非道而何？"一生二，二生三，三生万物"，《淮南子·天文训》解释此章说："道始于一，一而不生，故分而为阴阳，阴阳合和而万物生，故曰：'一生二，二生三，三生万物。'""二"指两仪。《吕氏春秋·大乐》曰："太一（即道）出两仪，两仪出阴阳，阴阳变化，一上一下，合而成章。"高诱注"两仪"为天地。天地再产生阴阳（所谓"万物负阴而抱阳"），阴阳涌摇交荡，产生"和气"。这种"和气"就是"三"，由"三"衍生出万物来。有人认为，"阴阳"概念仅见于《道德经》四十二章，乃孤证，不足以证明老子已经接受它，并将其融入自己的思想体系里去；"阴阳"概念直到《庄子》才大量出现，故这是老子后学羼入《道德经》里的。不过，历史材料似乎表明，"阴阳"概念至迟在西周末年就已出现。周幽王三年（前779），贵族伯阳父说："周将亡矣。夫天地之气，不失其序。若过

---

[1] 《老子讲演录》，中国人民大学出版社2021年版，第169页。

其序，民乱之也。阳伏而不能出，阴迫而不能蒸，于是有地震。"（《国语·周语》）伯阳父虽是用"阴阳失序"来解释自然界的地震现象，但进一步发展，人们将"阴阳"作为具有普遍性意义的概念来对待与阐释是势所必至、理有固然的。学界一般认为，老子是生活于春秋晚期的人，上距西周末年有二三百年的时间，且其曾为"周守藏室之史"，故他接受并引入"阴阳"概念不足为奇。《庄子·田子方》："至阴肃肃，至阳赫赫。肃肃出乎天，赫赫发乎地，两者交通成和而物生焉。"庄子是老子的后学与服膺者，他们的思想脉络是相通的，故庄子的"阴阳"之说很可能是承袭老子而来。

第二节 "道"的本源性与生成性

让我们按捺一下自己的好奇心，暂且放下对于老子之"道"的阐释，而先引进古希腊另一位思想家巴门尼德的论说，然后再将老子之"道"与他的"存在"作一比较。这将会是一件很有意思的事情，甚至可以加深我们对老子之"道"的理解，也未可知。

在巴门尼德那里，"存在"是惟一者，因为"只有'存在'是存在着的，'非存在'并不存在，并且不能被思考"[1]。而"存在"的本性在于：它没有开端，也没有终结，没有过去，也没有将来，它只有现在。存在是连续和不可分割的。它之所以不可分，是因为它是处处都同一的东西。当然，它也是静止不动且不可改变的，有如一只圆球，从中心到球面的距离都是相等的。思维与存在也是同一的，因为它是对于存在的惟一思想。[2] 可以说，巴门尼德的"存在"是一种永恒的、绝对的、没有变化发展的本体。

[1]《巴门尼德残篇》4，6起；转引自［德］爱德华·策勒尔：《古希腊哲学史纲》，翁绍军译，上海人民出版社2007年版，第59页。
[2]《巴门尼德残篇》8，自34行以下；转引自《古希腊哲学史纲》，第59页。

但是，海德格尔的解读别有匠心。他认为：在西方思想的开端处（巴门尼德那里），"存在中被道出的东西作为［涌现、自然］、［逻各斯］、［一］来洞察"是适当的，但"因为在存在中起支配作用的聚集把一切存在者统一起来"，所以，存在似乎变成"与存在者整体相同的东西"[1]。也即是说，存在变成了存在者，结果，导致了二重性的失落。本来遮蔽与解蔽是存在本身的本质运作方式，是所谓的二重性，现在只知解蔽而不知遮蔽，殊不知"表面上纯粹的澄明者是由黑暗的东西所贯通和支配的"[2]。根据海德格尔的意见，巴门尼德的"存在"其实是光明与黑暗的交集，而且，黑暗支配着光明。那自行隐匿的存在（黑暗）理所当然支配着在场的存在者（光明），只是后来的人有意无意地遗忘了这二重性的失落——存在的遗忘。

现在，我们可以拿老子之"道"与巴门尼德的"存在"来作比较了。

它们都是本源性的：世界一切存在物（存在者）源于它们，归属于它们，就如"碎片"归属于"圣器"一样（借用德国神秘主义哲学家本雅明的话）。"道"与"存在"一样也是无始无终，不知所自，不知所归。

老子本质上可说是一个诗人哲学家，他喜用比喻来阐说道，比如他将道说成是"玄牝"，是"众甫"。无独有偶，古希腊思想家赫拉克利特也喜用比喻，最著名者是他的意象鲜明的"火"。"火"在赫拉克利特那儿意味着什么呢？是万物的基质，或是"逻各斯"的象征？根据海德格尔的另类解读，"火"或许更像是后者。在他看来，"火"也许"命名着圣火、炉火、营火，但也指火把的闪耀、繁星的闪烁"，所以"在'火'中起支配作用的是照亮、焕发、照耀、微弱的闪耀，把一种光明中的浩瀚之境开启出来的东西。不

---

[1]《命运》，《演讲与论文集》，孙周兴译，商务印书馆2018年版，第269页。
[2] 同上，第270页。

下 篇
中国老子古典学说与西方哲学思想的"视域交融"

过,在'火'中也贯穿着消灭、结合、锁闭、熄灭。当赫拉克利特谈论火时,他主要思考了有所澄明的支配作用,那种给予尺度和剥夺尺度的指引"。[1] 也即是说,"火"的意象,首先表征了"解蔽",但也同时意味着"遮蔽"。因为,它既能照亮,也能熄灭;既能给予尺度,又能剥夺尺度。

那么,老子喻道的"玄牝""众甫",究竟意指什么呢?换言之,通过它们,老子要给出道怎样的意蕴呢?这正是我们要孜孜追问的所在。从字面上理解,"玄牝"就是女性幽深玄妙的生殖器;"众甫"就是众父,古代"甫"与"父"通。所以,"玄牝"与"众甫"恰恰巧妙地道出了道的本源性、生成性。"玄牝"是人类所从出的地方,"众甫"是人类的本源,而"玄牝"与"众甫"的结合又造成了道的生成性。推广言之,道的本源性与生成性,也即是它的原始性、质朴性。从它的原始性、质朴性中,我们可以约略窥探到了中国人的源始经验与思维方式,一如海德格尔从赫拉克利特的"火"的意象中嗅到了"逻各斯"显-隐二重性乃是古代希腊人的源始经验与思维方式一样。我们之所以在此一再强调老子与赫拉克利特那种富有想象力的意象物,乃是因为它们巧妙地牵引出了古代人的源始经验与思维方式——这当然是意有所指的,是欲将它的对待物——僵硬的形而上学本体论(西方)与繁琐的政教伦理(中国)映衬出来,从而道明人类是如何走入迷途的。

---

[1] 《无蔽》,《演讲与论文集》,第313页。

第三章
道可道,非常道

第一节 "道"的实质与特性

凡是对老子思想有所涉猎的人都知道,老子思想的核心是"道"。这个"道"不是凭空而来的,乃是脱胎于殷周时代的"天道观",但经过老子的彻底改造与创新发展,有了崭新的面貌,被赋予了全新的涵义,最终老子以"道"立说,形成独具一格的道家学派,在当时与诸子并驾齐驱,对后世沾溉丰足,影响深远久长。

有人称老子是客观唯心主义者,认为他的"道"的性质类似于黑格尔的"绝对精神"。如古棣说:"在《老子》书中,是把'道'与天地万物、与有形体的实有相区别、相对立的,所以说他的'道'是观念性的,是绝对精神之类的东西。"[1] 这是用西方哲学的概念框架来套老子"道"的思想,方枘圆凿,与事实不符。其实,老子是一个自然主义哲学家。当然,他已经具有形而上学的思想经验,所以,他确实抬高了"道"的地位,把它尊奉为超越万物的神秘莫测的至高无上的东西。

如前所述,道是一种物质性的实体,又是极其精微的。《庄子·天下》云:"老聃(老子)建之以常无有(即常无、常有),

---

[1]《老子校诂》,吉林人民出版社1998年版,第22页。

主之以太一。""太一"是道的别称。《吕氏春秋·大乐》说:"道也者,至精也。不可为形,不可为名。强为之谓之'太一'。"惟其精微,故呈现"无状之状,无物之象"(十四章)。

老子预设了"道"的概念与本质。这个"道"既具有形而上的意味——它超脱于万物——又带有规律、法则、生成、方法、道理等多方面的意蕴,确实提升了天、地、人的境界。在"道"这个人安身立命的居所,老子概括了中国古人高明、智慧的源始经验与思维方式,足以启思千载之后的"开路者",指点其辨识思想的"林中路"。

老子是这样形容"道"的:

> 有物混成,先天地生。寂兮寥兮,独立不改,周行而不殆,可以为天下母。吾不知其名,故强字之曰"道",强为之名曰"大"。(二十五章)

而他描述道体的文字有:

> 视之不见,名曰"夷";听之不闻,名曰"希";搏之不得,名曰"微"。此三者不可究诘,故混而为一。其上不皦,其下不昧。绳绳兮不可名,复归于无物。是谓无状之状,无物之象,是谓惚恍。迎之不见其首,随之不见其后。(十四章)
>
> 道之为物,惟恍惟惚。惚兮恍兮,其中有象;恍兮惚兮,其中有物。窈兮冥兮,其中有精。其精甚真,其中有信。(二十一章)

综合以上老子对"道"的种种形容与描述,我们似可得到如下的印象:

(一)"道"是本源性的,是"先天地生","可以为天下母",

故是天下万物所从出，因而也是天下万物的根源。

（二）"道"是生生不息，变化运动的，虽然它有自己的本性（"独立不改"），但是却"周行而不殆"，充满着生机与活力。

（三）"道"体内既是精微恍惚的，又是纷纭不绝的（"绳绳兮不可名"），好像无物，又似乎有象，多少带有一点神秘色彩。

（四）"道"体内分明有"白"（光亮）与"黑"（晦暗）存在。因为老子在四十一章里提醒我们"明道若昧"，在二十八章里告诫我们要"知其白，守其黑"。虽说是"不皦""不昧"，但那是一种怎样的状态呢？显然是一种"皦"（白）与"昧"（暗）交织与混合的中间状态，但其中"白"与"黑"元素的存在是自不待言的。

老子之"道"是运动变化的，是周流不息的。"道可道，非常道"（一章），所谓"常道"乃恒久之道，但"道"本身是变动不居，是有迁移与演化的，"反者，道之动"（四十章）、"周行而不殆"可证。而巴门尼德的"存在"却是静止的、呆滞的。前者富有生命力，而后者则缺乏活力。巴门尼德明确声言："诸如'生成'与'消失'、'存在'与'不存在'、'位置变化'与'色彩变化'等，都只不过是空洞的名称而已。"[1] 请看，巴门尼德的"存在"多么苍白无力，多么缺乏勃勃生机！

老子之"道"是"无状之状，无物之象"，混沌而浑厚；而巴门尼德的"存在"也是不可分割的。两者看似有某些相同之处，但细细分别，后者没有前者那种"大而化之"的浩瀚阔大的气象。

不过，海德格尔对巴门尼德的箴言"觉知（思想）与存在是同一者"给以不同于传统形而上学的解释，面目一新。显然，海德格尔触摸到了希腊早期思想家的思想经验，没有被表象性思维方式所束缚。海德格尔说："巴门尼德说了不同的东西，即：存在——与思想——归属于同一者。"思想与存在是共属一体的，它们在同一者

---

[1]《巴门尼德残篇》8，第34—41行；转引自《命运》，《演讲与论文集》，第259页。

中互相归属，而不是像形而上学所理解的那样，把同一性理解为存在身上的一个特性，把思想理解为是对存在的反映，从而同一到存在上来。海德格尔说："我们不能企图从这种在形而上学上被表象的同一性出发，去规定巴门尼德所指称的那个东西。"[1] 如何理解思想与存在的互相归属呢？思想是人特有的标志，所以思想与存在的互相归属，便很自然地转换为人与存在的互相归属。人归属于存在，"这种归属倾听着存在"，而存在，按其最初的意义就是在场（Anwesen），故存在让人在场，反过来，唯有为存在而敞开的人方能让存在在场而到来。海德格尔总结说："人与存在相互转让。它们相互归属。从这种尚未得到切近思考的相互归属中，人与存在才首先得到了那些本质规定，在其中，人与存在通过哲学被形而上学理解了。"[2]

老子之"道"与经过海德格尔解释的巴门尼德的"存在"俱含有二重性。不幸的是，这种二重性在历史发展过程中都失落了，被遗忘了。在西方被硬结为一元的绝对的形而上学本体论，在中国则固化为儒家的"大一统"，成为诸多历史悲剧的思想根源。

老子之"道"的生成性与巴门尼德的"存在"的非生成性不可等量齐观。前者经由"德"生养化育万物（存在者整体），后者则拒斥"存在"的生成，使其僵化了。在这一点上，巴门尼德比之赫拉克利特有所退步。赫拉克利特的"逻各斯"具有聚集的功能，所谓"一是一切"。存在（逻各斯）聚集存在者与存在者整体。"聚集"就是"让事物在一起出现"，或者干脆说，是"让在一起的在场者集合到自身中而出现"。"聚集"难道没有"生成"的涵义吗？不过，与老子之"道"的生成性相较，"逻各斯"具有本体论的意味，而"道"不仅具有本体论的意味，更有宇宙生成论的意味，既

---

[1] 《同一与差异》，孙周兴、陈小文、余明锋译，商务印书馆2014年版，第35—36页。
[2] 同上，第39—40页。

可归之于本体论，又可归之于自然哲学的范畴，两者的意义似有区别。"道"具有虚空静默的特性，如十六章"致虚极，守静笃"，又四章"道冲"（傅奕本"冲"作"盅"。俞樾《诸子平议》曰："《说文·皿部》：'盅，器虚也。'《老子》曰：'道盅而用之。'盅训虚，与盈正相对。作冲者，假字也。"）"道"又被形容为"谷神"。谷，王弼注："谷，中央无者也。"按，谷即两山之间的低地。严复《老子道德经评点》说："以其虚，故曰谷。""谷"正是一虚空之物体，以此形容"道"的空虚，如合符节。道体的空虚，能够收纳万物。道"寂兮寥兮"，悄无声息。海德格尔曾提到过"存有（存在）之寂静"（die Stille des Seyns），他认为："静默具有比任何逻辑更高的法则。"[1] 海德格尔说的这块"寂静之地"虽"起于沉默"[2]，但它却有着无比巨大的威力，并酝酿着激烈的运动。美国学者瓦莱加-诺伊（D. Vallega-Neu）评论说："寂静并不意味着不动，而恰恰是它的反面，是一种最激烈的运动，它处于最激烈的震颤中，在颤栗中达到高潮。"[3] "静为躁君"（二十六章），道性沉静，却是躁动的主宰，"清静为天下正"（四十五章）。"道"虽寂静无声，"听之不闻"（"希"），但"道"不仅创生万物，且通过"德"而长养万物。"故道生之，德畜之，长之育之，亭之毒之，养之覆之。"（五十一章）毫不夸张地说，世间万物的生成发展都要仰赖于"道"与"德"。"道"是万物的长养者与守护者。从创生与长养万物的视域观之，"道"的威力确实无与伦比。冯友兰说："没有'道'，万物无所从出；没有'德'，万物就没有了自己的本性；所以说，'万物莫不尊道而贵德'。"[4] 当然，"道"与"德"创生

---

[1]《哲学论稿：从本有而来》，孙周兴译，商务印书馆 2012 年版，第 87 页。
[2] 同上，第 39 页。
[3]《海德格尔〈哲学献文〉导论》，李强译，华东师范大学出版社 2010 年版，第 126 页。
[4]《中国哲学史新编试稿》，中华书局 2017 年版，第 287 页。

并长养万物但不主宰它们，不加干涉，任其自然，故"莫之命而常自然"（五十一章）。

《赫拉克利特残篇》64曰："雷霆支配着一切。"对此，海德格尔说："我回忆起我在爱琴海逗留的一个下午。突然间，我感觉到唯一一次电闪雷鸣，接下来没有发生任何事情。我顿时冒出一个念头：宙斯（Zeus）。"[1]

海德格尔推崇赫拉克利特的"雷霆"，将它比作希腊神话中至高无上的宇宙神——宙斯（Zeus），认为它具有支配一切的力量，以至于把"闪电支配一切"的箴言镌刻在他那间托特瑙山上的小屋的门楣上。"闪电"能够"支配一切"，其原因诚如现象学家（也是海德格尔的学生）欧根·芬克所言："闪电作为可以观察到的自然现象意味着在夜晚的黑暗中突然出现一道耀眼的亮光。就像闪电在深夜里突如其来地发出闪光，在一道光的光亮中，物显示出其相互勾连的轮廓，闪电也在一种更加深刻的意义上把许多物以相互勾连的方式聚集在一起，并显露出来。"[2] 海德格尔在《逻各斯》中进一步发挥说："这里所讲的闪电起着操纵作用。闪电把每一个事物预先传送到它被指定的本质位置上。这样一种一体的带送就是采集着的置放，即［逻各斯］。"[3] 显然"闪电"作为一种平常的自然现象，在海德格尔（还有芬克）的视野里仅仅是一种象征物而已，它的内在意蕴其实是具有更为原始与本真的"逻各斯"。与其说是闪电支配一切，毋宁说是"逻各斯"支配一切。老子的"道"与赫拉克利特的"逻各斯"地位相侔，当然有支配一切的力量。《韩非子·解老》说：道"功成天地，和化雷霆，宇内之物，恃之以成……万物得之以死，得之以生；万事得之以败，得之以成"。"逻各斯"有收集、聚集之意，所以这里的关键词是"聚集"。而

---

[1]《讨论班》，王志宏、石磊译，商务印书馆2018年版，第8页。
[2] 同上，第8页。
[3]《逻各斯》，《演讲与论文集》，第247页。

"道"正是这样一种具有"聚集"万物的力量与威力的东西,只是它隐而不发而已。"夫物芸芸,各复归其根",根者,道也,"玄牝之门,是谓天地根"可证。这不正显示出万物趋归、聚集于它吗?万物不仅趋归、聚集于道,还要顺从于道,否则凶险万分:"复命曰常(常道)……不知常,妄作,凶。"(十六章)

"道"的力量与威力还来自它的开端性。按照海德格尔的说法,"开端"完全不同于"开始",以天气为例,天气的转变开始于一场风暴,但它的开端则是"先前起着作用的、大气状态的完全转变"[1]。"开端"(Anfang)一词源于希腊语的 arche(开端、原则),它具有起源与支配的双重含义。它既是一切事物与思想的源头,又具有对一切事物与思想的支配力,故而它是不可替代的,也无法被逾越。

"道"这种独异的物体与普通的物体迥然不同,其异有二:一是它具有本源性。它是"天地之始,万物之母"。老子说:道"吾不知其谁之子,象帝之先"(四章)。世界上的一切存在物(存在者)源于它,归属于它,就如同"碎片"归属于"圣器"一样;"道"是万物的统一者,"天得一以清,地得一以宁,神得一以灵,谷得一以盈,万物得一以生"(三十九章)可证。"一"(道)与万物是怎样一种关系?万物是存在者的全体,从形式逻辑的角度看,"一"(道)作为特殊之物,不能自外于存在者的全体,但"一"(道)又统摄万物,万物向它聚集、归拢。海德格尔在评论《赫拉克利特残篇》64 及其他残篇时说:"这个[一]贯穿全部哲学,一直抵达康德的先验统觉……人们必须把处在与[一切、万物]的关联中的[一]和处在残篇 10 中的[一]的关联中的[一切、万物],和与残篇 1 和残篇 80 中的[一切、万物]联系在一起的[逻各斯]和争执(Streit)综合在一起思考。但是,这只有在下列情况下才是可

---

[1] 《荷尔德林的颂歌〈日耳曼尼亚〉与〈莱茵河〉》,张振华译,商务印书馆 2018 年版,第 2 页。

下 篇
中国老子古典学说与西方哲学思想的"视域交融"

能的,即如果我们同时把[逻各斯]理解为聚集(Versammeln),把[纷争]理解为拆散。残篇10开始于[聚拢、联合]一词。""在这里,我们可能会关注'一起'(das Zusammen),与之相应,[一]就是统一者。"[1]前苏格拉底时期的赫拉克利特的思想经验里头,还没有柏拉图式的形而上学概念,他的"一",只能理解为一切、万物的始基,并不具有形而上的意蕴,这一点与老子的"道"似可等量齐观。赫拉克利特的"一"与老子的"道"之所以是统一者,盖出于他们的聚集性。赫拉克利特说:"如果你们不是听了我的话,而是听了我的道(在早前的古希腊语中,道的原义是"谈话",后转义为"道理""理性""规律",现在一般翻译为"逻各斯"——引者),那么,承认'一切是一'就是智慧的。"[2]"一切是一",就是九九归一,就是一切向"一"聚拢。同样,老子也反复强调万物向"道"的复归与聚拢,"万物并作……各复归其根",这个"根"就是作为万物始基的"天地根"。老子还以"婴儿"比喻"道":"专气致柔,能如婴儿乎?"(十章)"道"能积聚精气,身段如婴儿一般柔弱,而"婴儿"(道的别称)又代表初始,代表开端。海德格尔有句名言:"开端即未来。"因为"开端乃是自行建基者和抢先者;在通过开端而得到探基的基础中自行建基;作为建基的抢先,而且因而是不可赶超的"[3]。海德格尔通过"返回步伐",从前苏格拉底时期的思想家里找出了三位开端者:阿那克西曼德、赫拉克利特与巴门尼德,这三位开端者在"探基的基础中自行建基"。海德格尔在《阿那克西曼德之箴言》中认为,阿那克西曼德的χρεών(必然性,用)、巴门尼德的Moῖρα(命运)、赫拉克利特的λόγος(逻各斯)所思考的东西,都是具有开端性的思想,

[1]《讨论班》,第41页。
[2]《赫拉克利特残篇》;转引自北京大学哲学系外国哲学史教研室编译:《西方哲学原著选读》上卷,商务印书馆1981年版,第22—23页。
[3]《哲学论稿:从本有而来》,第60页。

分别反映了古希腊哲人所经验的"存在"及其意义,后人或曲解,或以另一种思辨方式把它们带入歧途。[1] 海德格尔说:"开端乃是作为本有的存有本身,是存在者之为存在者的真理的本源的隐蔽统治地位。"[2] "本有的存有本身"是什么意思呢?美国学者托马斯·希恩认为:"海德格尔提到的 Ereignis(本有),常指让某个存在者居于自身本来的状态之中,以至于成为它自己,成为其本质所是的'特性'。"[3] Ereignis 指的是发生(使自己发生),但也暗指去蔽和归属。据此,我们可以说它是让自己发生的存在(存有)本身的意思。让自己发生的存在,当指存在的敞开状态(无蔽),换言之,开端性的思想经验到了原初的存在的敞开状态。毫无疑问,这种让自己发生的敞开状态乃是挣脱束缚的充分自由的状态,所以海德格尔说真理的本质就是自由;真理不是习俗认为的主体符合客体,而是让存在与存在者处于敞开状态。

"道法自然",童书业说:"《老子》书里的所谓'自然',就是自然而然的意思……所谓'道法自然'就是说道的本质是自然的。"[4] 冯友兰也认为:"('道法自然')并不是说,于道之上,还有一个'自然',为'道'所取法……'自然'只是形容'道'生万物的无目的、无意识的程序。"[5] 老子的"道"作为一种开端性的自然的存在,正是"作为本有的存有本身",它无端而生(即让自己发生),不受任何其他存在物的推动与束缚。按照海德格尔的说法,自然存在者"是在其自行涌现中自己产生出来的东西",以区别于技术存在者这种"通过人的表象活动和制造活动而产生的东西"。[6] 老子

---

[1]《阿那克西曼德之箴言》,《林中路》,孙周兴译,商务印书馆 2015 年版,第 378—379 页。
[2]《哲学论稿:从本有而来》,第 64 页。
[3]《理解海德格尔——范式的转变》,邓定译,译林出版社 2022 年版,第 306 页。
[4]《先秦七子思想研究》,齐鲁书社 1982 年版,第 113 页。
[5]《中国哲学史新编试稿》,第 286 页。
[6]《阿那克西曼德之箴言》,《林中路》,第 366 页。

说:"为学日益,为道日损。"(四十八章)又说:"朴(道的别称,取其混沌、浑朴之意)散则为器。"(二十八章)学习是掌握技术的主要途径,而器物是应用技术所得的产物。通过学习掌握技术越是进步,于"道"则越是减损;而"道"分散开来,才"殊类生,若器也"(王弼注)。显然,这两项在老子看来,其层次都要低于作为自然存在者的"道"。海德格尔的技术批判,其精神意蕴与老子的思想暗合,自不待言。"道"不仅不受制于天地万物,它反而是世界上的存在者之为存在者的根源与根据。《韩非子·解老》说:"道者,万物之所然也。""道"是万物之所以成为万物的那个东西,换言之,"道"不仅是万物的始祖,还是万物之为万物的根据,这明显带有浓厚的本体论色彩。"道"的本源性还决定了它超然一般物上的特性,它作为实有处于形上与形下之间的居中位置。老子认为,道"其上不皦,其下不昧"。"道"至高无上,故"道"之上不亮;"道"又是万物的"众甫",凌驾于万物之上,并由此派生出形形色色的事物,故"道"之下不暗。"道"恰居于这不亮不暗之间,地位微妙,不可究诘。二是它的周遍性。老子说:"天网恢恢,疏而不失。"(七十三章)"道"如天网,广大无边,包容一切;虽似稀疏,但宏纤毕罗,靡有遗失。故《庄子·天道》云:"夫道,于大不终,于小不遗,故万物备,广广乎其无不容也。"

王弼注三十四章"大道氾兮,其可左右"曰:"言道氾滥无所不适,可左右上下周旋而用,则无所不至也。"刘咸炘云:"道体有二义:一曰超物,二曰周物。"[1] 说的正是这个意思。刘氏又进一步发挥道:"夫道也者,超万物而周万物者也,周物则一物不足以尽道,故超物。庄子曰'物物而不物于物',此超物之义也。又曰'道无不在',此周物之义也。"[2]

[1]《子疏定本》,黄曙辉编校:《刘咸炘学术论集·子学编》,广西师范大学出版社2007年版,第55页。
[2]《内书》,《刘咸炘学术论集·哲学编》,第841页。

第二节 老子之"道"与海德格尔的"道说"

老子之"道"神秘而不可言说（所谓"强字之曰'道'"），但事实上，老子在《道德经》里对"道"及"道"的本性还是作了多方的阐述，尽管老子在阐述时用了诸多比喻，可毕竟是让我们约略窥探到了"道"的堂奥之地，结果不可言说似乎变成了可以言说。巴门尼德的"思维与存在的同一性"的命题明确"存在"是可以被思考的，但它似乎与思想是同一之物。黑格尔《哲学史讲演录》对这一命题有一段解说。他先引巴门尼德的一段话："思想与所思为之而存在的东西是同一个东西。因为若没有思想得以在其中表达自身的存在者，你就将找不到思想，因为在存在者之外，思想一无所有，也将一无所有。"然后，他说："这是主要的想法。思想产生自身，而且被产生的东西就是一个所思。所以，思想与它的存在是同一的；因为在存在之外，在这伟大的肯定之外，那是一无所有的。"[1] 即思想与它意向所指的东西是同一样东西，但老子的"道"与"道"之说显然是有分别的。

"道"之所在乃是中国古代哲人思想的发端处。它所显示的原始性、质朴性，足可鸟瞰与笼罩人类思想的发展，至今无有出其右者；有之，则是海德格尔形象的图景而已。

海德格尔或许是西方唯一一个孜孜探求其思想开端而结出丰硕成果的哲人。他在后期有一篇十分重要的演讲，名叫《哲学的终结和思想的任务》。在这篇演讲中，他认为：迄今为止的哲学探求误入了歧途，变成了形而上学。而形而上学是以论证性表象的思维方式

---

[1] 转引自《命运》，《演讲与论文集》，第263页。

下 篇
中国老子古典学说与西方哲学思想的"视域交融"

来思考存在者之为存在者。在这种哲学里,"存在"在存在者的存在中把自己显示为根据,因为这种根据,存在者才成为在其生成、消亡和持存中的某种可知的东西,某种被处理和被制作的东西。这就是论证性表象的思维方式,所以,存在成了实在的存在者状态上的原因,成了使对象之对象性得以成立的先验可能性。海德格尔不无讽刺地说道——不忘捎带上大名鼎鼎的德国同胞黑格尔与尼采——"(存在)是绝对精神运动和历史生产过程的辩证中介,是那种价值设定的强力意志。"[1] 结果,"存在"失落了,变成了存在者,一种类似黑格尔"绝对精神"与尼采"强力意志"(权力意志)的东西。

在海德格尔看来,西方哲学的这种终结意味着形而上学的完成,但"所谓'完成'并不是指尽善尽美,并不是说哲学在终结处已经臻至完满之最高境界了",比如,"柏拉图的思想并不比巴门尼德的思想更见完满。黑格尔的哲学也并不比康德的哲学更见完满"。从词源学的角度而言,海德格尔认为:"'终结'一词的古老意义与'位置'相同:'从此一终结到彼一终结',意思即是从此一位置到彼一位置。哲学之终结是这样一个位置,在那里,哲学历史之整体把自身聚集到它最极端的可能性中去了。作为完成的终结意味着这种聚集。"[2] 布鲁姆认为:"对于海德格尔来说,在哲学终结之处所聚集的,就是柏拉图主义的历史,也就是在向我们呈现的实在与实在本身(自在之物)之间所做的区分的历史。哲学史的'道路'上遍布着来源于这种基本的柏拉图式分离的区分(即主体与客体、心灵与肉体、现象与本体,以及甚至理性与非理性之间的区分)。"[3]

[1]《哲学的终结和思想的任务》,《面向思的事情》,陈小文、孙周兴译,商务印书馆2014年版,第81页。
[2] 同上,第82页。
[3]《海德格尔和罗蒂论"哲学的终结"》,王平译,《国外社会科学》1992年第10期,第10页。

海德格尔接着说道："纵观整个哲学史，柏拉图的思想以有所变化的形态始终起着决定性作用。形而上学就是柏拉图主义。尼采把他自己的哲学标示为颠倒了的柏拉图主义。随着这一已经由卡尔·马克思完成了的对形而上学的颠倒，哲学达到了最极端的可能性。"[1] 这种形而上学哲学的特点在于：一直在孜孜寻求存在者背后的根据，寻求的结果，其根据，在柏拉图那儿是"理念"，在尼采那儿是"强力意志"。尽管柏拉图、尼采的哲学说法不同——尼采还颠倒了柏拉图的"理念论"——但他们仍然是一种形而上学，一种与形而上学保持同一性的哲学，也即是说，他们执着于追问的东西仍是存在者，而非存在本身。正如海德格尔所说："哲学是一种胜任能力，它能够把存在者收入眼帘，也即能够就存在者存在来洞察存在者是什么。"[2] 说得透彻一点，传统哲学始终误将或者错认存在者为存在，而存在本身他们还从未曾思考过，这是西方哲学的一个"死结"。海德格尔企图解开这个"死结"，将思直指存在本身；而维特根斯坦则干脆宣布，形而上学没意义，宣告了它的"死亡"。这是其一。其二，"科学之发展同时即科学从哲学那里分离出来和科学的独立性的建立"[3]，也促使哲学走向终结。从希腊时代开始，哲学一直被视作"科学中的科学"，现在，作为具体领域的各门科学从哲学分离出去，同时也带走了原来哲学所承担的任务及所思的内容。因此，哲学被各门科学所淹没，自然也就终结了。

不过，哲学的这种终结却意味着思想的开始。这里首先要弄清楚，海德格尔所谓的思想究竟意指何物？它与传统形而上学的区别何在？我们知道，海德格尔为寻觅思想，采取"返回步伐"，到前苏格拉底时期的希腊早期思想家——如阿那克西曼德、赫拉克利特、巴门尼德——那里去挖掘历史资源。海德格尔称他们为更伟大

---

[1]《哲学的终结和思想的任务》，《面向思的事情》，第82页。
[2]《这是什么——哲学?》，《同一与差异》，第15页。
[3]《哲学的终结和思想的任务》，《面向思的事情》，第83页。

下 篇
中国老子古典学说与西方哲学思想的"视域交融"

的思想者(注意:不是哲学家),这本身就很能说明问题。这说明"思想"乃隐藏或湮灭于这些希腊早期思想家的论说中。这些希腊早期思想家道说的"思想"就是对于存在本身的追问。"一是一切"这句箴言道出了他们经验的"思想",提示了他们追问的结局。"一"即存在,"是"是聚集的意思,也是"逻各斯"的最初涵义,"一切"则指存在者或存在者整体为无疑。"思想"之为思想,是"因为他们依然与〔逻各斯〕相契合,亦即与〔一是一切〕相契合"[1]。人们不禁要问:存在是如何聚集存在者的呢?显然这是通过显-隐的运作而达到的。存在让存在者显现而自身又隐匿起来,是既解蔽,又遮蔽,于是,"思想"这回事才成为可能。而后来的发展中断或终止了这个源头,如柏拉图创设"理念论",亚里士多德将"逻各斯"改造为逻辑学,黑格尔杜撰"绝对精神"(这些是最为典型的形而上学,或者说是形而上学的杰作)。于是,"思想"被湮灭了,早期的开端被锁闭了。海德格尔的使命就是要将被湮灭的"思想"挖掘出来,将被锁闭的开端开启。很显然,思想的任务是对存在的追问,让存在通过显-隐的二重运作如其所是地敞开,而沉思执着于追问,表现出对思想的虔敬。传统形而上学拘执于寻求本质与根据,于是有了以概念、逻辑、体系为表现形式的论证,而预设的各种终极原因,究其实质乃是一种幻象,一种"白色神话"。

海德格尔探索与解读希腊早期思想家——阿那克西曼德、赫拉克利特、巴门尼德——残篇的箴言,是"从实事本身的语言"而有所道说,即是按照早期思想家思想的本来意义去阐释。这种格义的方法能够更贴近早期思想家箴言的源始经验与真实涵义。海德格尔不满黑格尔推崇的亚里士多德对早期思想家的解经方式。黑格尔曾不无赞赏地说:"亚里士多德是最丰富的源泉。他明确而缜密地研

---

[1]《这是什么——哲学?》,《同一与差异》,第13页。

究了那些古代哲学家，尤其在他的《形而上学》开篇处（当然在别处也常常地）按历史顺序讨论了这些古代哲学家。他是如此深思熟虑，富有教益；我们满可以信赖他。要研究希腊哲学，最好的做法就是去读亚里士多德的《形而上学》第1卷。"[1] 但黑格尔以亚里士多德的视角或方式看待早期思想家，却令他误以为他们"只是把自然当作他们的表象的对象"[2]。正是这种亚里士多德的视角将早期思想家的思想引入歧途，造成哲学界与现实世界的不幸。如，亚里士多德将自然存在者与技术存在者作了区分："前者是在其自行涌现中自己产生出来的东西，后者则是通过人的表象活动和制造活动而产生的东西。"[3] 黑格尔及以后的哲学家基于上述的误认而强化了技术存在，即人对对象的表象活动的认识，这种主-客对立的认识直接导致了技术-工具理性的思维方式，因为，技术存在乃是一种"促逼"，促逼人类"向自然提出蛮横要求，要求自然提供本身能够被开采和贮藏的能量"[4]，从而将自然按照人的制造目的"揭示为持存物"[5]。

在这一促逼自然的过程中，人成了"自然的立法者"，向自然进行毫无节制的索要与肆无忌惮的征服，同时自身也被技术存在固置在"座架"（Ge-stell，有的译作"集置"）上，"人被座落在此，被一股力量安排着、要求着，这股力量是在技术的本质中显示出来，而又是人自己所不能控制的力量"[6]。这种情形发展到今天愈发不堪。海德格尔在揭示上述思想根源时说："这种以表象性概念方式来进行的总括，自始就被当作存在本身之思想的惟一可能的方

[1] 转引自《阿那克西曼德之箴言》，《林中路》，第366页。
[2] 同上，第367页。
[3] 同上，第366页。
[4] 《技术的追问》，《演讲与论文集》，第15页。
[5] 同上，第22页。
[6] 《"只还有一个上帝能救渡我们"——1966年9月23日〈明镜〉记者与海德格尔的谈话》，孙周兴选编：《海德格尔选集》，上海三联书店1996年版，第1307页。

式；甚至当人们遁入概念辩证法或神秘象征的非概念性之中时，上面这种方式也还是为人们所承认的。尤其是，人们完全遗忘了，概念的霸权和把思想解释为一种概念性把握的做法，已经而且仅仅建基于未曾被经验的、因而未曾被思的［存在着、存在者］和［存在、是］的本质之上。"[1] 存在是显现式的（如其所是的显现出来），若我们以表象性概念方式来认知存在，就将存在当作对象化的对象，当作存在者。这就是西方形而上学的迷途。

我们已经揭明海德格尔所谓的思想与形而上学的分别。在那场著名的《哲学的终结和思想的任务》演讲中，海德格尔在概括希腊早期思想家的基本思想的基础上，提出了"林中空地"的形象化说法。这个说法之所以用一种形象化的语词提出绝非偶然，乃是海德格尔为区别于形而上学式的哲学术语而有意为之的，即海德格尔欲"去形而上学"，而与希腊早期思想家之思相应和。

第三节　老子之"道"与海德格尔的"林中空地"

海德格尔的"林中空地"指涉的是思想的开端，蕴含了丰富的思想内容，这与老子之"道"作为万物、从而作为思想的发端，有着异曲同工之妙。而此二者，正是我们现代人尚未经验过的，也是我们不曾认真、深入思索过的。下面我们将对此进行较为详尽的比较分析。

"林中空地"有这样几个含义：（一）它不是森林，也不是空地，而是两者的综合，也就是遮蔽（森林）与敞开（空地）的综合。德文"林中空地"（Lichtung）一词，原是对法文 clairière 的直

---

[1]《阿那克西曼德之箴言》，《林中路》，第378—379页。

译，它本"是仿照更古老的词语'森林化'（Waldung）和'田野化'（Feldung）构成起来的"[1]。（二）它有"让照亮""让敞开"的意思，即"丛林被砍伐出来而树林之间变得更加光亮和开敞"。（三）它是由"使森林的某处被砍伐出来"而形成的，即通过去蔽而得以实现的。按照海德格尔的看法："光可以涌入澄明之中并且在澄明中让光亮与黑暗游戏运作……澄明乃是一切在场者和不在场者的敞开域。"[2] 以我的理解，这样一个地方，其实就是存在最初的显身之所。存在是光明与黑暗的游戏（即显-隐二重性，且黑暗较之光明更加本原），是在场者和离席者的统一（即存在让存在者在场，而自己却缺席，因这缺席而保留它自身的本性，守护它原初的神秘）。其实，老子的"道"就是这样一片"林中空地"。"道之为物，惟恍惟惚。惚兮恍兮，其中有象；恍兮惚兮，其中有物。窈兮冥兮，其中有精。其精甚真，其中有信"，结合二十八章"知其白，守其黑"、四十一章"明道若昧，进道若退"，以及十章"涤除玄览，能无疵乎？"等语，我们可断定，老子的"道"与海德格尔的"林中空地"有殊途同归之处。大概，人类思维的源始经验即是建基于此的。后来，西方因为柏拉图与亚里士多德的缘故，发展出了一套概念、逻辑、体系的东西，一直衍变为今天的技术-理性，并牢牢地统治着我们；而中国则由孔子而形成了一套"仁、义、礼、智、信"的政教伦理（故老子说："大道废，有仁义。"）。这样一来，人类就离本初的源始经验与思维方式渐行渐远，只知有光明而不知有黑暗，只知有在场者而不知有离席者（不在场），只知有技术（技艺）而不知有自然，形而上学本体论由此得以开启（尼采的虚无主义仍是一种颠倒的形而上学本体论）。混沌是凿开了，但根基却丧失了。更加要命的是：人的无根性已经成为人的宿命，如幽灵附身，又如粟菽布帛，须臾不能离开。

[1]《哲学的终结和思想的任务》，《面向思的事情》，第92—93页。
[2] 同上，第93页。

下 篇
中国老子古典学说与西方哲学思想的"视域交融"

老子之"道"的"恍兮惚兮""窈兮冥兮",似乎是森林,是对"林中空地"的遮蔽,不过它既然"有象""有物""有精",已经有"让照亮""让敞开"的意思,透露出并非如森林那样一片混沌,更像是接近于"林中空地"("林中空地"不是空无一物,它既是对森林的出离,又是对森林的回归——它仍在森林的怀抱里)。"道"的"白""黑"二重变奏("明道若昧"),不就是光明与黑暗的游戏吗?"游戏"即活动方式,光明与黑暗的游戏就是显即隐,隐即显的活动方式。"道"的"进""退"演化转换("进道若退"),不就是在场者和离席者的舞台吗?存在者在场,而存在离席。现代思维已经太专注于"光明"、专注于"在场者",反而遗忘了更加本源的"黑暗"与"离席者"。光明与黑暗、在场者与离席者,这种悖论式的思想经验,我们对它早已感觉陌生与疏远了,而单维度的思想方式已经牢牢地占据了我们的头脑,这不可避免地引导我们走向本质主义或虚无主义,抑或在这二者之间摇摆,但不管怎样摇摆,总脱不了独断论的干系。还是让我们来听一听两千多年前老子渊默的雷声吧:"知其雄,守其雌,为天下谿。为天下谿,常德不离,复归于婴儿。知其白,守其黑,为天下式。为天下式,常德不忒,复归于无极。知其荣,守其辱,为天下谷。为天下谷,常德乃足,复归于朴。"(二十八章)"雄"与"雌"、"白"与"黑"、"荣"与"辱"悖论式偶在,就是"婴儿"(原始状态)、"无极"(混沌状态)与"朴"(质朴状态)时代(古早时代)的原始思维经验的天下范式。我们离开它已经久矣!

海德格尔的去蔽,不是精神意义上的,它是一种真理观。海德格尔在论到真理的本质时说:"'真理'乃是存在者之解蔽,通过这种解蔽,一种敞开状态才成其本质。一切人类行为和姿态都在它的敞开域中展开。"[1] 解蔽意味着自由,唯有自由才允诺给人类与存

---

[1]《论真理的本质》,《路标》,孙周兴译,商务印书馆2014年版,第223页。

在者整体的关联，这种关联创建并标志着一切历史。人在遮蔽中看不清事物，故无自由可言；唯有解蔽了的自由的人类，才能通过与存在者整体的关联，得以创建历史。这里的"存在者整体"是指世界上形形色色的存在者的总和，自由的人类只有与存在者整体发生勾连，才能创建历史，才具有历史性，"自然"是无历史的。尽管遮蔽比解蔽更为本原，遮蔽决定解蔽。但解蔽，即让敞亮、让显现，毕竟是真理实现的表现。由此可见，无论老子的"览玄"，还是海德格尔的显现，都是对于传统形而上学建立在主-客对立基础上的认识符合事实的真理观的克服。

老子"自然无为"的思想，在庄子那里得到了进一步的发挥，但主旨依然不变。在《逍遥游》中，庄子认为：比之列子"御风而行"更高一级的境界应是"乘天地之正，而御六气之辩"（"辩"一作"变"），即要能够顺乎天地的本性（如郭象训为"即是顺万物之性"），而把握"六气"（即"阴阳风雨晦明"）的变化。古代"辩""变"通用。徐复观对第一句申论道："人所以不能顺万物之性，主要是来自物我之对立；在物我对立中，人情总是以自己作衡量万物的标准，因而发生是非好恶之情，给万物以有形无形的干扰，自己也会同时感到处处受到外物的牵挂、滞碍。"[1] 可见人为万物（自然）立法则，其思想根源就在于物我对立，也就是主-客对立。而庄子坚决主张打破物我对立，顺乎自然之性，从而获得自由。中国战国时期稷下学派的彭蒙、田骈、慎到也持这一立场。《庄子·天下》说："不顾于虑，不谋于知，于物无择，与之俱往，古之道术有在于是者。彭蒙、田骈、慎到闻其风而悦之。""于物无择，与之俱往"，人对物不加选择，顺其自然地参与其变化发展。这就泯灭了物我的对立，在物我间建立起亲密的共存于世的关系。

同样是否弃主-客对待，海德格尔与老庄的思想进路是有分别

---

[1]《中国人性论史·先秦篇》，九州出版社2014年版，第360页。

的；海德格尔反对建基于其上的符合论及由此带来的人对技术的疯狂追求与无限依赖；老庄则是要抛弃因主-客对待而出现的是非好恶的纠纷与人为物所累的局面，创造人的自由意志的境界。

从另一个角度而论，海德格尔对自然存在与技术存在作过一种区分，"前者是在其自行涌现中自己产生出来的东西，后者则是通过人的表象活动和制造活动而产生的东西"。自然存在并不需要一个立法者——人——的干预。庄子在《齐物论》里借子綦之口说："夫天籁者，吹万不同，而使其自己也，咸其自取，怒者其谁邪！""天籁"指自然界的孔窍处发出的声音，它发出的声音之所以千差万别，完全是由它自身的状况造成的，没有什么另外的鼓动者。既是"自己""自取"，就不需要身外的发动者。自然就是"天籁"，它不需要"人"这个发动者。

庄子在《至乐》中说："天无为以之清，地无为以之宁，故两无为相合，万物皆化生。"又说："万物职职，皆从无为殖。故曰：'天地无为也，而无不为也。'"职职，繁多的样子。马叙伦《庄子义证》训"职"借为"秩"。《说文解字》曰"秩，积也。"后句谓："万物茂盛，都是从自然状态中生长出来的，所以天地无心作为，却没有一样东西不是从它们那儿生长出来的。"这不就是海德格尔所称道的自然存在"是在其自行涌现中自己产生出来的东西"吗？看来，中国古代人的智慧不可低估，道家确实道出了我们向来未曾思过的东西。

同在《至乐》篇中，庄子又讲了一个寓言：从前有一只海鸟栖息在鲁国的郊外，鲁侯将它迎迓至太庙，用《九韶》（虞舜时的乐曲名）为它奏乐，用牛羊豕作为它的膳食，结果鸟目眩心忧，不敢尝一块肉，不敢饮一杯酒，过几天就死了。庄子说："此以己养养鸟也，非以鸟养养鸟也。夫以鸟养养鸟者，宜栖之深林，游之坛陆，浮之江湖……"今天，技术对待自然的不合乎其本性的做法（实质也是人对待自然的不合乎其本性的做法），不就像鲁侯对待海鸟"以己养养鸟也"一样的吗？这则寓言的深刻内涵，应该为技术时代的人们所警省与反思。

第四节 技术无限膨胀的"坏"处

我们不否认，技术的进步带来了社会生产的发展，带来了物质生活的提高，但现在的发展已然超过了它的"度"。技术已成为人向自然无限制索取的"可恶"工具，且人类以为，在人征服自然的过程中出现的种种问题，也只能靠技术的不断进步来解决。人类对技术的依赖达到了前所未有的程度，所以对自然的索取也相应地达到了前所未有的程度。技术是由人发明的，而它"在本质上是人靠自身力量控制不了的一种东西"[1]。甚至，海德格尔用一种近乎绝望的口吻对记者说："一切都运转起来了。这恰恰是令人不得安宁的事，运转起来并且这个运转起来总是进一步推动一个进一步的动转起来，而技术越来越把人从地球上脱离开来而且连根拔起。我不知道您是不是惊惶失措了，总之，当我而今看过从月球向地球的照片之后，我是惊惶失措了。我们根本不需要原子弹，现在人已经被连根拔起。我们现在只还有纯粹的技术关系。这已经不再是人今天生活于其上的地球了。"[2] 海德格尔此话说于20世纪60年代，距今已近60年。而今天，我们的科技发展早已大大超出当年，它的弊端更显露无遗：环境恶化，生态失衡，资源紧张，恐怖主义盛行，军备扩张，冲突不断。人似乎生活于一种更加扰攘不安的世界里。

技术另一个负面的作用就是将人打造成智能化的人，人变成了

---

[1]《"只还有一个上帝能救渡我们"——1966年9月23日〈明镜〉记者与海德格尔的谈话》，《海德格尔选集》，第1304页。
[2] 同上，第1305页。

技术工具理性的奴隶。人按照技术安排的统一思维方式思考,从而失去思考的自由,与智慧渐行渐远。"因为,人恰恰是就他归属于命运领域、从而成为一个倾听者而又不是一个奴隶而言,才成为自由的。"[1] 注意,是"倾听者"而不是"奴隶"。老子也同样强调,要"绝智弃辩""绝巧弃利""绝伪弃虑"(郭店竹简《老子》甲本),多少有弃绝技巧的意思。《庄子·天地》云:"有机械者必有机事,有机事者必有机心。机心存于胸中,则纯白不备;纯白不备,则神生不定;神生不定者,道之所不载也。""纯白"是一种纯洁空明的心境,《庄子·人间世》里给这种心境一个独特的名称——"心斋",郭象注:"虚其心则至道集于怀也。"排除了思虑与欲望,人才能达于大道。显然,这与技术性的思维方式是迥然不同的。"神生不定"("生"依吴汝纶说应读为"性")就是我们现在通常所讲的心神不定。这里摆明了技术("机械"乃技术的产物)对于人的思维方式的影响和支配作用("机械"招致"机事","机事"招致"机心","机心"存于胸中,则离大道远矣),也道出了技术的运用对于获得智慧之妨碍。我们日常所说的"工于心机",乃指某人善于运用机巧的心思,这与智慧毫无关系,有时"弄巧成拙",反倒成了笑柄,故老子宁拙毋巧。用巧的目的往往在于取利,现代技术的消费实用性已经证明了这一点,老子要"绝巧弃利",不是没有道理。

技术(包括它的产物机器)还有一个负面的作用,就是使人趋向于"集权化",人由此而被剥夺了自由。请关注尼采对劳动者的描述:"工人应当学习士兵的感觉。""(工人)各按其类,以致个人能够做出力所能及的最佳成果。"[2] 为什么会这样呢?因为,"作为教师的机器。——机器在行动中通过自身来教你人群之间的相互

---

[1] 《技术的追问》,《演讲与论文集》,第27页。
[2] 《权力意志——重估一切价值的尝试》,张念东、凌素心译,商务印书馆1991年版,第281页。

啮合技术，在行动中每个人只要做一件事：它教给你组织党派和进行战争的样本。另一方面，它不教你个人的专横独断：它从许多人中造就一台机器，用每个个人来造就一件达到一个目的的工具。它最普遍的效果是教你认识到中央集权的好处"[1]。

机器犹如中央集权，人为机器的制作过程所控制，也就是为机器所控制。在这一控制下，个人只能牺牲自己的自由（"专横独断"）。所以说，技术（包括它的产物机器）天然地制造集权，天然地扼杀自由。不仅仅是意志上的自由，甚至是权利上的自由——这与在生产过程中被机器控制造成的自由的被剥夺是奇妙地并存的。这是一个历史之谜。而在集权体制下的社会里，人则是双重的——政治上的与生产过程中被机器控制造成的——不自由。技术控制加强或者说加剧了政治对人的控制：人惯于忍受技术的控制，使他更容易忍受政治的控制——集权的控制，因为二者在本质上是一致的。他们共同的本质就是不允许有"个人的专横独断"，即自由。这就是技术在政治层面的后果。

技术之弊如前所言。而在海德格尔看来，它导源于或者说建构于古希腊所谓的"技艺"。古希腊的"技艺"，在索福克勒斯的《安提戈涅》的戏剧中共分九种：1. 航海，2. 耕种，3. 狩猎，4. 驯养，5. 言辞，6. 思想，7. 教化，8. 造屋，9. 医术。按照伯纳德特的说法，这九种技艺显示了一个"图示化的进程"：从人对大地、大海的统治，进到对动物的统治，再进到人设法自我保存的关系，并由此进入到人与他人、城邦和诸神的领域。[2] 在歌队的第一合唱歌中，索福克勒斯赞美说："人实在聪明，总想得出制器的法子，以对付所有可预料的事情。"正是人的无所不能，才被歌队合唱为："陌异

---

[1] [德]尼采：《人性的，太人性的：一本献给自由精灵的书》，杨恒达译，中国人民大学出版社 2005 年版，第 531—532 页。
[2] 参见[美]伯纳德特：《神圣的罪业》，张新樟译，华夏出版社 2005 年版，第 53 页。

可怖者千奇百怪，却无物陌异可怖胜于人。"[1] 当然，人最终还是逃脱不了"冥府"的钳制，终有一死。掌握这种"技艺"的人，"什么事他都有办法，对未来的事也样样有办法，甚至难以医治的疾病他都能设法避免，只是无法免于死亡"[2]。

海德格尔对《安提戈涅》第一合唱歌有其独特的解读，他认为：人因为内心的搅动而显出不安，有一种向着外部世界的冲动，因为这种冲动遂使人成为强力行事者，甚至还是制胜者中心的强力行事者。注意，这里似乎有尼采"权力意志"的身影。所以，陌异可怖"才是人之本质的基本特征，所有的一切其他的特征都总是必须要划入此基本特征之内"[3]。人作为强力行事者，他对人而言，是统治；对自然而言，就是让其赋形，用歌队的话说就是"制器"。且来看看荷尔德林是如何论述的："人心中蕴涵着一种通往无限的追求，一种行为，它使任何限制、任何静止的状态都根本无法持久地在人身上成为可能，而是力图使人变得更为开阔、更自由、更没有依赖性。"[4] 海德格尔的上述论述与荷尔德林的话语何其相似！只不过荷尔德林是诗人，故用诗性的语言道说而已。而这一点，正是古希腊的"技艺"有以产生的初始根源。不过，它要演进到现代的技术，并非一蹴而就，而是与人对"技艺"的认识过程相关联。比如，亚里士多德在其《尼各马可伦理学》第六卷中就将"技艺"解释为五种德性之一，其他四种分别为：努斯（意为精神、理智）、科学、明智与智慧。而柏拉图的"理念论"（"相论"）形而上学显然也早已显露出这种理性与技艺结合的趋势。最后，一步一步演

---

[1] 译文采自［德］彼得·特拉夫尼：《海德格尔导论（修订版）》，张振华、杨小刚译，商务印书馆2023年版，第165页；另可参见［德］海德格尔：《形而上学导论》，王庆节译，商务印书馆2017年版，第180页。
[2] 《神圣的罪业》，第52页。
[3] 《形而上学导论》，第183—184页。
[4] 转引自刘小枫：《中译本序》，《神圣的罪业》，第6页。

变成为技术是一种与理性相联系的产出性行为,即关于制造某物的知识。

当然,海德格尔对技术的看法是具有双面性的。尽管他侧重于揭示技术作为"集置"(或译作"座架")对于自然的"促逼",乃是技术的本质;然而,他也指出,技术既然是一种解蔽活动,它也有可能"使人成为被使用者,被用于真理之本质的守护——(尽管)这一点迄今为止尚未得经验"[1]。"真理之本质"是什么?是存在的显现。技术作为一种制造某物的知识如何能对"存在的显现"进行守护?海德格尔没有给出答案。因为,希腊的技艺(techne)同时包含技术与艺术;技艺也是通向艺术之路。单就技艺包含的技术成分以及在长时段中发展为现代技术而言,它逃脱不了对存在"暴力性揭蔽"的罪名。或许,我的论断过于悲观,或者说,过于绝对、简单。但是,只要技术对自然仍保持咄咄逼人的强悍姿态——人类不收敛其贪婪与自私,继续对自然"施暴",而不存一点敬畏之心——那么,技术不仅不能守护真理的本质,甚且构成对真理本质的侵犯与剥夺,就如它现在一直在进行的那样。

第五节 艺术才是挽救技术发展弊端的唯一出路

那么,如何才能摆脱技术的控制,从而获得智慧(真理)呢?看来,只有摆脱功利性的考虑,使心境达于物我两忘、"绝巧弃利"的自由境界,方始可能。据说,1930年10月9日晚上,海德格尔做完"论真理的本质"演讲后,在朋友家里举行座谈会。会上,海德格尔当众朗诵了《庄子·秋水》中的一段,就是庄子和惠施"濠

---

[1]《技术的追问》,《演讲与论文集》,第37页。

上观鱼"的那一段对话。他念的是马丁·布伯（M. Buber）的德文译本。显然，在海德格尔看来，这段对话是能用以解说他当时所思得的"真理"观的。海德格尔认为，立一个命题，下一个判断，这样做出来的"知"与"物"的符合一致关系都算不得至大至真的真理，"真理的本质是自由"——是一种物我相忘的"敞开域"（das Offene）；只有在此境界中，在"我"与"物"都已进入其中的了然明白的境界中，"我"与"物"才可能相对待，"我"才可以"知""物"。而"知""物"的真理已经是"等而次之"的了。海德格尔这样的思想，实可以与庄子"我知之濠上也"相互合拍。[1]

我们不妨援引《庄子·秋水》中那个著名的"濠梁之辩"的原文，看看到底说了什么？

> 庄子与惠子游于濠梁之上。庄子曰："儵鱼出游从容，是鱼之乐也。"惠子曰："子非鱼，安知鱼之乐？"庄子曰："子非我，安知我不知鱼之乐？"惠子曰："我非子，固不知子矣；子固非鱼也，子之不知鱼之乐，全矣。"庄子曰："请循其本。子曰'汝安知鱼乐'云者，既已知吾知之而问我。我知之濠上也。"

"请循其本"，是"回到你首先发问的地方"的意思，即惠子问："子非鱼，安知鱼之乐？"庄子对此的回答是："你发问的时候，已经知道我知道鱼之乐了。那么，我告诉你，我是从濠梁之上知道鱼之乐的。"惠子是战国有名的名家代表人物，庄子的好友，担任过梁惠王的宰相，也是一个诡辩论者。《庄子》记载他多次与庄子展开论辩，有些论题我们在后面还要接触到。

庄子的知鱼之乐，是打通了物我（即主-客）的隔阂，臻于化境。故清人宣颖的《南华经解》对此段注释云："我游濠上而乐，

---

[1] 白波：《道·道说·道路——海德格尔的体道功夫》，《读书》1993 年第 4 期，第 27 页。

则知鱼游濠下亦乐也。"惠子仍停留在物我（即主-客）相对待的层面上，故不能理解庄子的物我两忘的境界。物我两忘的境界是通达智慧的大道，相当于海德格尔的澄明之境，这种澄明之境允诺敞开状态。在这敞开状态中，"都已有自由的区域在游戏运作。也只有这一敞开状态也才允诺思辨思维的道路通达它所思的东西"[1]。在我看来，海德格尔这个所思的东西就是智慧——希腊前苏格拉底时期思想家的智慧，也许还包括中国古代老庄的智慧。

同样的意思，海德格尔仍借庄子之口而道说。海德格尔在《关于人道主义的书信》中所言："思想的严格（Strenge）不同于科学具有的那种人工的、或所谓概念的技术-理论的精确性（technisch-theoretischen Exaktheit der Begriffe）。不仅如此，这种严格还在于，它让道说（Sagen）完全保持在存在真理性的元素之中，并且让这种道说的多重维度的一重性（das Einfache，简朴性）起支配作用。"海德格尔在这一段话的上边，以不注明出处的方式使用了《庄子·大宗师》中"泉涸，鱼相与处于陆，相呴以湿，相濡以沫，不如相忘于江湖"的比喻，并感叹道："长久以来，实在是太长久了，思想就处于这种［陆地的，或逻辑与科学的］干涸之中。"[2] 主旨仍然是"相忘于江湖"的自由之境，这种自由之境只保存在原始的简朴性之中，后来分化的"逻辑与科学的"思维方式令思想处于"干涸之中"，窒碍了对于智慧的获得或体认。

我们在此一再引用《庄子》，不仅因为海德格尔也常常引用，且在中国历史上，老子、庄子往往连称，说明二者的思想基调是一致的。庄子服膺老子，是老子道家思想的嫡传。

据海德格尔的观点，以艺术来拯救技术之失，似乎是顺理成章

---

[1]《哲学的终结和思想的任务》，《面向思的事情》，第92页。
[2] 译文采自张祥龙：《海德格尔论老子与荷尔德林的思想独特性——对一份新发表文献的分析》，《中国社会科学》2005年第2期，第82—83页；另可参见《关于人道主义的书信》，《路标》，第371—372页。

的事情。海德格尔曾引用荷尔德林的诗说:"哪里有危险,哪里也生救渡。"在海德格尔看来,相对于技术的"工具有用性",艺术作品具有"真理性",因为艺术作品在使用中不是使物料消耗掉,而是使其得以保存,并以此映照"存在的真理",比如"神庙作品由于建立一个世界,它并没有使质料消失,倒是才使质料出现,而且使它出现在作品的世界的敞开领域之中"[1]。艺术作品不仅建立世界,而且置造(herstellen)大地(即"使大地的显现"),正是在大地之上,"历史性的人类建立了他们在世界之中的栖居……作品把大地本身挪入一个世界的敞开领域中,并使之保持于其中"[2]。世界的特性是它的广袤性,而它与大地的统一体却是宁静。海德格尔问道:"宁静不是与运动对立的东西又是什么呢?"显然,"它绝不是排除了自身运动的那种对立,而是包含着自身运动的对立。惟有动荡不安的东西才能宁静下来"。世界的敞开与大地的锁闭形成一种争执,艺术作品使争执保持一种争执,或者干脆说,完成这种争执。[3]

关于艺术,我们饶有兴趣地发现,海德格尔又回到了老子,从后者那里汲取精神养料。1965年,海德格尔在一次庆贺朋友七十生辰的聚会上发表演讲。他的朋友当时正在组织一个中国艺术展,该展将于其人七十生辰的后一天开幕。于是,海德格尔借题发挥,指出艺术的精神出自老子的"道",并当场引用了《老子》九章的最后一句话。

我们先看下《老子》九章的全文:

> 持而盈之,不如其已。揣而锐之,不可长保。金玉满堂,莫之能守。富贵而骄,自遗其咎。功遂身退,天之道。

[1] 《艺术作品的本源》,《林中路》,第34页。
[2] 同上,第35页。
[3] 同上,第37—38页。

该章主旨不难言明。老子是说:"执持盈余,不如停止。锋芒毕露,难以长久保持。金玉满堂,无法守藏;富贵骄奢,自取其祸。功成身退,此乃自然之理。"其中"揣而锐之"是"捶击令其尖锐"的意思。海德格尔显然欣赏一种中庸甚至谦退的精神,反对极端化。他认为,艺术不应当追随技术最为时髦的发明,而应以平和自如的态度与技术式的思维方式作斗争。他说,中国的艺术已经有四千年的历史了,也许它已经以自己的方式预先思考过这种斗争。

海德格尔对于艺术的看法,可能受到他所服膺的德国前辈诗人荷尔德林(关于荷尔德林的诗,海德格尔专门写过《荷尔德林诗的阐释》,称其诗乃悬于旷野的一口钟,而自己的阐释不过是覆于钟上的降雪,其对这位前辈诗人充满了崇敬之情)的启发。比如,荷尔德林就认为:诗歌看似游戏,仅有消遣的作用;其实不然,诗歌给人带来"安宁,不是空洞,而是生动的安宁,在此时,所有的力都是活跃的,只不过由于其内在的和谐,没有人认识到这些力是能动的"[1]。海德格尔"动荡的宁静"不就是荷尔德林"生动的安宁"吗?二者的传承关系一目了然。荷尔德林远非寻常的抒情诗人,他对康德-费希特的哲学颇下过一番功夫,深受其浸染。他称赞道:"康德是我们民族的摩西,他引导民众走出埃及的颓弱,进入他自由而孤寂的思辨荒漠,并为他们带来圣山上充满活力的律法。"[2] 将康德比作《出埃及记》里的犹太人领袖摩西,将康德的哲学比作"摩西十诫",荷尔德林是视康德为德意志民族的精神领袖为无疑。黑格尔是荷尔德林的同学,彼此有书信往还。由于哲学的熏陶,荷尔德林写的诗总是蕴含着深刻的哲理,总能直指思想的源头,这是他被海德格尔推崇的主要原因。当然,海德格尔也从荷尔德林的诗中吸取了精神养分,为自己的哲学思想注入活水。

要之,海德格尔以为,唯有诗人与思想家能够听懂存在的道

---

[1] 转引自《中译本序》,《神圣的罪业》,第14页。
[2] 同上,第13页。

说，应和存在的召唤，守护真理的本质，因为他们才不为存在者迷惑，直面存在。他说:"语言是存在之家。"这个语言不是闲言与道听途说，而是诗人与思想家的语言。"家"给人以一种安全感，故存在唯有在诗人与思想家的语言中才能得到悉心的照料与守护，比如，在希腊早期思想家巴门尼德、赫拉克利特那里，也在德国诗人荷尔德林那里；在中国的思想家老庄那里，也在中国的诗人陶渊明那里。陶渊明《归去来兮辞》有云:"已矣乎，寓形宇内复几时？曷不委心任去留，胡为乎遑遑兮欲何之？""委心任去留"就是顺乎自然，就是"乘化"，既然是"委心任去留"，那又何必栖栖遑遑到处乱撞？所以，应该是"乐乎天命复奚疑"。据说，陶渊明的书房里挂了一张无弦的琴。无弦的琴如何能弹？这是表示他以不弹为弹，这就是无声之音，是大音——"大音希声"。他在《饮酒》诗的结尾说:"此中有真意，欲辩已忘言。"存在的"真意"，犹如不可弹奏的无弦琴，恐怕是不可道说的呀。而他描写的"采菊东篱下，悠然见南山"的景象，充满着人与自然的调适、和谐，与技术时代竞奔钻营、熙熙攘攘的景况恰形成鲜明的对比。陶渊明"结庐在人境"的那个家，不就是守护存在的所在吗？之所以如此，乃是因为这个家是诗人之家。不约而同地，荷尔德林也谈到了家，他的《漫游》颂诗写道：

> 那邻近本源而居者，
> 终难离弃原位。
> 而且你的儿女，那些城市，
> 无论在烟波浩渺的湖畔，
> 还是在内卡河畔的草原，在莱茵河畔，
> 无不认为，没有比你这里
> 更美好的居所。[1]

---

[1] 转引自[德]海德格尔：《返乡——致亲人》，《荷尔德林诗的阐释》，孙周兴译，商务印书馆2014年版，第23—24页。

无怪乎，陶渊明要"归去来兮"——返乡，原来古今中外诗人的心思是相通的。

海德格尔曾尖锐地、直截了当地指出"科学并不思想"[1]，更何况技术呢！这一看法与老庄精神确有暗通之处，甚至可以说，海德格尔对技术的看法受到了老庄思想的直接启发。据说，1953年海德格尔在慕尼黑讲演《对技术的追问》时，威尔纳·海森堡在那里做《当今物理学的自然图像》的演说；海德格尔在演讲中引用了《庄子·天地》中的一个寓言，其中讲到的一位园丁"汉阴丈人"就已经拒绝使用桔槔（来取水灌园）了，因为他认为这机械让人有机心。[2]

技术思维的特征是表象化，即将客体以图像的形式反映于主体（人），然后主体（人）以自己的认识反作用于客体，这是典型的认识-反映模式。这种认识-反映模式因为各个领域的不同，又将客体分割为一个一个具体的部门，更有甚者，主体（人）还对客体作计算性的对象化，将客体置于自身的控制之下。诚如海德格尔所言："现在，自我确立的各门科学将很快被控制论这样一门新的基础科学所规定和操纵……控制论这门科学是与人之被规定为行动着的社会生物这样一回事情相吻合的。因为它是关于人类活动的可能计划和设置的控制的学说。"[3]

智慧思维的特征首先是无功利性，即无利害的考虑，是物我两忘的自由境界，这种自由境界是无待，是让显现。这种自由的象征就体现在《庄子·逍遥游》"乘天地之正，而御六气之辩，以游无穷者"中，因为它是无须依靠的——"彼且恶乎待哉？"而"鹪鹩巢于深林，不过一枝；偃鼠饮河，不过满腹"。犹如人在现代社会

---

[1]《科学与沉思》，《演讲与论文集》，第66页注1。
[2][德]波格勒：《再论海德格尔与老子》，张祥龙译，《世界哲学》2004年第2期，第106页。
[3]《哲学的终结和思想的任务》，《面向思的事情》，第83页。

里，受"物"的控制，为功利、欲望所驱使，竞奔钻营，囿于一隅，故而失去了自由自在的状态。人只有返回到那种自然的逍遥的世界中，才能找回自我，才能获得智慧。其次是它对主-客共存于世的整体性的把握。主-客共存于世，被海德格尔称作"共在"。在《存在与时间》这部名著中，海德格尔说，此在"'共'他人同在……我们用共同此在这个术语标识这样一种存在：他人作为在世界之内的存在者就是向这种存在开放的。他人的这种共同此在在世界之内为一个此在从而也为诸共同在此的存在者开展出来，只因为本质上此在自己本来就是共同存在"[1]。这里的"客"不仅指对象物，更是指他人。"此在"是人这一主体的别称。可以说，人与人、人与物的共在比人认知他者、认知事物更加本源，主体对客体的关系是次一等的，更何况主体与客体的对立甚至分裂。故对主-客共存于世的整体性的把握，其妙境是中国古人的天人合一，是"天地与我并生，而万物与我为一"（《庄子·齐物论》）。再次是它的原始性（"婴儿"）、混沌性（"无极"）与质朴性（"朴"）。惟有原始性、混沌性、质朴性，才能体现它的整体性，它的真正的威力。最后是它的悖论性，是"知其白，守其黑"，是"显-隐二重性"的运作。这种"白""黑"，抑或"显""隐"，并非说存在处于一种尖锐的对立或否定之中，倒不如说，这正是存在的特性，是一种"亲密的统一"，用张志扬的话说，就是"嵌而不合、裂而不分地'悖论式偶在'"[2]。

《五灯会元》卷九记载了一则关于沩山灵佑禅师的故事：

（沩山灵佑禅师）侍立次，丈问："谁？"师曰："某甲。"丈曰："汝拨炉中有火否？"师拨之曰："无火。"丈躬起，深拨

---

[1]《存在与时间》，陈嘉映、王庆节译，商务印书馆2016年版，第173页。
[2]《偶在论谱系：西方哲学史的"阴影之谷"》，复旦大学出版社2010年版，第28页。

得少火，举以示之曰："汝道无这个覃！"师由是发悟。

"师由是发悟"，而芸芸众生浑浑噩噩，终身不省。彼等世务萦心，一叶障目，随波逐流，人云亦云，只见炉中余烬。只有如老子与海德格尔等极少数哲人，才如拨得炉中少火的高僧，以自己思想的灵光，烛照"道"或"存在"的奥秘与玄妙，于开端处显大智慧，指点迷津，启人以思。以思想风格的分殊而言，老子圆融无碍，臻于化境；海德格尔深邃冷峻，识见卓异。以论述风格的分殊而言，老子词约义丰，意境隽永，处处透出人生的哲理；海德格尔条分缕析，鞭辟入里，在在显露思辨的睿智。而他们共同的命运则是孤独。老子最后出函谷关，不知所终；海德格尔独守书房，不被理解。但是，他们都不曾向世俗低头，守住了自己的思想园地。诚如海德格尔所言："哲人必然保持孤独，因为他按照其本质而存在……孤独并非其所愿。正是因为这样，他必然一次又一次在关键时刻存在于此并毫不退让，切不可表面性地把他的孤独误解为对事物的一种退让或任其自然。"[1] 老子宣示"不争之德"，然而他未尝放弃自己的道路与学说；海德格尔则以近乎固执的态度，执行"返回步伐"，借古希腊的酒杯浇自己的块垒，终身追问存在的意义。深埋于炉灰下的"少火"唯有智者方能拨得，其奈大众何？

第六节　重新回到"道"上来

"道"是老子思想的核心词语，也是他的哲学的精髓。海德格尔说："作为如此这般被思考的主导词语，'本有'就像希腊的

---

[1]《论真理的本质——柏拉图的洞喻和〈泰阿泰德〉讲疏》，赵卫国译，华夏出版社2008年版，第83页。

下篇
中国老子古典学说与西方哲学思想的"视域交融"

λόγος［逻各斯］和中文的'道'一样几不可译。"[1] "道"究竟为何物？有人认为"道"显现了一种形而上的视域（杨国荣）；有人说它是创生万物的一种动力（徐复观）；有人说它是一种类似于黑格尔的"客观精神"（古棣）；有人认为，《老子》的哲学体系是客观唯心主义，它以一种主观的虚构（道）作为天地万物的来源，这就是一种客观唯心主义（冯友兰）；有人认为它是变化的总名（朱谦之）。聚讼纷纭，莫衷一是。

"道"从最初"道路"这一具体、个别意思的字义，由老子上升到万物的始源与母亲，再进到抽象、一般的本体意义上的"道"，这是中国古人思维的一个革命性飞跃，一个巨大的"突变"，但同时又可以说是一个遮蔽性的倒退。这两者开启了不同的思想途径：字义的具体、个别意义具有生成性，蕴含着未来发展为多义性与譬喻性的向度；字义的抽象、一般意义，使人类的逻辑与理性思维成为可能，但也有固化意象、建构体系的危险。这是一个语言上的悖论。比如：西方"逻各思"一词，在前苏格拉底时期的思想家赫拉克利特那儿是"聚集"的意思，到亚里士多德那儿，却成为"逻辑学"（形式逻辑，中经莱布尼茨的完善，后黑格尔又将它发展为辩证逻辑）的来源，完成了"逻各思"从存在论到逻辑学的转向，一直衍变为至今仍统治西方人思想的形而上学。但话又说回来，没有范畴、概念、关系等逻辑框架，人的理性思维如何成为可能呢？语言的这一历史性转渡，幸耶？不幸耶？海德格尔试图以思的语言"诗"来解构（超越）西方形而上学的逻辑体系，对此，我们倒要追问："诗"字面上的具体意象（言筌）难道不指示（或暗示）它背后隐藏的思想意蕴？而这个"思想意蕴"不就又跌落"概念的陷阱"？准此以谈，《老子》一书是韵文，也是广义的"诗"，而他言说的"道"字，其历史命运又何尝不是如此呢？

[1]《同一与差异》，第47页。

老子之"道",不可言说,因为"道"无名无相,但从它在《道德经》里显现的哲学含义却具有多重的维度:它的宇宙论、它的本体论、它的认识论、它的知止观、它的政治哲学、它的辩证法、道与德的关系、道与人的关联,以及透过"道"显示的老子中国式思维方式的含义,如此等等,不一而足。

第四章
德者，得也

第一节 "德"的由来与功用

"道"与"德"是老子《道德经》中最主要的一对范畴，或者说是最基本的概念，反映了老子思想的精神实质。苏轼《东坡易传》有一段话很好地概括了道家"道"与"德"的涵义与功用："至虚极于无，至实极于有。无为大始，有为成物。""道"为无，"德"为有。有无关系实即道与德的关系。第二章已详述"道"的思想含义，现在专论"德"的真实内涵，最后总结"道"与"德"的关系。

"德"由"道"而来，它的本意就是得到什么东西。《韩非子·解老》云："德者，内也；得者，外也。"韩非子虽将"德"与"得"对立，但"德""得"音同，王弼注："德者，得也。常得而无丧，利而无害，故以德为名焉。何以得德？由乎道也。"《庄子·天地》曰："物得以生谓之德。"这里的"生"，不是出生的"生"，而是生养的"生"。

老子说"有无相生"（二章），"有"从"无"中生成，"无"从"有"中得以呈露、显现。老子的"有"是"实有"，从一定的意义上说，就是"德"。老子说："道生之，德畜（养育）之，物形之，势成之。"（五十一章）"道生之，德畜之"，老子将"道"与

"德"的作用区分得清清楚楚:"道"生出万物这个"儿子","德"承担起养育"儿子"的责任。王弼注曰:"物生而后畜,畜而后形,形而后成。何由而生?道也。何有而畜?德也。"释德清《老子道德经解》说得更明确:"万物非道不生,且道但生之而已,然非德不畜。畜,长养也。"故万物出生后被"长之育之,亭之毒之,养之覆之"都是德之所为。王弼注云:"道者,物之所由也;德者,物之所得也。"物从何而来?按照王弼的观点,物从道那儿来;物来到世间,它要获得一个个的具体形态,就是德的功用了。"道"是最精微的物质,无形无名,幽微玄妙,不可捉摸。它既是万物始基,又是"万物之奥"。老子说:"天下有始,以为天下母。既得其母,以知其子。"(五十二章)"始",始基,指道为无疑;"母",母亲,义同"玄牝",也指道;"子"指万物;"得",获得之义。"既得其母,以知其子"两句在逻辑上有因果关系,意谓:只有得道之后,方能知晓、认识万物。释德清说:"由万物皆资始乎道,故曰'天下有始,以为天下母',所谓'道生之'也。是知道为体,而物为用,故道为母,物为子。"(《老子道德经解》)

老子还说:"道生一,一生二,二生三,三生万物。"(四十二章)可见,道生出"一"(指道本身,即道混沌未分的状态)之后,经过一系列的演化,变成了千千万万个"儿子"。这一个个"子"由道生出后,就构成了一个个的具体事物。在老子眼里,"有"是有具体内容与形态的,这显然有别于黑格尔哲学概念里纯粹的存在。

老子这个"道"作为大道,"泛滥无所不适"(王弼注),其普遍性的特点不可能给一个一个具体事物以规定性。赋予具体事物以不同的特性,就落到了"德"上。德规定了这些具体事物的特性,成为它们存在的根据。这是德的功用与功效,所谓"德者,道之功"(《韩非子·解老》),这个"功"指功用与功效。冯友兰认为,德使"万物各得到自己的本性,依靠自己的本性以维持自己

下 篇
中国老子古典学说与西方哲学思想的"视域交融"

的存在"[1]。

第二节 "德"由物及人

德从道而来，也具有普遍性。德，既得物，也得人。所以，《韩非子·解老》说："德者，得身也。"道经由德的中介，落实到人身上。老子说："修之于身，其德乃真。"（五十四章）真者，真诚、真挚。人以道修身，那么，其德必真。这种"真"的德性，就是无私无欲。所以老子说："含德之厚，比于赤子。"（五十五章）范应元云："赤子者，婴儿未咳之时，以譬一毫无私欲伪情也。"（《老子道德经古本集注》）据此而言，老子的"真"是一种本然的善，与儒家人为设置的所谓"仁义礼智信"的"五常"伦理道德规范判然有别。事实上，老子并不否认"善"。他说："（天下）皆知善之为善，斯不善已。"（二章）王安石《老子注》说："夫善（一作"美"）者，恶之对。"老子的"善"似乎指孝慈。他说："绝仁弃义（郭店简本作"绝伪弃诈"），民复孝慈。"（十九章）他还说："我有三宝，持而保之。"（六十七章）其一就是"慈"。老子以自己不断强调的"慈"，表现其悲天悯人的情怀。至于老子说"天地不仁，以万物为刍狗；圣人不仁，以百姓为刍狗"（五章），那是指天地不偏不党，纯任自然，乃自然法则，与人的主观意愿无涉；"圣人不仁"，意指圣人效法天地自然法则，无所偏爱。此即庄子所言"大仁不仁"（《庄子·齐物论》）是也。

古希腊哲学家苏格拉底认为善是最高的德行，他说："善是我们一切行为的目的，其他一切事物都是为了善而进行的，并不是为了其他目的而行善。"（[古希腊]柏拉图：《高尔吉亚篇》）"善"

[1] 《中国哲学史新编试稿》，第287页。

是苏格拉底道德哲学的基石,也是它的最高范畴。苏格拉底还认为,善是人性中先天的禀赋。他用反证法来证明这一点,说:"没有人会自愿趋向恶或他认为是恶的事情,趋恶避善不是人的天性。"([古希腊]柏拉图:《普罗泰戈拉篇》)人之作恶,是受到后天社会环境污染使然。

第三节 "道"与"德"的关系

老子说:"上德不德,是以有德;下德不失德,是以无德。"(三十八章)第一等的德,是不自恃有德,所以反而有德;下等的德,刻意追求德,反而无德。上德是合于道的"无为而无以为"(三十八章)。林希逸《老子鬳斋口义》云:"以者,有心也;无以为,是无心而为之也。"下德虽也"无为",但却"有以为",刻意追求,照冯友兰先生的说法,就是"模拟造作",所以无德。合于道的德,是自然的、无目的性的;反之,下德,则有人为造作的成分,偏离了道的本性。故老子说:"同于德者,道亦德之;同于失者,道亦失之。"(帛书《老子》二十三章)上德得于道,下德失于道。

质言之,"道"是体,"德"是用。

第一,"道"与"德"是普遍性与个体性的结合。如前所述,道的一个最大的特性是它的周遍性,周遍性也就是普遍性。《庄子·知北游》用一连串形象的比喻来证明"道"的周遍性:"东郭子问于庄子曰:'所谓道,恶乎在?'庄子曰:'无所不在。'东郭子曰:'期(限度,这里指具体的地方)而后可。'庄子曰:'在蝼蚁。'曰:'何其下邪?'曰:'在稊稗。'曰:'何其愈下邪?'曰:'在瓦甓。'曰:'何其愈甚邪?'曰:'在屎溺。'东郭子不应。"《淮南子·原道训》则从宏观层面说:"夫道者,覆天载地,廓四

下 篇
中国老子古典学说与西方哲学思想的"视域交融"

方,柝八极……包裹天地,禀授无形……故植之而塞于天地,横之而弥于四海,施之无穷而无所朝夕。"

古希腊哲学家亚里士多德不满意柏拉图的"共相说",提出"实体说"。他认为成千上万的个体事物不必分有柏拉图的"理念",因为"任何东西都能够存在和生成,和别的东西一样,不必是从理念摹下来的"([古希腊]亚里士多德:《形而上学》)。个别的具体的事物,亚里士多德称之为"实体"。他认为,每个事物的实体都是它所特有的东西,而并不属于任何别的事物,所以它们都有自己相应的形式(理念)。换言之,有多少个具体事物就有多少个形式(理念)。亚里士多德把实体分为第一实体与第二实体。第一实体指的是客观存在的个别事物,它是所有事物的基础与基质;第二实体包含个别事物,但它更指个别事物所从属的"种"与"属",比如人属于动物,但当我们指涉人时,就突出了他的特性:人不是一般的动物。

在亚里士多德看来,对于实体,似乎不存在"共相"。他说:"任何一个共相的名词要成为一个实体的名词,似乎都是件不可能的事。因为……每个事物的实体都是它所特有的东西,而并不属于任何别的事物,但是共相则是共同的,因为叫做共相的正是那种属于一个以上的事物的东西。"([古希腊]亚里士多德:《形而上学》)

"德"即是"有","德"从"道"那儿分化后,便赋予一个一个具体事物以规定性(本性),这些具体事物就各各呈现出它们的个体特征,可谓千差万别,所以体现了个体性的维度。庄子所言的蝼蚁、稊稗、瓦甓、屎溺都是一个一个具体事物,它们虽有"道"贯通其中,但因为"德"赋予它们不同的特性,故它们凭借自己的特性,彼此之间就区分开来了。这便使事物的个体性得以显明地表现出来。虽然我们不能将古希腊柏拉图的"共相"与"殊相"说比附老子的"道"与"德",但"德"既然是具体事物的规定性,那这些由"德"规定特质的一个个具体事物也就是所谓的"殊相"

了。这说明老子已注意到了个体的存在之维了。

第二,"道"与"物"(通过"德"的中介)是无限性与有限性的统一。"道"生万物,"德"养万物,然后万物又向"道"回归。庄子提出"不际之际"与"际之不际"一对概念。"际",边际、界限。"不际之际",褚伯秀《南华真经义海纂微》释为"道散而为物也";"际之不际",褚伯秀认为是"物全而归道也"。从"不际之际"到"际之不际",再从"际之不际"到"不际之际",这样一个周而复始、无限循环的过程,正体现"道"生生不息的无限性,用老子的话说就是"周行而不殆"(二十五章),这里的"周行"当作循环运行解。

庄子说:"物物者,与物无际。"(《庄子·知北游》)前一"物"作动词"支配"解,"物物者"即掌控物的东西,这个就是"道"。道与物在一起时是没有边际的。"而物有际者,所谓物际者也。"(《庄子·知北游》)"物有际",就是物有界限;有界限,物就是有限的了。张岱年认为:"德是一物所得于道者。德是分,道是全。"[1] 有分便成万物,故物通过"德"的中介而体现了它的有限性。海德格尔说,"终有一死者乃是人",特意强调了人的有限性;而它的反面即神是不朽的,也就是说神是永存的、无限的。他的《康德书》说:"比人更根本的是在他之中的此在(Dasein)的有限性(Endlichkeit)。"[2] 人是如此,那物又如何呢?物有成毁,这是自然之理;每物借自己的特性,将自己与他物区别开来,这是它的有限性。海德格尔认为,如果把物理解为"是以某种方式存在的某种东西",或者把它们看作是人的表象的对象,如在康德那里一样,那么,物还逃脱不了自然之理,物还摆脱不了它们的有限性。海德格尔说:"在一种有所抢先、有所规划和有所设置的把握

---

[1] 《中国哲学大纲》,中国社会科学出版社1982年版,第24页。
[2] 转引自[法]皮罗:《海德格尔和关于有限性的思想》,[德]海德格尔等:《海德格尔与有限性思想》,孙周兴等译,华夏出版社2002年版,第79页。

下 篇
中国老子古典学说与西方哲学思想的"视域交融"

意义上事物表-象之开拋（筹划），在一切已经作为特殊和个别而得到把握之前，这种表-象在被给定之物中没有发现什么界限，也不想发现任何界限；而毋宁说，无界限之物才是决定性的。"[1] 界限意味着有限性。但是，根据西方传统形而上学表象性的思维方式，它并不觉察到整全的给定之物中有什么界限，或者说，它自欺欺人，根本不想发现任何界限，反倒是认为"无界限之物才是决定性的"。因为表象性思维是对事物整体的连续不断的对象化，所以它看不到事物的界限。但落实到特殊和个别事物上，表象性思维也无法否定事物的界限，也即事物的有限性。

要摆脱物的有限性，只有将物转置到生成与发生中去。海德格尔说："物是从世界（指天、地、人、神四重统一体——引者）之映射游戏的环化中生成、发生的。"[2] 所以物能成其属己的本质，生生不息，从有限走向无限。

老子说："孔德之容，惟道是从。"（二十一章）孔，甚也；容，形容（指容貌神色）、样态。德依从于道，又赋予具体事物以一定的特性，这个具体事物是有限的，但德毕竟是由道分化而来，它与道是一体两面。老子认为，"无"（道）与"有"（德），"此两者，同出而异名，同谓之玄"（一章）。这个"玄"，范应元《老子道德经古本集注》解释为"深远而不可分别之义"。可见德与道一样，也是幽昧深远、不可名状的。范应元进一步指出："常无""常有"，在"无、有之上，俱着一常字，乃指其本则有无不二"。道是无限的，故德也是无限的。苏辙《老子解》云："凡远而无所至极者，其色必玄，故老子常以寄极也。"王弼注："（德）常得而无丧。"这种无间断的得而无丧，正反映了德的无限性。德与物之间是有间距与悬隔的。德使物具有特性。但有特性，还要有具体形态表现于外，而这种具体形态的形成又受到周围环境的影响，故老子说：

[1]《哲学论稿：从本有而来》，第144页。
[2]《物》，《演讲与论文集》，第197页。

"道生之，德畜之，物形之，势成之。"

《老子》数言"玄德"，"玄德"的义理究竟指何，值得细细寻绎。

其一，老子认为，道生成万物，德养育万物，但它们都"生而不有，为而不恃，长而不宰"（五十一章），这就叫"玄德"。据辞书解释，"玄德"指自然无为的德性。王弼注："凡言玄德，皆有德而不知其主，出乎幽冥。"《庄子·天地》："其合缗缗（昏昧无心），若愚若昏，是谓玄德，同乎大顺（自然）。"结合《老子》原文，当指"道"与"德"虽生成养育万物，但这种过程是无意志、无目的，是自然而然地在冥冥中进行。道之所以受尊崇，德之所以受珍视，就是因为它们"莫之命而常自然"（五十一章）。命，命令，带有主观干涉的意思，是老子否弃的。与老子"道""德"的无目的性相反，康德认为"一个受造物底所有自然禀赋均注定有朝一日会有完全且合乎目的的开展"，所以他把第八条定律定为人类社会历史的领域大体可被视为"自然底一项隐蔽的计划"，人类社会正是在纷争对抗中"最后成为一种合乎法则的社会秩序"。[1] 康德的设想固然美好，但也不乏辩证法的因素，因为他把合乎法则的社会秩序的形成建基于人的对抗之上。这种对抗就是人的非社会的社会性。人意识到自己想要根据己意摆布一切非社会的特性，因此到处都会遭遇到抗拒，恰如他自己易于从他那方面抗拒他人一样。正是这种抗拒唤起了人的所有力量，促使他去克服自己怠惰的性情，发展自己的才能。在反思中，令粗糙的自然禀赋逐步转变为确定的实践原则。人的和睦建筑在纷争之上。通过纷争，人获得了自己的价值，最后联结一体，形成合乎法则的社会秩序。

其二，治国有两种方式：一种是"以智治国"，一种是"不以智治国"。老子从反智的立场出发，当然是赞同第二种治国之术。

[1] 《在世界公民底观点下的普遍历史之理念》，《康德历史哲学论文集》，李明辉译注，广西师范大学出版社 2020 年版，第 4—14 页。

他说:"知此两者亦稽式。常知稽式,是谓玄德。"(六十五章)治国者若知晓这两种治国之术的差别这个法则,这就是"玄德"了。"玄德"的意蕴是深远的,但就其实质而言,就是"其政闷闷",令"其民淳淳"。然后,执政者无为而民自化,好静而民自正,无事而民自富,无欲而民自朴。这大概就是六十五章"不以智治国,国之福"的意思吧。

第五章
吾以观复

第一节 老子"观"的性质

"观"总是对物的观。起初人们关注于事物的外观,而后深入到它们的本性。胡塞尔的现象学就认为意识可以通过直观,而非哲学的反思,就能把握事物的本质,即达到柏拉图所谓的埃多斯(eidos,相、共相)。观与物紧密相连,失去了物这个观的对象,也就失去了观。但是,在对物进行"观"时,主体有着不同的处置方式与思想姿态。西方传统认识论把物置于站立(Stehen)的地位,即把物放在与意识相对立的位置,然后以主体的意识对物进行表象化的处置。用海德格尔的话说:这种对立"是通过一种摆置(Stellen)而发生的,也就是通过置造(Herstellen)发生的"[1]。海德格尔显然不满意主体对于物的这种处置方式——从认知到行动——他试图另辟蹊径,重新摆正主体对物的态度。

在海德格尔看来,物是自在之物,自在之物虽然也是一个对象,但这种形式的对象,"是在没有一种可能的对立的情况下站立的,也就是说,对于与之相对的人类表象来说,它并不是一个对象"[2]。意思是说,物是一个对象,但它并不是在表象化意义上的

---
[1]《物》,《演讲与论文集》,第197页。
[2] 同上,第191页。

对象；它应该是一种真正的自在之物。海德格尔把它称作"物之物化"。物之物化，使物自行发生，并得以自行规定，由此而摆脱了人类的摆布与控制。随着对人类意识与物的关系的态度发生根本转变后，观物的态度也相应发生改变。海德格尔观物的态度是现象学的，即观物之所是，泰然任之。我们在老子的观物论里似乎也嗅到了同样的味道。老子说："万物作焉而不始（始，丁原植据简本训为司，引申有"主宰""主导"的含义），生而不有，为而不恃"（二章）。老子认为，人必须避免对物的干涉，要让"万物自化"。"自化"就是自行化育，自行生长。人们不要妄作，圣人要"辅万物之自然而不敢为"（六十四章）。"不敢为"等于"不妄作"。

这与海德格尔的物之物化有异曲同工之妙。无论如何，老子的"观"在广义上也属于西方所谓认识论的范畴。《道德经》里有数处涉及"观"，现逐一分析。

第一处："故常无，欲以观其妙；常有，欲以观其徼。"（一章）此句前是说"常道""常名"并对应于"无""有"，故这里的"观"是观察道的玄妙与德的边际（实际是由德规定其特性的物的边际）。"无"对应于道，而"有"对应于德。对于"观常无"之"观"的性质，范应元《老子道德经古本集注》阐释得最为透彻，其云："（道）无形无声，微妙难穷……（故）要使人以观其微妙也。惟人也，由此道而生，为万物之最灵，诚能回光反视于吾身之中，悟一真体虽至虚而物无不备，则道之微妙，可得而观矣。"这种"观"不是一种基于概念、判断与推理而来的观，而是一种内省性的体悟。对于"观常有"之"观"的性质，范应元亦有同样的看法。他说，对于"常有"，"要使人以观其境也……（人）为三才之一，果能仰观俯察于两仪之内，悟万物形虽不同而理无不在，则道之境致，可得而观矣"。或者如台湾地区哲学家牟宗三所谓"智的直觉"。他认为"直觉的解悟"是人的直觉力的收摄、凝聚。之所以称为"智之直觉解悟",是因为"直觉的解悟"是一种"智",一种觉照。牟宗三进而认为,这种"智"可被视为"其智仍在直觉之浑一状态中","智是在圆融感通中而彰用"。他在讨论老子"为学为道"的分别时,把这种分别比之于康德的现象与物自体,说:"'为学'底目的是在获得经验知识……此根本是无与于道的。'为道'底目的是在反身自证自知自明以求洒然自适,所谓'自然'……因为不需要经验,故无知,因无特定对象故。"万物在道心玄智之寂照下而为自在物,"智的直觉是在泯除外取前逐之知而归于自己时之无所住无所得之'无'上出现"。[1] 依据牟宗三的说法,老子的"观"是一种"智的直觉",它不是观解的知性,不是对于对象的分析、判断与推论,毋宁说是一种"坐照",一种内心的体悟。其次,老子的"道"就是"泯除外取前逐之知而归于自己时之无所住无所得之'无'",与对于事物的经验知识风马牛不相及。

冯友兰先生认为:"对于'道'的'观'……需要另一种方法,它说:'涤除玄览,能无疵乎?''玄览'即'览玄','览玄'即观道。"[2] 冯先生将"玄"看作即是"道",恐非老子的本意。玄只是老子用来形容"道"玄妙的特性。一章:"此两者,同出而异名,同谓之玄。"两者指"无"与"有",同出于"道"。高亨《老子正诂》对此的释读所言极是。其云:"'览'读为'鉴','览''鉴'古通用……玄鉴者,内心之光明,为形而上之镜,能照察事物,故谓之玄鉴。"玄览,以内心的冥默无有即虚静(就是老子的"致虚极,守静笃")的方式去观照事物,体悟道性。

老子这种"悟道"的观察法,颇似法国思想家帕斯卡尔所谓"心灵的直觉或敏感",其特点是"在一瞥之下看出事物的整体而不是靠推理得到一知半解,至少在一定程度上是这样的"。具有直觉

---

[1]《智的直觉与中国哲学》,中国社会科学出版社2008年版,第176—177页。
[2]《中国哲学史新编》上卷,人民出版社1998年版,第342页。

性思维能力的人,"常常不在乎推理,他们不习惯理性思维,想一眼就看透事物"[1]。

第二处:"万物并作,吾以观复。"(十六章)万物同时兴起,我观察到它们向道的回归。这是通过观万物的运作,体察到物向道归的规律。物向道复归,这不是人的感知所能体会到的,因为它不是感觉层面的东西。道是通过逻辑上的预设而来的。道不仅是最精微的物质,同时也是老子在思想中预设的先验的东西。何谓逻辑上的预设?就是在现实世界中尚没有某种事物,但人们可以在思维中预先设定它的存在。万物并作,这种现象是可以通过感觉感知的;道是高度抽象的,万物向道复归的运动也是不可捉摸的。故万物向道的复归,只能通过人回到内心深处解悟出来。

西方对于事物的认识归根到底是运用反思的方法。所谓"反思",从字面意思来理解,就是人对于自己"思"的再思。人对事物的感知是第一个"思",然后通过对第一个"思"的再思,人试图寻求在纷繁复杂的感性事物背后的根据,即万物何出并有何发展的目的。这是较第一个"思"更高层次的"思",即"反思"。德国哲学家库诺·费舍的大著《近代哲学史》把黑格尔《逻辑学》第一部分"存在论"称为发展着的"某物"的学说,把第二部分"本质论"称为关于"何由"的学说,把第三部分"概念论"称为发展"目的"的学说。若硬要以此来衡量"万物并作,吾以观复",那么,"万物并作"属于黑格尔的存在论,"万物向道的复归"属于黑格尔的本质论、概念论,分别反映了"某物""何从"与"目的"三个层次。但这是把东方人的思维方式及其内容硬塞进西方哲学思维的框架中,不免有削足适履的嫌疑。

老子的"观"还是心斋的圆照,还是内省的体悟。

第三处:"以身观身,以家观家,以乡观乡,以邦观邦,以天

---

[1]《思想录》,张志强、李德谋译,陕西师范大学出版社2009年版,第8页。

下观天下。"（五十四章）五个"观"由修炼"善建""善抱"的品德而来。此章前有"善建者不拔，善抱者不脱，子孙以其祭祀不辍。修之于身，其德乃真（朴实）；修之于家，其德乃余；修之于乡，其德乃长（盛大）；修之于邦，其德乃丰；修之于天下，其德乃普"句。以"修身"推而及于"家""乡""邦"与"天下"。这种"观"是类比的内省的观察，王弼注："察己以知之，不求于外也。"既然如此，"观"乃是内心的观照，而非从事物的外面观察、认识事物。

以上三种"观"出于同一机杼，即同属于内省性的或内立性的观，迥异于主-客对待的表象性思维方式。老子的"观"是内观，是用心不用眼目。为此，老子之"观道"需要"涤除玄览"，"涤除"就是去心中杂念，去除了心中杂念，方能"玄览"。而观道的目的当然是要对"道"进行一番体认。但这种体认不是认识论意义上的体认，而是一种直觉的体认，是一种去除欲望后的冥会，它与人掌握知识的多少无关。这里有两条证据。其一，老子说："塞其兑，闭其门，终身不勤（病）。"（五十二章）《淮南子·道应训》："王者欲久持之，则塞民于兑。"注："兑，耳目鼻口也。"奚侗《老子集解》云"门谓精神之门"，也就是心灵。"耳目鼻口"是人认识外界事物的感觉器官，"门"是精神的门户，舍此，人不能获得感觉材料，并对获得的感觉材料进行加工整理。老子要对它们塞、闭；反之，如果"开其兑，济（成）其事，终身不救"（五十二章）。可见老子反对运用感觉器官与精神门户来获取外界事物的知识。他认为："不出门，知天下；不窥牖，见天道。"（四十七章）可见老子的"观"只能是心灵中内照式的观。其二，老子说："百姓皆注其耳目，圣人皆孩之。"（四十九章）百姓倾注其耳目以应对外物，竞逐驰骛，获取知识，聪明尽显于外；圣人抱朴守一，虚静坐照，以孩童之心对待百姓的倾注于外物。

下篇 中国老子古典学说与西方哲学思想的"视域交融"

第二节 老子的"观"与胡塞尔"直观"的耦合

关于老子的"观",冯友兰先生说:"《老子》所讲的'为学'的方法,主要的是'观'。它说:'致虚极,守静笃。万物并作,吾以观复。'……这就是说,观,要观照事物的本来面貌,不要受情感欲望的影响……必须保持内心的安静,才能认识事物的真相。"[1] 人的情感欲望无疑会影响他们对于事物的真切了解与认识。同时,老子还认为:"前识者,道之华,而愚之始。"(三十八章)所谓"前识者",据范应元解释,"犹言先见也"(《老子道德经古本集注》)。人们观照事物,若已有成见,也会妨碍他们认识事物的真相。持有先前的成见,不仅是道的浮华堕落,还是愚蠢的开始。这一点与胡塞尔现象学的"先验还原论"有契合之处。胡塞尔的现象学指出了意识的意向性,认为意识在本质上"总是关于某事物或别的事物的意识",或者说是"关于某事物或别的事物的经验"。索科拉夫斯基是研究胡塞尔现象学的专家,著有《现象学导论》一书,该书专门分析了胡塞尔的现象学还原法,说:"现象学还原,这个词指的是把我们的关切'引离开'自然的目标,'回到'一种似乎更受限制的视点上来,这种视点只是把各种意向性本身作为目标。'还原'(reduction)一词的拉丁语词根是 re-ducere,它意味着一种'引回''克制'或'撤回'。在进入这种新视点的时候,我们中止我们现在所沉思的各种意向性。这种中止——把我们的各种信念样态中立化——也被称作'悬搁'(epoche)……在现象学那里,'悬搁'就是使自然意向中立化。"[2] 现象学要求我们把意

---

[1] 《中国哲学史新编》上卷,第340页。
[2] 《现象学导论》,高秉江、张建华译,上海文化出版社2021年版,第49—50页。

向所及的事物,置回到使其显现的原始的意识活动现象中,而将其涵义外的其他意见"放到括号里",这就是"悬搁"。

胡塞尔在其《纯粹现象学和现象学哲学的观念》一书中论到"一切原则的原则"时说:任何原本地给予的直观都是认识的合法性源泉。在"直观"中源始地(可以说在其具体现实性中)向我们呈现出来的一切,是可以直接如其给出自身那样被接受的,但也仅仅是在它给出自身的界限之内。超出自身给出的界限,一概要把它放到括号内,加以悬搁。

老子的"观"与现象学那种纯粹的直观,有相似之处。其一,它在观物、观各种现象的过程中,以一种虚静的态度来体悟、内省,坚持排除情感欲望对观的干扰,以求获得事物的真相与现象背后的根据。为此,老子要求修身,以此而得到德之真实。其二,老子之"观"反对"前识",反对"自见",即要摒除先入之见,让事物如其所是那样地得到显现,而不用先入之见去束缚对于事物本相的认识。无论是情感欲望,抑或先入之见,都要如现象学那样,把它们放到括号里,加以悬搁。

起先,胡塞尔认为"本质直观"的特性在于"它以个体直观的一个主要部分,即以一个个体的显现,一个个体的可见存在为其基础","经验的和个体的直观可以转变为本质直观"。[1] 个体的直观是本质直观的基础;没有了具体的感性之物,感性之物的本质也无从谈起。可见,感性直观是为本质直观奠基的。

但是,一个个体直观毕竟不同于本质直观。一个个体直观只涉及一个感性事物,这对于本质直观是远远不够的,所以,必须从一个个体直观摆渡到本质直观。后来,胡塞尔转向了本质直观,通过这种本质直观去把握抽象,他说,"我截断红在被超越地统摄时所

---

[1] 译文采自倪梁康:《胡塞尔现象学概念通释》,生活·读书·新知三联书店2007年版,第42—43页;另可参见[德]胡塞尔:《纯粹现象学通论——纯粹现象学和现象学哲学的观念》,李幼蒸译,中国人民大学出版社2014年版,第11—13页。

意味着的一切，如意味着我桌上的一张吸墨纸的红等等，现在我纯粹直观地完成普遍的红或特殊的红的思想的意义，即从这个红或那个红中直观出的同一的普遍之物；现在个别性本身不再被意指，被意指的不再是这个红或那个红，而是普遍的红"[1]，从而直观到了事物的本质。胡塞尔的本质直观，随着注视目光的转向，不再停留于个别性事物（如红色的吸墨纸）的直观上，而是朝向观念，朝向一般之物（红色本身），即直接指向了事物一般性的属性。这种"观念化的抽象"是自身被给予的，不是从一个感性客体的材料中提取出来的。换言之，个别之物的本质是客观存在的，我们可以通过直观发现它，而无须把它创造出来。

那么，胡塞尔的本质直观又是如何做到的呢？它主要依靠意识的想象，对意向性进行不断的变更。我们把事物的特征从该事物中排除出去，而且尽量扩大排除的范围，如果经过这种排除，把对象的这些特征抛弃掉仍然能够保留该对象，那这些特征就不会是该对象的共相，即本质。比如，对于"红"的自由想象中，我们想象到红的苹果、红的吸墨纸等，然后把苹果与吸墨纸这些事物的特征排除掉，但这并不妨碍保留"红色"观念，那么，这个"红色"就是该对象的本质了。我们在想象"红色"这个观念的过程中，会发现一条必然性的界限，超过了这条界限，红色就不复为红色了。于是，在这个界限内，我们便获得了本质的直观。

老子"观身、观家、观乡、观邦、观天下"的思想态度，已相当接近于现象学的"本质直观"，因为他在"观"的过程中，已经体悟到了身、家、乡、邦、天下的本质。这里"观"身、家、乡、邦、天下中出现了两次"观"（"以身观身"，余类推）：前一次"观"只涉及自己个别性的直观，它是本质直观的基础，但它把握的是"殊相"，而不是"共相"，还没有达到本质直观的程度；后一

---

[1] 译文采自倪梁康：《胡塞尔现象学概念通释》，第42页；另可参见［德］胡塞尔：《现象学的观念》，倪梁康译，上海译文出版社1986年版，第48—49页。

次的"观"将自己个别性的直观推广到观察一般性的事物,通过直观反映了它们的存在一般,即它们的本质。海德格尔说:"一个国家存在。它的存在在于何处?在于国家警察对罪犯进行拘捕?还是在于帝国政府机构内的打字机声响成一片?这些打字机打印着国务秘书和部长们的指令。抑或是这个国家在于元首与英国外交大臣的会谈中?国家存在。"[1] 海德格尔列举的国家运行情况仅仅是国家这个事物的现象。如何理解这个"存在"?很显然,存在借由存在者而现身,但存在并不是存在者的本质,故这个"存在"与胡塞尔通过感知通达的"本质直观"毫无共同之处。在老子那里,后一个"邦"或"天下",已经不是感觉层面上的个体直观,而是达到了它们的本质。

在观察事物的过程中,老子的内心体悟与胡塞尔所谓的直观方法究竟有何关联?首先,体悟的前提是直观,没有对于事物的直观,我们根本无法观察到任何事物及其纷繁的显象。"万物并作"这种情形是老子确确实实通过感性直观体会到的。其次,直观到事物以后,如何把握住事物的本质?老子是通过体悟来达到这一点的。他观察到"万物并作"的现象后说"吾以观复",证明他观照到了万物向道的复归这个本质。胡塞尔创立现象学之前,西方的哲学家都认为,凭借人的感觉器官直观事物,所得到的仅仅是这个事物的表面现象,而要把握事物的本质,只有通过哲学的反思,借助于理性的抽象思维方能达致。胡塞尔则认为,事物的本质是可以通过范畴直观获致的。他说,"感性直观……作为直观意识'使这个对象被给予',作为感知使这对象本原地被给予,使意识能够'本原地',在其'真实的'自身性中把握这对象",反之,本质直观是"关于这本质直观所看到的并在本质直观中'自身被给予'的某物的意识"。[2] 感性直观是感知行为,本质直观则是观念行为。胡塞

---

[1]《形而上学导论》,第42页。
[2]《现象学的方法》,倪梁康译,上海译文出版社2005年版,第93页。

尔的本质直观是"自身被给予"的，在自身的观念行为中，他省略了诸多的判断与推理过程，在一个个特殊的事物中一下子直观到了它们普遍的本质或者说"埃多斯"（eidos，相、共相）。在这一点上，老子的体悟与胡塞尔的精神性的把握事物本质有相通之处。他们的区别在于，胡塞尔通过直观在一个个具体事物中直接通达到了它们的本质，而老子似乎是运用类比法，由此及彼，经过层层推理，最后获得对于事物本质的认知。

第六章
有无相生

第一节 "有"与"无"的关系

老子说:"天下万物生于有,有生于无。"(四十章)"有"与"无"为"道"之一体两面,殆无疑义。比如《老子》一章说:"无,名天地之始;有,名万物之母……此两者,同出而异名。"《庄子·天下》认为老聃的主张是:"建之以常无有,主之以太一。""常无有"就是"常无""常有",在"常无""常有"之上似乎有了一个"太一"的名称。其实,"太一"就是"道"。《吕氏春秋·大乐》说:"道也者……不可为名。强为之名,谓之'太一'。""太一"是"道"的总名,在"道"未露形迹之时,名"道"为"无"。"无"不是什么都没有(虚无),相反,它具有"道"的全部丰富内涵,是天地所由产生的开始。"道"即"一",是万物的始基。《吕氏春秋·大乐》"太一生两仪",即"道生一"的另一种说法。高诱注"两仪"为"天地"。在"道"已露形迹之后,名"道"为"有","有"是万物创生的母亲。王弼注:"及其(万物)有形有名之时,则长之育之、亭之毒之,为其母也。""道"从无形迹向有形迹发展,就是"无"向"有"发展。《庄子·齐物论》里对由"无"向"有"的发展有过描述,说:"一与言为二,二与一为三。自此以往,巧历不能得,而况其凡乎!故自无适有,以至于三。""自无适有"说的就是从"无"到"有"的衍变与发展。"道生一"是自无入有,"一生二"是天地生出阴阳,"二生三"是阴阳冲荡生出和气,"三生万物"是新物体不断裂变、增衍、发展,由少渐多,至成万物。

"无"与"有"相比,更加本原。老子从器物及其制作过程中深刻体悟到了这一点。十一章说:"三十辐共一毂,当其无有,车之用。埏埴以为器,当其无有,器之用。凿户牖以为室,当其无有,室之用。故有之以为利,无之以为用。"在"有"和"无"构成的"道"的统一体中,老子似乎更强调"无"的作用:车的三十根辐条汇集到车毂,有了车毂中空的地方,才能有车的功用;抟揉陶土制作器皿,有了器皿中空的地方,才能有器皿的功用;开凿门窗建造房屋,有了门窗中空的地方,才能有房屋的功用。所以,"有"能给人以便利,"无"能发挥它的作用。显然,"有之所以为利,皆赖无以为用也"(王弼注)。"有"的便利是建立在"无"的作用之上的。

学者马琳不同意从本体论的角度去理解上述"无"与"有"的关系。他认为:"有与无不能被视为本体论范畴,而是相对的解释事物在否的术语。早在公元3世纪,裴頠即表达了类似的观点,认为无的意思是某种事物的不在场……我们需要注意,此处所说的'在场'与海德格尔的'在场'观念不是一回事,后者是指存在被带至显现,是一个具有一整套复杂的诠释系统的概念,而与'有'相关联的在场则侧重于经验意义上的具体的'在手边'。"[1]

我不同意这一观点。若如马琳所言,"有"与"无"只具有经验的意义,那老子的道家思想就要重新定位、重新评价了。事实上,"有生于无",即"道"作为生成万物的始基与依据,本来就已经脱离了经验的范围。在上引事例中,老子尽管从日常经验(器

---

[1]《海德格尔论东西方对话》,中国人民大学出版社2010年版,第199—200页。

物）着手，但"有""无"指向的意义却不囿于经验范围，而具有了形而上的意义。此"有""无"虽承"车""器""室"之所起不同作用而言，属形而下的层面，但由此阐发的"有""无"的道理却是形而上的，故可由形而下的层面上升到形而上的层面来体认。如前所述，老子的"道"（"有""无"是它的一体两面）是精微的物体，但因为它是天地万物的始基，所以具有形而上的特性。此处老子是从特殊、具体的事例中抽出"有""无"一般的意义，赋予其本体论的意义。通观《老子》一书，凡论到"有""无"，都是就其抽象意义来说的，此处也不例外。基于此，老子的"有""无"与海德格尔的"在场"与否仍有相通之处。海德格尔在写于1943年的那篇题为《诗人的独特性》的文章里，就引用了《老子》十一章全文，他在结尾处以"'存在者给出了可用性［故有之以为利］，非存在者则提供了存在［无之以为用］'这种'一锤定音'的方式将他的'存在论的区分'与对'存在'的理解与老子的思路及话语耦合了起来"[1]，就很能说明问题。

海德格尔在《田野路对谈》中举壶罐为例，以说明他所谓的"空虚"的妙义，而《老子》十一章则给予此例一个最终的深化。《老子》引出的深远之思不再是追求效能与控制之知，因而也不再是一个强暴"自然"的概念。1950年海德格尔于慕尼黑会议上重复他在不莱梅所做的《物》的演讲时，他在海森堡（量子力学创立人）、布吕德恩·荣格尔和其他著名会议参与者们的范围内阐发了这个关于"壶"与"空无"的思想。[2]

海德格尔借《老子》十一章的"无"以说明他的"空虚"的妙义，意在摆脱"追求效能与控制之知"，似乎也肯定了"无"的本原性与原始性，而"效能与控制之知"只属于次一等的技术层面

---

[1]《海德格尔论老子与荷尔德林的思想独特性——对一份新发表文献的分析》，第77页。
[2]《再论海德格尔与老子》，第106页。

的东西，这是非常明显的。这对于我们认识"无"不无启迪作用。

老子对"无""有"及其关系的论述只有片言只语，如闪电般一瞬划过浩渺天空，不过其主旨却是坚确明朗的，即"无"比"有"更本源，"无"是玄妙之门，它特显了"道"的全部神秘性。

第二节　中国哲学史上的"贵无派"与"崇有派"

值得一提的是，中国哲学史上有关"无""有"的论辩不断，最精彩的莫过于魏晋时期"贵无派"与"崇有派"的争论。"贵无派"以何晏、王弼为代表，"崇有派"以裴頠为代表。裴頠著有《崇有论》一文，力辟老子的"无中生有"。他说："观老子之书，虽博有所经，而云'有生于无'，以虚为主，偏立一家之辞，岂有以而然哉？"他认为："方以族异，庶类之品也。形象著分，有生之体也。"（《晋书·裴秀传附子裴頠传》）事物是以类而区分的，此就生出众多事物的种类。具体事物显现它的分际，这就是"有"生出的载体。换言之，"有"产生于一个一个具体事物的种类中。裴頠之失在于拘执于具体的"有"，他不离开具体的事物来谈"有""无"，就不可能从本体论的意义上来认识"无"。而且从逻辑上讲，"有"之前应该还有"无"。冯友兰解释道："'有'生于'无'。它只是说，我们若分析物的存在，就会看出，在能够是任何物之前，必须先是'有'。'道'是'无''名'，是'无'，是万物之所从生者。所以在是'有'之前必须是'无'，由'无'生'有'。这里所说的属于本体论，不属于宇宙发生论。"[1]

关于"贵无派"，《晋书·王衍传》说得很清楚："何晏、王弼

---

[1]　《中国哲学简史》，中华书局2017年版，第624页。

等祖述老庄,立论以为:'天地万物皆以无为本。无也者,开物成务,无往不存者也。阴阳恃以化生,万物恃以成形,贤者恃以成德,不肖恃以免身。故无之为用,无爵而贵矣。'"何晏、王弼"贵无"思想是认老庄为祖宗的,实质还是讲"以无为本""有生于无"。

《晋书·王衍传》还说:"衍甚重之,惟裴頠以为非,著论以讥之。"可见,裴頠的《崇有论》是针对何晏、王弼的"贵无论"而发的。

何晏所著《道论》,今已佚,部分残存于《列子·天瑞》张湛注中。何晏说:"有之为有,恃无以生;事而为事,由无以成。"王弼《老子指略》为"贵无论"作了有力的阐述,他说:"夫物之所以生,功之所以成,必生乎无形,由乎无名。无形无名者,万物之宗也。"之所以如此,是因为"形必有所分……凡名生于形,未有形生于名者也。故有此名必有此形,有此形必有其分。仁不得谓之圣,智不得谓之仁,则各有其实矣。""形"代表一种界限、一种范围,任何一个具体事物都是框在某个特定的界限与范围之内的,事物与事物之间因为"形"的不同,不能彼此通约,所以"仁"不能被称作"圣","智"不能被称作"仁",道理就在这里。而作为万物之宗的那个东西,一定不能在这个界限与范围之内,只能是无形无名者,否则,它就落为某个具体事物了。从逻辑上讲,具体事物因为有形有名,故总是落于某一种"具相"中,而万物之宗因为无形无名,则是超脱于这种"具相"的,所以能够成为万物之宗。王弼是从逻辑上论证出"无中生有"的。

王弼上述观点似有所本。《庄子·齐物论》说:"道隐于小成。"即"道"被片面的成就所遮蔽。又说:"有成与亏,故昭氏之鼓琴也;无成与亏,故昭氏之不鼓琴也。"郭象注:"夫声不可胜举也。故吹管操弦,虽有繁手,遗声多矣。而执籥鸣弦者,欲以彰声也。彰声而声遗,不彰声而声全。"哪怕再高明的乐手,他的吹奏总会将一些声音遗漏掉,有所成,有所亏;正是乐手欲彰声,结果反而将声音丢失了，惟有不弹奏，才"无成与亏"。昭文不鼓琴，即无声——"此时无声胜有声"——就是王弼的"无形无名"。

在"无""有"的关系上，何晏、王弼的见识要比裴頠高一筹。裴頠只认"有"，指"无"为虚无，没有认识到"无"的丰富内涵，也体会不到"无""有"相生相依的亲缘性。反之，何晏、王弼不仅看到了"无"的本体论意义（"以无为本"），还指出"有"固然由"无"产生，但"无"也不能脱离"有"。比如，王弼讲到"大音"虽不是具体的宫商角徵羽中的任何一种音阶，"大象"也不是具体的长短方圆中的任何一种形状，但如果它们脱离具体的音阶与形状，也就不成其为"大音""大象"了。何晏也说阴阳互生。王弼对"无"与"有"的关系讲得最为透彻，他说，"无不可以无明，必因于有"（《大衍义》），而"将欲全有，必反于无也"（《老子》四十章注）。"无"必须依赖"有"才能有所显明，否则就会是"无明"；若要对"有"有充分的认识，就一定要返回到"无"上来，因为正是"无"才使"有"有（产生）了。这种对"无""有"相生相依的亲缘性关系的认识比之裴頠要深入得多。

《世说新语·文学》透露了一些"贵无派"与"崇有派"争论的信息："裴成公（裴頠）作《崇有论》，时人攻难之，莫能折。唯王夷甫（王衍，"贵无派"的实际领袖）来，如小屈。时人即以王理难裴，理还复申。""理还复申"是说彼此的理论又得到进一步的发挥。刘孝标注引《晋诸公赞》云："乐广与頠清闲欲说理，而頠辞喻丰博，广自以体虚无，笑而不复言。"乐广也是"贵无派"，他与裴頠辩论，"笑而不复言"并不代表理穷辞屈，而是道不同不相为言。

陈鼓应认为：从无到有，正是"道"由无形质的状态到有形质的状态的活动过程。[1] 有形质的状态正是西方所谓的"存在者"。

---

[1]《老子今注今译》，商务印书馆2003年版，第75页。

第三节　牟宗三先生的"有无"主张

牟宗三对老子"无""有"及与"物"的关系有深入透彻的分析，尽管这种分析我们不尽同意，但可以丰富我们对于上述概念的认识。

牟宗三对老子的"无"是这样理解的：

> 无先作动词看，就是要否定这些东西。经此否定已，正面显示一个境界，用名词来表示就是无。将名词的 nothing（无）拆开转成句子就是 no-thing（没有东西）。所以 nothing（no-thing）不是存有论的无（没有东西）。当我们说存有论时是在西方哲学的立场，照希腊传下来的形而上学的存有论讲。无没有存有论的意味……那就不是以西方为标准的存有论，而是属于实践的（practical），叫实践的存有论（practical ontology）。[1]

他认为对"无"的体会要从"有"处入手：

> 因为无是个虚一而静有无限妙用的心境，灵活得很。无限的妙用何由得见？即从有处见。有就是无限妙用、虚一而静的心境的矢向性，用《道德经》的话讲就是徼向性。"常有欲以观其徼"之徼（音腰如要求之要，即《易·系辞下》原始要终之要）。一有徼就有一个方向，即徼向性，一有徼向性就有突出……徼向性就代表端倪朕兆，就在此处说有。这是完全主观地，就无限心境的徼向性说有，不是客观地由存在上讲。《道

---

[1]《中国哲学十九讲》，吉林出版集团有限责任公司 2010 年版，第 83—84 页。

德经》首章说"常无欲以观其妙,常有欲以观其徼"。常无句即刚才所说无的境界,"其妙"其指道。心境不单单要处在无的状态中以观道的妙,也要常常处在有的状态中,以观道的徼向性,反过来说徼向性就是道的有性。《道德经》通过无与有来了解道,这叫做道的双重性(double character)。道随时能无,随时又有徼向性,这就是道性。[1]

牟宗三是从所谓实践性(按他的说法,主观心境不是心理学的,而是实践的,但心境无论如何总是属于心理学的范畴)的角度去体会、去理解,这个观点我们不能苟同。我们还是从存在论的角度去认知老子的"无""有"。

牟宗三又说:

> 一露端倪有徼向性,就倾向于成有,to be a certain being 要成一个有。从这里讲,这徼向性之有带有创造性,是故它不属于认识论的有,而是属于实践的存有论的有,就是说不属于海德格尔所谓表象的思想(representative thought)中的有,而是往后反上一步属于 original thinking。表象的思想中的有是往外散看的有,对应对象而讲的。[2]

这是对的。老子的"有"不是认识论的有,如果是认识论的"有",就会有对象性,这还是海德格尔所极力批评的表象思维。老子的"道"("有"是它的一个属性)是要"损之又损",应该是通过体验来领悟未分化状态的道。《老子》中"为学"与"为道"是区分得很清楚的:"为学"事关认识,所以要"日益",多多益善;"为道"是一种体会,所以要"日损",要减少对体会的各种情感方面

[1] 《中国哲学十九讲》,第87页。
[2] 同上,第88页。

的干扰。"为道"是整体性的思维，是对表象思维的反拨。海德格尔主张如古希腊思想家一样来对待"存在"，就是如其所是地观看它，这就是 original thinking。对老子的"无""有"也应作如是观。

那么，"无""有"与天地万物之"物"的关系如何？牟宗三说：

> 《道德经》说："无名天地之始，有名万物之母。"天地是万物的总名，万物就是天地的散开说，实际上是一样的。从天地万物的开始（beginning）说，是始于无。假定有始于有，这有还始于有，一直往后追问就永远不能停止。所以没有始则已，若有始就一定是无。所以从天地万物之始这方面讲，我们名之曰无，以无为本……下一句就是向前看（forward），"有名万物之母"，有关联天地万物是向前看，就把天地散开了……万物是在有中生之育之亭之毒之，在有的范围之内生长变化，所以有是万物生长变化的母（mother ground），就是形式的根据。一说有，有是徼向性，徼向到这里实现出来就是一个物，有就是物得以实现的根据。[1]

但是，《文子·道原》对"无形"与"有形"（实质也就是"无"与"有"）尚有别论，其云："有形者遂事也，无形者作始也。遂事者成器也，作始者朴也。有形则有声，无形则无声。有形产于无形，故无形者，有形之始也。"我们是否可以这样来理解？"无"与"有"虽是"道"的一体两面，但"有"一旦"遂事成器"就跌入到了形而下的层面，成为一个一个具体的存在者，或如陈鼓应所说，变成有形质的东西；而"无"则仍在形而上的层面，"无"乃是存在。

事实上，牟宗三也认为："物与无、有相对，但一出了有，有

---

[1]《中国哲学十九讲》，第89页。

了徼向，就向着一物而落到物上；所以，一般将道家之有和物（thing）连在一起了解。"[1]

第四节　海德格尔的"有无论"

上述意义上的"有"相当于海德格尔的"在者"（在西方的哲学话语系统里，在存在论范畴里，"有"代表存在，与中国道家所论有所不同），它的基本状态就是在场性。就像海德格尔反复问道的："究竟为什么在者在而无反倒不在？"显然，在者无处不在。但如果我们玩味其所追问者，那么，不难发现，海德格尔所瞩目者恰恰不在于在者，而在于无。世界之中，在者形形色色，林林总总，姿态万千，千差万别。人们与之照面、与之打交道的总是这呈现于世的在者，而无反倒是晦暗不明，无人问津。对此情形，海德格尔说："何以存在者总是具有优先地位，而对存在者的不，也即'这个无'，即存在，倒是没有着眼于其本质而得到思考呢？"[2] 无即是存在，这里海德格尔已将其挑明。为什么这样说呢？因为，存在不能像存在者那样对象性地被表象和摆出来。这与存在者绝对不同的东西是不存在者；而这一"无"是作为存在运作的。存在隐匿不彰，它借"无"有所运作。"无"乃是存在的面纱。

"无"是对于存在者全体的完全否定，"无"就是存在者的不，但"无"又不等同于否定与不。根据海德格尔的意见，"无"比不和否定更为原始。前者是后者的前提与根据。只有"无"自己显示为敞开，不和否定才有其可能。不和否定只具陈述上的意义。根据此番否定性陈述，我们不难知道存在者不存在，或者存在者被否定，这只是公共表面的现象，"无"则深藏于不和否定的背后，或

---

[1]《中国哲学十九讲》，第90页。
[2]《面向存在问题》，《路标》，第499页。

者说,"无"通过不和否定才能让人有所体会,有所感悟。从根本上说来,正是这个"无"才是使存在者得以显现出来的东西。

但是,科学不愿知道"无",科学甚至将其作为虚无的东西加以抛弃与否定。这是由科学本身的特性决定的。因为科学是关于某一确定对象的知识,而"无"是不确定的,或者说是先验的、把捉不住的。

那么,"无"又是如何发生的呢?无从畏中而来,畏启示无。在畏之所畏中,"它是无而且在无何有之乡"[1]。畏是一种情绪性的东西,但畏不同于恐惧。恐惧有确定的对象,我们怕这怕那,"这"与"那"作为一个确定的存在者,总是从某一个方面威胁着我们,令懦怯者被他身处其中的这个或那个东西给抓住了,因而处于惶恐不安、不知所措的状态之中。

畏与此等恐惧迥然不同。畏也令人惶惶不安,但它没有确定的恐惧之物,或者说,它的所畏就根本没有确定性。如前所述,畏的威胁者是无何有之乡。什么是无何有之乡(nirgends)呢?庄子说:"今子有大树,患其无用,何不树之于无何有之乡?"(《庄子·逍遥游》)无何有之乡就是一无所有的地方。畏的确定的威胁者是乌有的,或者说,畏之所畏就是世界本身。但畏却弥漫着一种独特的宁静。在这种独特的宁静中,一切都浑然浸在一种麻木不仁的状态中,"周围世界上手的东西,一般世内存在者,都沉陷了"[2]。存在者整体脱落了,而"无"却通过畏并且在畏中得以敞开,与存在者整体一体地照面了。此在的情形如何呢?人通过畏中体验到"无"。在畏消退之时,人不禁擦亮眼睛一看,原来我们所曾畏与为之畏者,竟然一无所有,这时,"无"却降临了。此在被嵌入于"无"中,借以实现了对于存在者整体的超越。所谓超越,就是此在从专注于存在者和存在者整体中抽身脱出,而转向于"无",从

[1]《存在与时间》,第262页。
[2] 同上,第263页。

而体会到"无"。此在只有在"无"的敞开状态中才能与非此在的存在者和此在本身发生关系。这种情形的发生,有赖于畏的作用。畏将此在抛回其最本真的能在世那儿,此在这种最本己的在世的存在领会着自身,并向各种可能性筹划自身,展开种种能在的情状,此在因此赢获了自由。可以说,此在只有在超越了存在者整体之后,才能从存在者之外领会到"无"。而此在的这种领会是通过畏才得以实现。

"无"是对于在者整体的否定,但"无"并不将存在者整体消解掉,毋宁说,它与存在者整体相照面,而根本的是它令存在者整体被启示出来成为可能。在"无"的看似黑暗的明亮中,我们得以看到,原来存在者整体的真相是这样的:它是"有"而不是"无"。而"无"的本质就是它的无化。正是这种无化,将存在者整体的晦暗不明的陌生状态解救出来,使之与"无"相照面。

海德格尔的无、有观又与他的时间观相关联。在他看来,时间有时间性与时间之分。何谓时间性?海德格尔说:

> 在将来回到自身中,决心就有所当前化地把自身带入处境。曾在源自将来,其情况是:曾在的(更好的说法是:曾在着的)将来从自身开放出当前。我们把如此这般作为曾在着的有所当前化的将来而统一起来的现象称作时间性。[1]

这段话既拗口,又费解。但有两点还是可以确定的:第一点,时间性是"曾在""当前"与"将来"的统一。事实也确是如此,任何时间性总是反映了过去、现在与将来。第二点,海德格尔的时间观似乎特别重视时间性三个环节中的将来这一维度。为什么这样看呢?海德格尔自有他的道理。因为,将来这一维度,将此在带到死

---

[1]《存在与时间》,第444页。

亡的边缘，而此在如果是要在本真状态中存在，它必指向将来——向死而生。因为只有向死而生，才能更好地领会生存的意义。在畏的境界中，此在"自由地面对死而让自己以撞碎在死上的方式"认清自身。[1] 在向死而生中，此在看到了自身的有限性，看到了自身无可避免的、终有一死的结局，才恍然大悟，才希冀有所超越，从而能够更好地领悟曾在，安排当前。此外，将来这一维度又揭示了此在的能在：此在并不固着于当前，它甚至不是它当前的所是，它总是在筹划它的各种可能性，展开它丰富的存在状态。这又是由将来这一指向所决定了的。诚如海德格尔所言："向'为它本身之故'筹划自身根据于将来，而这种自身筹划是生存论建构的本质特性，生存论建构的首要意义就是将来。"[2] 总之，海德格尔看重它，主要是要凸显此在时间的非现成的、不可被估量的、纯然生成的本性。这与流俗的时间观是迥然不同的。

一般流俗的时间观往往着眼于现在时间，即着眼于当前的"有"，耳听为虚，眼见为实；而海德格尔的时间观则着眼于将来时间，即着眼于"无"。前者是"有"即存在者的时间，后者是"无"即存在的将来时间。这里恰恰揭透露出"存在的本体论差异"：存在者与存在的本体论差异。西方传统形而上学自柏拉图至黑格尔，始终将存在者视为本体——无论是"共相"，抑或是"绝对精神"，而海德格尔则视存在为本体，存在是一种让显现，而不是某种东西或观念。

那时间呢？时间则是存在的意义，是此在得以领悟存在的境域。现在我们来看海德格尔对《老子》十一章的解释，它与时间观有直接的关联：

> 这个引文包含着这样一个意思：那处于一切之间者（das

---

[1] 《存在与时间》，第520页。
[2] 同上，第446页。

Zwischen alles），当它就在其自身中被刚刚打开时，并且在留逗（或片刻）与境域的展伸中得其伸展时（weitet in die Weite der Weile und der Gegend），它多半会被我们太轻易和经常地当作无意义的东西（das Nichtige）……而在其间（Indessen）则是这样一种聚集（Versammlung），它本身在瞬间与时间（Augenblick und Zeit）中会集着和伸张着（sammelt und ausbreitet）。[1]

海德格尔进一步申论：

这些留逗或片刻作为逗留着的境域（die verweilende Gegend）而存在。源自这些对立着的留逗之间（das Zwischen der gegnenden Weile），所有的在之间（Inzwischen）就获得了其本性以及这样一种区别的可能性，即将在某某之间（Inmitten）意义上的所谓"在之间"与在其间（Indessen）意义上的在之间加以区别的可能性。在某某之间是其本身处于地点与空间里面的聚集，而在其间则是这样一种聚集，它本身在瞬间与时间中会集着和伸张着。[2]

这里应该注意几点：

第一，海德格尔瞩目于老子"有"与"无"之间，将其由空间的认知转换为自己时间的认知。在海德格尔独特的认知中，老子的"有""无"之间，其实就是已经过去与即将到来的时间的一个交织点或者说汇合点，此在总是存在于或者说留逗于这个交织点或者说汇合点上。这就赋予时间以存在论的意义，而与纯物理意义的时间区分开来。所以，这个交织点或者说汇合点才会"在瞬间与时间中

---

[1] Martin Heidegger, *Gesamtausgabe*, Band 75, S.43.转引自《海德格尔论老子与荷尔德林的思想独特性——对一份新发表文献的分析》，第74页。
[2] 同上，第75页。

会集着和伸张着"。可见，在海德格尔看来，时间是生成性的，而非是机械性的。

第二，这种留逗源自于对立，比如："我们听到的雷声并不是纯粹的雷声，而是那'打破安静的并与安静对立着的雷声'。"[1] 威廉·詹姆士的这个比喻，道出了此在留逗于过去时间与将来时间之间的对立之中。这种"在之间"的微妙境域令此在获得了它的本性。诚如张祥龙所分析的："'在这种在之间里，人居留着。'按这个看法，人的本性或将人与其他存在者区别开的特性就不是任何可现成化者，比如那已经预设了主客体存在的'反思理性''自我意识''爱''意愿（或意志）'等，而只是那原发生着的在之间。人居留在天地之间、过去与将来之间、光明与黑暗之间、主体与客体之间，作为这在之间保持自身的根本尺度而存在。"[2]

第三，此在的这种留逗，揭示出了"在某某之间"与"在其间"的重大区别。前者只不过是人或物体在空间内的简单实存、堆积，是存在者的生存方式；而后者则"在瞬间与时间中会集着和伸张着"，是存在的生存方式。在古希腊人眼里，"逻各斯"就是一种聚集，存在就是聚集。海德格尔说过："存在把一切存在者聚集起来，使存在者成为存在者。存在是聚集——即［逻各斯］。"[3] 故张祥龙说："后者则是生存时间化的或历时的看待之间的方式，先于一切'在某某之间'，为一切存在者开启存在的可能，因而是提供生存尺度的、构成人生命运的真正的在之间。"[4] 正是在这已经

---

[1] William James, *The Principles of Psychology*, Harvard University Press, 1983, p.234. 转引自《海德格尔论老子与荷尔德林的思想独特性——对一份新发表文献的分析》，第75页。

[2] 《海德格尔论老子与荷尔德林的思想独特性——对一份新发表文献的分析》，第76页。

[3] 《这是什么——哲学？》，《同一与差异》，第12页。

[4] 《海德格尔论老子与荷尔德林的思想独特性——对一份新发表文献的分析》，第76页。

过去与即将到来的时间的一个交织点或汇合点上（即"在之间"），此在方能领悟到存在的真谛与奥秘——"前不见古人，后不见来者，念天地之悠悠，独怆然而涕下"。

第五节　西方基督教与古希腊"无论"的分野

对于无中生有的"无"，在犹太-基督教那儿与在古希腊人那儿所意指的是不同的东西。比如在犹太-基督教那儿，无是与上帝的创造联系在一起的。皮罗说：

> 一切从无中产生这一基督教教义公式不是继承希腊的理论，毋宁是反对希腊的理论，因为它肯定一切在地上或在天上的东西（因此物质的东西也不亚于精神的东西）都完全在上帝中，并且仅仅在上帝中找到它的本原和存在。[1]

皮罗进一步把犹太-基督教的"无"与希腊否定性的"无"区分开来。他说："它（指"无"——引者）无限地远离一切种类的完满，它不能有任何属性，它代表着绝对的缺乏，是纯粹的简单的不存在，也就是说，恰恰就是长久以来为《智者篇》中外邦人排斥的那纯粹与存在相反的东西。因此，犹太-基督教的传统就可以援引那原始已被斥逐的东西。"[2] 但是，这种希腊外邦人排斥的"无"却有一种主要的功能，即它与创造联系在一起。上帝是最高的超越的存在者，君临一切，人世间的万事万物都由上帝创造出来；这就是无中创有。奥古斯丁对此作了有力的论证与发挥。他认为，天地不

---
[1]《海德格尔和关于有限性的思想》，《海德格尔与有限性思想》，第85页。
[2] 同上，第83页。

是从上帝的本体中产生的,天地是由上帝凭空创造出来的。他说:"(除了)你三位一体、一体三位的天主外,没有一物可以供你创造天地。因此,你只能从空无所有之中创造天地,一大一小的天地;由于你的全能和全善,你创造了一切美好:庞大的天和渺小的地。除了你存在外,别无一物供你创造天地:一个近乎你的天,一个近乎空虚的地,一个上面只有你,另一个下面什么也没有。"[1]

《旧约圣经·创世记》记载,上帝创造了天地万物,连人也是由上帝造就的。"起初,上帝创造天地,地是空虚混沌,渊面黑暗;上帝的灵运行在水面上。"创造天地万物的第一天,"上帝说:'要有光',就有了光。上帝看光是好的,就把光暗分开了。上帝称光为昼,称暗为夜。有晚上,有早晨。这是头一日"。到了第六天,"上帝说:'地要生出活物来,各从其类;牲畜、昆虫、野兽,各从其类。'事就这样成了……上帝说:'我们要照着我们的形像,按着我们的样式造人,使他们管理海里的鱼、空中的鸟、地上的牲畜和全地,并地上所爬的一切昆虫。'上帝就照着自己的形像造人,乃是照着他的形像造男造女"[2]。皮罗的观点是有洞见的。他说,"无保证上帝有一种充分的创造能力,任何真理或实在性都不能在这创造能力之先存在",换言之,无之所以需要,正是为了证明上帝"无中创有"的创造能力,"上帝完全可以被设想为一个宇宙的绝对君主国中君主"[3]。

在古希腊人那儿,比如在阿纳克西曼德,这个"无"不是某种具有明确质性的东西,而是一种空洞的无限。他说:"万物的始基是无限,万物由此产生,也必然复归于此。因为万物被注定按照时间的次序,为它们的非正义而互相补偿。"[4] 赫拉克利特却认为,

---

[1] 《忏悔录》,周士良译,商务印书馆1963年版,第263页。
[2] 《圣经》,中国基督教三自爱国运动委员会、中国基督教协会2009年版,第1页。
[3] 《海德格尔和关于有限性的思想》,《海德格尔与有限性思想》,第84页。
[4] 转引自《古希腊哲学史纲》,第36—37页。

这个生出有的东西是"火"。他说："这个世界对任何东西都是同一的，它不是哪个人或哪个人所创造的，它过去、现在和将来永远是一团永恒的活火，在一定的分寸上燃烧和熄灭。"[1] 显然，这个火是带有自然属性的物质。而巴门尼德则视世界就是存在，"只有'存在'是存在着的，'非存在'并不存在，并且不能被思考"[2]。存在"与它自身相同，有如一只圆球，从中心到球面的距离都相等。思维与'存在'是同一的，因为它是对于'存在'的唯一思想"[3]。古希腊时期，上帝的概念还没有出现，那是诸神狂欢的时代。

有一点需要特别指出，在希腊人那里，界限给非存在的不确定中的存在者确定了边界，使之成为有限的东西，而只有有限的是真正存在的。海德格尔正确地指出："界限（Grenze）并不意味着某种东西在它旁边停止，而是希腊人已认识的、某种东西从之出发而开始其存在（sein Wesen beginnt）的东西。"[4] 也就是说，希腊人认为从无到有是从界限开始的，在界限之外是纯粹的无。

第六节　老子后学庄子的"无论"

春秋战国时代，继老子而起并接受其思想衣钵的乃是庄子。庄子对由老子发挥的"无"论作出新的阐述。他说："予能有无矣，而未能无无也。"（《庄子·知北游》）似乎在"无"之上还有个"无无"。如果这个"无无"是"道"的话，那么"无"又是什么？所以，没有人能够讲得清"无无"。至于"无"，庄子借光曜的眼

---

[1] 《赫拉克利特残篇》30；转引自《古希腊哲学史纲》，第55页。
[2] 《巴门尼德残篇》4，6起；转引自《古希腊哲学史纲》，第59页。
[3] 《巴门尼德残篇》8，自34；转引自《古希腊哲学史纲》，第59页。
[4] 译文采自《海德格尔和关于有限性的思想》，《海德格尔与有限性思想》，第80页；另可参见《筑·居·思》，《演讲与论文集》，第168页。

睛,"孰视其状貌,窅然空然,终日视之而不见,听之而不闻,搏之而不得也"(《庄子·知北游》),显然是一个虚无缥缈的东西。试比较老子的论述:"视之不见,名曰'夷';听之不闻,名曰'希';搏之不得,名曰'微'。此三者不可究诘,故混而为一。其上不皦,其下不昧。绳绳兮不可名,复归于无物。"(十四章)真是一脉相承,全然同调。庄子的这个"无"也是"道"的别名,不过"道"更具有生成性。《庄子·天地》中对"道"有过一段描述:"视乎冥冥,听乎无声。冥冥之中,独见晓焉;无声之中,独闻和焉。故深之又深而能物焉,神之又神而能精焉。故其与万物接也,至无而供其求,时骋而要其宿。"再比较老子的论述:"道之为物,惟恍惟惚。惚兮恍兮,其中有象;恍兮惚兮,其中有物。窈兮冥兮,其中有精。其精甚真,其中有信。"(二十一章)"视乎冥冥,听乎无声"不就是"惚兮恍兮"吗?"深之又深而能物焉,神之又神而能精焉"不就是"其中有物,其中有精"吗?连用词都是相同或相近的。庄子直截了当地说:"泰初有无,无有无名。"(《庄子·天地》)混沌初开便是"无"而已,但尚未有"无"的名。成玄英疏:"太初之时,惟有此无,未有于有。有既未有,名将安寄?故无有无名。"林希逸《庄子鬳斋口义》云:"泰初,造化之始也,所有者只是无而已。"这个"无"在庄子那儿就是世界的始基,其生成的意义等同于"道"。这个思想也直接接续于老子的"无,名天地之始"(一章)。可见,庄子是老子的私淑精神弟子,自不待言。

"道"等同于"无",故"物物者(指"道")与物无际,而物有际者,所谓物际者也;不际之际,际之不际者也。"(《庄子·知北游》)"道"是没有任何界限的(这也正是"无"的特征),而具体的物却有界限。褚伯秀《南华真经义海纂微》说,"不际之际"(没有界限的界限)乃是"道散而为物也",而"际之不际"(界限中的没有界限)乃是"物全而归道也"。

下 篇
中国老子古典学说与西方哲学思想的"视域交融"

第七节 从黑格尔到龙树菩萨的"有无论"

黑格尔说:"纯粹的存在与纯粹的'无'是一回事。"因为纯粹的存在是没有任何规定性的。纯粹的存在就是"最抽象亦最空疏"的概念,所以就"存在"没有纯粹规定性而言,我们可以说"存在"的特性是"无"。但是,"纯粹的存在"这个概念本身包含着和自己有差别且与自己对立的方面——"无"。无"只是一种空虚的'存在'"。黑格尔说:"存在之为存在并非固定之物,亦非究竟至极之物,而乃是有矛盾性,要过渡到它的对方的。'存在'之对方,亦就其直接性而言,即是'无'。""无"这个概念本身也包含着和自己有差别且与自己对立的方面—"存在"。黑格尔说:"所以,'存在'中有'无','无'中有'存在',而在'无'中能保持其自身之'存在',即是变易。"[1] 纯粹的存在因为自否定,转化为无,无又凭借变易,反身到有。变易是有和无的统一。这里,前后两个"有"含义不同:前一个"有"是纯有,是空洞无物的;后一个"有"是经过从有到无再从无反身到有,这就有了具体的内容。这个具体的内容来自"变",变是生成或者说创生,有生成或创生,概念就有了具体内容。于是,从纯粹的存在过渡到无,再从无中生成变易反身到有,这构成了一个三段式,也勾勒了一个从此物到他物的自我否定过程。这是黑格尔的观点。

海德格尔则认为"'无'是存在的面纱",如此,无与存在应该是一回事。黑格尔把"无"认定为无规定性的直接性,类似于他所批评的康德的信仰;而海德格尔却认为"无"不是对象物,不是一个存在者,反倒是对存在者的"不",所以"无"是不能从逻辑上

---

[1] 译文采自张世英:《论黑格尔的逻辑学》,上海人民出版社1981年版,第146页;另可参见[德]黑格尔:《小逻辑》,商务印书馆1980年版,第190—198页。

把握的。

那么,"无"与虚无主义的关系又如何呢?海德格尔在对尼采的虚无主义发表评论时说:

> 尼采关于虚无主义的概念本身就是一个虚无主义的概念。尽管有种种深刻的洞见,但尼采没有能够认识到虚无主义的隐蔽本质,原因就在于:他自始就只是从价值思想出发,把虚无主义把握为最高价值之贬黜的过程。而尼采之所以必然以此方式来把握虚无主义,是因为他保持在西方形而上的轨道和区域中,对西方形而上学作了一种臻于终点的考虑。[1]

尼采提出"上帝死了",要求"重估一切价值",是对西方传统形而上学的彻底否定,是一种不折不扣的虚无主义态度,但尼采以自己的"权力意志"确定为新的价值,以"超人"取代"上帝"的位置,表明他仍以价值为基础,而未深入探及虚无主义的隐蔽本质,所以他未能避免落于虚无主义的窠臼。海德格尔说:"如果价值不能让存在成其为存在,让存在作为存在本身而存在,那么,所谓的克服首先就是虚无主义的完成。"[2]

虚无主义的隐蔽本质就是"无",就是存在。而从虚无主义出发,这个"无",这个存在也就被遗忘了。因为,"'虚无主义'的虚无意味着:根本就没有存在。存在没有达到其本己的本质的光亮那里。在存在者之为存在者的显现中,存在本身是缺席的。存在之真理失落了。它被遗忘了"[3]。显然,尼采同西方传统形而上学一样对这个神秘的存在及其真理也遗忘了。

佛教龙树菩萨的中观"空"论,说缘起性空,与西方虚无主义

---

[1]《尼采》,孙周兴译,商务印书馆2015年版,第741页。
[2]《尼采的话"上帝死了"》,《林中路》,第293页。
[3] 同上,第298页。

相类，又有所不同。从相类的方面说，"空"论对一切实存，从本质上都是持否定态度的。"以有空义故，一切法得成。若无空义者，一切则不成。"（《中论·观四谛品》）从这个意义上讲，中观论与西方虚无主义相类；但这仅仅是就法无自性这一点而言的，"众因缘生法，我说即是空"（《中论·观四谛品》），既然是"我说"，就表明这种"空"是认识上的。

如果像"一切有部"那样，真的把"空"误认为是否定一切实有，那世界上为何还有千差万别的事物呢？所以，中观的"空"论，只是说法无自性。就法无自性而言，它是虚无的。而它与西方虚无主义不同之处又在于："亦为是假名，亦是中道义。"（《中论·观四谛品》）"假"就是假设的意思；承认假设，就是承认假有。为什么要承认假有呢？因为如果否定一切，那四谛、四果、四向、三宝等佛法就无法安排了。如果佛法的因果都没了，世间的因果也就不复存在了。可以这样说：正因为是法无自性，所以才有假设；因为是假设，所以才是"空"。因此之故，我们不仅要看到法无自性（"空"），还要看到假设"有"（"假有"），这显然与西方虚无主义否定一切迥然有异——它还承认假有。要之，龙树中论既不着有（实有），也不着空（虚无的空），而是既摧破空又摧破有的中观之道。它是在显示胜义谛的同时，又不脱离世俗义，否则就不能施行大悲心与方便善行。从这个意义上讲，中观论的胜义谛、世俗义是二而为一的。

诚如牟宗三对中观论所总结的那样："有所增益即成执着而落入常见，有所减损即成断灭而落入断见，这都不是中道……'为实有而奋斗'就是求常，是增益见；若认为完全是空无、一无所有，就是减损见。常见、断见均是邪执，不合中道。"[1] 应该说搔到了中观论的痒处，端的精辟。

[1]《中国哲学十九讲》，第220页。

第七章
知其白，守其黑

第一节　显-隐二重性

从海德格尔的观点看，老子的所谓"白"，就是存在者的显现；而他的"黑"，则是存在本身的隐蔽状态。存在躲藏在存在者背后，但却决定着存在者的状态，并由此而显示其意义。也许老子是在提醒人们：尽管知晓那个显现出来的"白"很重要，但那个看不到的"黑"，才是更为原始的、根本的东西，需要牢牢地守护着它。

为了强调"道德"的真朴状态，老子反复申论："常德不离，复归于婴儿……常德不忒，复归于无极……常德乃足，复归于朴。朴散则为器。"（二十八章）这种真朴状态的"无极"，在海德格尔视域中正是被西方传统形而上学遗忘的存在，他要在它面前保持一种谦卑的态度（"羞怯"），因为我们尚未对存在有正确的认识与深入的了解。而存在本身的运作是显-隐二重的，所以要"知其白，守其黑"（二十八章）。海德格尔对老子"知其白，守其黑"的显-隐运作大为赞赏。他说："自行解蔽不光是决不排除遮蔽，而倒是需要遮蔽，才能如其本质现身那样本质地现身，才能作为解蔽而本质地现身。"[1]

---

[1]《无蔽》，《演讲与论文集》，第308页。

那么，存在的显-隐二重又是如何运作的呢？在海德格尔看来，存在既显又隐，或者说，显即是隐，隐即是显。而且，隐比显更本原，因为它源于存在的遮蔽状态。他说：

> 存在者整体之遮蔽状态，即根本性的非真理，比此一存在者或彼一存在者的任何一种可敞开状态更为古老。它也比"让存在"本身更为古老。这种"让存在"在解蔽之际已然保持遮蔽了，并且向遮蔽过程有所动作了。是什么把让存在保存于这种与遮蔽过程的关联中的呢？无非是对被遮蔽者整体的遮蔽，对存在者本身的遮蔽而已——也就是神秘罢。[1]

这里的"非真理"并非是对真理的否定，而是与真理一样本原。海德格尔认为，"非真理不如说是来源于真理的本性"，因为"对于本性化而言，作为非真理的真理的开端性的非本性之'非'，当然指向那存在（不首先是存在者）的真理的尚未经验到的领域"。[2]"真理的尚未经验到的领域"就是存在的既解蔽又遮蔽的状态，这是西方传统思想未曾思考过的一块领地。"非"指向了存在的遮蔽，这是它的本原性所在。

海德格尔以古希腊史诗《奥德赛》为例阐释这种遮蔽状态：在法亚西亚国王的宫殿里，每当歌手德谟多克斯（Demodokos）唱歌时，无论是唱严肃的歌还是唱轻快的歌，奥德赛都会蒙头痛哭，因为是蒙头痛哭，所以没有被在场的人们察觉。奥德赛"是对所有其他客人都隐瞒了涌出的泪水"[3]。其实，他不是隐瞒，而是保持了遮蔽。

---

[1]《论真理的本质》，《路标》，第 226 页。
[2] 译文采自彭富春：《无之无化——论海德尔思想道路的核心问题》，上海三联书店 2000 年版，第 51 页；另可参见《论真理的本质》，《路标》，第 223、227 页。
[3]《无蔽》，《演讲与论文集》，第 296 页。

在奥德赛的保持遮蔽中，我们体会到了希腊的源始经验，即不同于现代的主客-显现思维模式。海德格尔认为，荷马并没有将在场的客人表象为所谓的主体，当然也不会将蒙头痛哭的奥德赛把握为知觉客体。这样就使其他人看不到这个痛哭者变得合情合理了。现代人在公众场合上急不可待地表现或进而炫耀自己，恨不得别人刮目相看，他们自然无法理解希腊人保持遮蔽的经验，但保持遮蔽不是能更好地自行显现吗？这层道理，现代人至死都参不透，他们对抛头露面太习以为常了。现代人的张扬与希腊人的退攫恰形成一个鲜明的对照。老子的"明道若昧，进道若退""大音希声，大象无形"（四十一章）倒是与希腊的经验颇相类。《庄子·庚桑楚》说："夫全其形生之人，藏其身也，不厌深眇而已矣。"也赞许深藏不露的做法，尽管庄子是出于全身养性的目的。《逍遥游》篇还称引隐士许由拒绝唐尧禅让天下的故事，他的"隐"不就是一种更广意义上的保持遮蔽吗？

这里还有另外一层，即奥德赛之保持遮蔽，乃是出于害怕——他害怕法亚西亚人。害怕加强了保持遮蔽的趋势，因为"害怕是把在场者庇护起来，使之进入时时持留于到来中的那个东西的不可触动的切近之中——这个东西的到来始终是一种不断增强的自行掩蔽"[1]。这个东西就是存在，害怕令在场者保持遮蔽且进入存在的近旁，逼近存在。那么，反言之，存在的本性就是自行遮蔽。

奥德赛的保持遮蔽，是怕法亚西亚人觉察呢，还是希腊人的一种经验呢？或者说，二者兼而有之？海德格尔似乎更倾向于后者。他告诉我们："希腊语以其道说方式向我们表明，保持遮蔽——同时也即保持无蔽——对于在场者的其他所有方式来说都具有一种支配性的优先地位。在场本身的基本特征是由保持遮蔽和保持无蔽来决定的。"[2]

[1]《无蔽》，《演讲与论文集》，第298页。
[2] 同上，第296页。

下 篇
中国老子古典学说与西方哲学思想的"视域交融"

第二节　遮蔽与无蔽

海德格尔告诉我们，无蔽是那个已经显露出来且离开了遮蔽状态的东西的基本特征，既然如此，又如何来理解"保持遮蔽——同时也即保持无蔽"这句话呢？至少从字面看，保持遮蔽即等同于保持无蔽，二者是二而为一的。对此，海德格尔引入了"遗忘"这一概念。是遗忘令人浑然觉得自己处于一种无蔽状态，但又有谁不认为这种无蔽正是遮蔽呢？无蔽就其本性而言，是遮蔽的另一种表现形式，它本身就是遮蔽着的，这不是自不待言的吗？不过，话又得说回来，无蔽毕竟与遮蔽有所不同，如果真是二而为一，那还要解蔽干吗？无蔽是依赖于澄明而有所显现，所以海德格尔说："持续的澄明让诸神和人类进入无蔽状态而在场，以至于他们当中没有哪一个能保持遮蔽。"[1] 从在场的角度说，无蔽是澄明对遮蔽解蔽的结果。澄明乃是对在场的允诺，它是一种让存在之物显现，同时又是让存在。

赫拉克利特尤其注重"火"，海德格尔认为，它既是万物的指示物，又是澄明的牵引物。海德格尔说："世界之火灼灼生辉、闪耀、沉思。如果我们把它思为纯粹的澄明，那么，这种澄明不仅是带来光明，同时还带来自由之域，一切（尤其是对抗之物）都在其中得以闪耀。"[2] 显然，它比《庄子·逍遥游》的"爝火"更具有哲学意味。"爝火"仅是一种比喻的说法，它所发出的光亮远不能企及日月之光。所以，庄子借尧之口说："日月出矣，而爝火不息，其于光也，不亦难乎？"

澄明是从遮蔽而来进入解蔽的一种持存，一切被遮蔽者都有赖于澄明的庇护，正如遥远之物归属于远方一样。但是，"澄明的闪

---
[1]《无蔽》，《演讲与论文集》，第315页。
[2] 同上，第314页。

烁本身同时也是一种自行掩蔽，而且在此意义上讲也就是最幽暗晦涩的东西"[1]。世俗之见当然看不到掩藏于澄明之中神秘闪烁的寂静光华，所以"驴吃秕糠，而不要金子"。

我们比较感兴趣的是，海德格尔从《赫拉克利特残篇》中读出了存在的显现与隐藏其实是一回事，就如硬币的正反面一样。比如，海德格尔认为，"永不消失"就是"永不进入遮蔽之中"，决不陷于遮蔽而在其中熄灭，但它仍然献给了自行遮蔽，因为作为"永不进入……"，它始终是一种来自遮蔽的涌现。归根到底，作为涌现的显现，就其本质来说，还是一种遮蔽。所以，显现与隐藏"并不是相互分离的，而是相互喜好的。它们是同一者。在这样一种喜好中，一方赐予另一方自己的本质"，海德格尔引用《赫拉克利特残篇》123的文字"涌现（来自自行遮蔽）赠予自行遮蔽以恩惠"来说明这种赐予。[2] 所以，显现与隐藏，作为同一者是彼此相互接合的一种嵌合，你中有我，我中有你，分而不离，嵌而不合。

海德格尔揭示的存在即显即隐、显即是隐的特性，是一种真正深刻的洞见。形式逻辑在这里是无济于事的。形式逻辑以不矛盾律为基础，它的排中律要求命题非此即彼，否则就没有确定性。比如，排中律认为一个命题不能既不是真的，又不是假的，必须在两个互相矛盾的思想中有所肯定，有所取舍，它的公式是：A 或非 A。形式逻辑只能保证思想在形式上的确定性与一致性，但它不能洞悉思想真正玄奥之处。康德就认为，形式逻辑只解决一个思想形式上的不矛盾，而不能提供真理的充分条件和积极标准。

海德格尔所论存在即显即隐、显即是隐的特性，不是一种形式逻辑意义上的命题，而是一种现象学的描述，这正是希腊人早期的初始经验，它脱出了亚里士多德以来形式逻辑的束缚；或者反过来说，亚里士多德最终确立的形式逻辑是一种离经叛道，是对希腊人

---

[1]《无蔽》,《演讲与论文集》,第321页。
[2] 同上,第302—308页。

早期初始经验的背离与否弃。海德格尔正是要挣脱亚里士多德这种形式逻辑思维模式的束缚，直接面对事情本身，让它如其所是地显示出来。毋宁说，海德格尔的思维模式是显现式的，而非表象式的；是差异的嵌合，而非无矛盾的同一。所以它是形式逻辑的"暴动者与颠覆者"，为哲学思想开出了新路。

同理，形式逻辑对于辩证逻辑而言也是肤浅的，它只要求思想在形式上的确定性与一致性，而不要求思想把握事物、对象的变化发展，特别是事物、对象互相排斥、冲突的两个对立面的转化。而《老子》"有无相生，难易相成，长短相形，高下相倾，音声相和，前后相随"（二章）的辩证观点，不仅看到了事物、对象两个互相排斥、冲突的对立面的存在，也觉察到了它们之间的转化。形式逻辑只注意到了某个时点上事物、对象的确定性与一致性，所以它是静态化的、固置化的；而辩证逻辑则更注重于发展、注重于未来，所以它是动态的、变化的。庄子在《齐物论》篇中提出相对主义的观念，就是不满意形式逻辑的静态化与固置化，他认为，任何事物即使在某个时点上也是"方生方死，方死方生；方可方不可，方不可方可"。生即是死，可即是不可，反之亦然。因为在生中蕴含着死的因子，死随时会来取代生；在可中蕴含着不可的因子，不可随时会来取代可，反之亦然。从发展变化的角度看，这当然是对的；但在某个时点上是否也可以这样认为呢？如果也可以这样认为，那世界上就没有哪怕是稍稍确定或者说稳定的东西了，这样人就没法生活，甚至没法思考。所以庄子的相对主义必然导向虚无主义。

第三节　柏拉图的"洞穴"说 本质上崇尚光明

了解过柏拉图哲学的人，都熟悉他那个著名的"洞穴"比喻。

这个比喻是建筑在其"理念论"的基础之上的。他借苏格拉底之口说:"在凡是我们能用同一名称称呼多数事物的场合,我认为我们总是假定它们只有一个形式或理念的。"[1] 这个理念是一个"共相",已经抽掉了个别事物的具体属性,从逻辑上讲,是最抽象的一般。不过,在柏拉图看来,它代表真正的存在,是永恒不变的,也是其他一切事物的最高和最后的依据。因为,一个事物之所以成为该事物,只有通过理念存在于其中,或者通过该事物对它的分有,才是可能的;现实世界只不过是理念世界的反映或者说摹本而已。不仅如此,理念还具有推动力的意思,它使世界上千差万别的事物成其所是,合乎理念的目的。

且看柏拉图《理想国》第七卷中关于"洞穴"的比喻:

> 让我们想象一个洞穴式的地下室,它有一长长通道通向外面,可让和洞穴一样宽的一路亮光照进来。有一些人从小就住在这洞穴里,头颈和腿脚都绑着,不能走动也不能转头,只能向前看着洞穴后壁。让我们再想象在他们背后远处高些的地方有东西燃烧着发出火光。在火光和这些被囚禁者之间,在洞外上面有一条路。沿着路边已筑有一带矮墙。矮墙的作用像傀儡戏演员在自己和观众之间设的一道屏障,他们把木偶举到屏障上头去表演。
>
> 接下来让我们想象有一些人拿着各种器物举过墙头,从墙后面走过,有的还举着用木料、石料或其他材料制作的假人和假兽。
>
> 他们是一些和我们一样的人。你且说说看,你认为这些囚徒除了火光投射到他们对面洞壁上的阴影而外,他们还能看到自己的或同伴们的什么呢?

---

[1]《理想国》,郭斌和、张竹明译,商务印书馆1986年版,第388页。

下篇
中国老子古典学说与西方哲学思想的"视域交融"

（但是，如果有囚禁者走出洞穴，）就能直接观看太阳本身，看见他的真相了。

接着他大概对此已经可以得出结论了：造成四季交替和年岁周期，主宰可见世界一切事物的正是这个太阳，它也就是他们过去通过某种曲折看见的所有那些事物的原因。[1]

"洞穴"比喻的其他哲学含义暂且不论，世人对它的评价也言人人殊，但囚徒对阳光的向往与渴求，无疑道出了柏拉图对光明的肯定，他确乎认定他的理念就代表光明。在"洞穴"的黑暗中，囚徒只能看到影影绰绰的模糊影像——代表世界上形形色色的事物——而根本看不到真实的理念世界；只有走出"洞穴"，告别黑暗，才能见到阳光——理念。只有借助理念，才能真正看清楚世界上的各种事物。在柏拉图看来，世界上的各种事物只不过是光明的理念世界的影像而已，理念世界是现象世界的终极原因。

由此可知，柏拉图对光明的崇尚，已经脱离了赫拉克利特存在即显即隐、隐决定显的原初思想。后来西方的主流哲学思想对光近乎固执的痴迷，是否导源于柏拉图的阳光——理念论？看来是一定的。不过，海德格尔却是个另类，他更欣赏赫拉克利特的思想，而与柏拉图的理念论分道扬镳。而老子的"知其白，守其黑""明道若昧"，早在两千多年前就已经体悟到了光明与黑暗的变织与交集，世界上的事物从来没有纯白这回事，可谓目光如炬，超迈西方哲人。

老子的这一思想与黑格尔所说的不谋而合，如出一辙："在纯粹的光明中，就像在纯粹的黑暗中一样，什么也看不见。"

[1]《理想国》，第272—275页。

第八章
知止不殆

第一节 去甚、去奢、去泰

《老子》三十二章云:"夫亦将知止,知止可以不殆。"(帛书乙本、傅奕本"可以"作"所以",兹从王弼本)同样的思想,二十九章里也有阐述:"是以圣人去甚、去奢、去泰。"甚、奢、泰都有过限、过度的意思。薛蕙对此句的释读颇得老子本意,他说:"物各有自然之性,岂可作为,以反害之邪?是以圣人去甚、去奢、去泰,惟因其自然而已……物有固然,不可强为;事有适当,不可复过,此老子之本意也。"(《老子集解》)老子还说:"保此道者,不欲盈。夫唯不盈,故能蔽而新成。"(十五章)"此道"当指老子心目中的大道。老子又说:"天之道,损有余而补不足。"(七十七章)知晓思想的限度,不僭越,不越界,不过度,不过分,当止而止,这应该是老子的本意。

如何去解读上引老子数段话的深层含义,颇费思量。现试着作一抽丝剥茧式的解析。

"知止",它的涵义最为宽泛,可指人的一切行动与思想。或许,老子确实是从治世这方面来主张"知止"的,因为,"夫亦将知止"句前,老子说"始制有名,名亦既有",可见,"知止"与政治有关。前贤对此的解释也是如此。如傅山就认为:"始制有名,制即制度之制,谓治天下者初立法制……后世之据崇高者,只知其名之既立,尊而可以常有。"(《霜红龛集·读子》)制度确立,随之有名称,有了名称等于划了界线,有了界限就等于有了限度,所以老子主张"知止"。不过,这样的解读未免过于狭隘。有人认为,"始"指万物的开始,"制"就是"作",是兴起的意思。而"始制有名"即二十八章所言"朴散则为器"的意思。[1] 随着万物的兴起,于是产生了各种名称。这样的解说,将此句提升到哲学思想的层面,是可以首肯的。今人刘信芳对"止"的诠释,颇有新意。他说:"止,包含两层意思:其一,《说文》:'止,下基也。'是事物之根本谓之止,相当于概念的内涵。其二,《史记·赵世家》:'事由所止而功有所出。'《正义》引郑玄云:'止,至也。'是事物所及的范围谓之止,相当于概念的外延。总括老庄诸说,即知事物之所至(范围),亦知此事物与彼事物之联系,方可谓'知止'。"[2] 一言以蔽之,"止"表示事物的范围与界限。

从哲学上讲,老子的"知止"是一种很高的智慧,是一种深刻认识到人的有限性,以及需要保持人与自然、社会、政治权力之间调适而不过分的谐鸣的明智思想。无论是从西方还是从东方的历史经验看,事物(包括思想)的过度膨胀,其后果必然是走向极端。而极端是独断的前兆,反言之,独断必是极端的。思想的极端意味着"思想有被贱卖的危险",思想的节制是一种美德,是对思想的尊重。泛滥无度的思想必无真正的价值可言。

老子欲"知止",正是看到了事物(包括思想)的过分有异化的危险。如果事物(包括思想)超过了它合理的限度,走向极端,就会反身否定自己之所是。对于这种物极必反的规律,老子可谓洞若观火。《老子》四十二章说:"故物或损之而益,或益之而损。"请注意老子"益之而损"的观点,这告诫我们:过头了,反而于物

---

[1] 《老子今注今译》,第199页。
[2] 刘信芳:《荆门郭店楚简〈老子〉文字考释》,艺文印书馆1999年版,第21页。

有害。又说:"物壮则老,是谓不道,不道早已。"(三十章)"物壮则老",也就是"物盛必衰"的意思。"壮",王弼注:"武力暴兴也,喻以兵强于天下者也。"其实,不仅仅是兵事,天下万物无不如此。因为,《易·泰》早就表述过"无平不陂,无往不复"的事物转化思想。为何是"物盛必衰"呢?因为"盛"即意味着过头,就预示着物"老"的到来。而"物老"是不合于"道"的,必然会早早衰亡。思想的过度亦复如此。

"去甚、去奢、去泰",河上公注:"甚谓贪淫声色,奢谓服饰饮食,泰谓宫室台榭。"虽然落入了器物的层面,但我们不难体会到老子一以贯之的顺乎事物之本然、不欲过度、不走极端的思想主张。

"不欲盈。夫唯不盈,故能蔽而新成",强调不盈满,也就是不过度,唯有不盈满,方能去故更新,永远葆其生命的活力、创造的能力。

"天之道,损有余而补不足",是谓大道一定要减损过度的东西,而补充不足的东西。减损过度的东西就是排斥走极端,就是要"知止"。

第二节 "度"的哲学思考

康德从认识论的角度曾对人的认识能力提出过一个限度问题。康德认为,人的认识只能达于"现象界",在这一范围内,人运用"先天综合判断能力",结合源自感性的经验材料,可以建立起一个知识体系。康德的突出贡献在于,他极大地发展了人的认识的主观能动性。他一反"认识符合对象"的传统认识论,而认为应该是"认识建立对象",因为离开人的认识,经验材料一团乱麻,毫无价值。"日心说"就是一个"认识建立对象"的范例。康德总结道:"如果直观必须依照对象的性状,那么,我就看不出人们怎样才能先天地对对象有所知晓;但如果对象(作为感官的客体)必须遵照我们的直观能力的性状，那么，我就可以清楚地想象这种可能性。"[1] 但是，康德并不认为人的认识在"自在之物"方面能有多大作为。诸如关于上帝、灵魂不朽、自由意志等论域，人的认识是不能达于那个彼岸的。人一定要执意超越界限，就是僭妄，就会陷入"二律背反"的困境。这也可以说是另一种意义上的"知止"。尽管人们据此批评康德为"不可知论者"，"给信仰留下了地盘"，而我们倒宁可把它视作是"知性真诚"，因为康德至少承认人的认识的有限性，从而保持一份谦虚，避免走向独断论。过去，我们总是自诩掌握了"宇宙的真理"，发现了所谓的"历史发展规律"，但不都一一破产了吗？我们为此所付出的痛苦代价难道还少吗？

与海德格尔同样盛名赫赫的奥地利语言哲学家维特根斯坦对于思想借语言表达时表露的僭越保持了清醒的认识与高度的警惕，其名作《逻辑哲学论》提醒我们："哲学应当为能思考的东西划定界限，从而也为不能思考的东西划定界限。"[2] 这其实是在为哲学立法，为语言立法。西方传统哲学往往执拗地试图去解决不可思考领域内的问题，造成形而上学本体论的绝对性，从而越出了人类思想之维的界限。在维特根斯坦看来，这是自寻麻烦，自讨苦吃，因为这超出了人思想所能及的范围。维特根斯坦认为："只有在语言休假的时候，哲学问题才会产生。"[3] 他这里的"哲学"正是传统的形而上学。维特根斯坦的划界说，套用老子的语言，就是"知止"：人类在哪些领域内可以有所作为，在哪些领域内只能保持一种审慎的态度，不要恣意妄为，不要自作聪明。对于维特根斯坦而言，"界限"或"边界"这一概念具有核心地位，他在《逻辑哲学论》的"前言"里振聋发聩地说："这本书的全部意义可以用一句话概

---

[1]《第二版序言》，《纯粹理性批判》，李秋零译注，中国人民大学出版社2011年版，第14页。
[2]《逻辑哲学论》，贺绍甲译，商务印书馆1996年版，第49页。
[3]《哲学研究》，陈嘉映译，上海人民出版社2005年版，第24页。

括：凡是可以说的东西都可以说得清楚；对于不能谈论的东西必须保持沉默。因此本书想要为思想划一个界限，或者毋宁说，不是为思想而是为思想的表达划一个界限：因为要为思想划一个界限，我们就必须能够想到这界限的两边（这样我们就必须能够想那不能想的东西）。因此这界限只能在语言中来划分，而处在界限那一边的东西就纯粹是无意义的东西。"[1]

第三节 "异化"问题

老子对人的异化早已洞若观火，他说："甚爱必大费，多藏必厚亡。"（四十四章）意思是说：过分地爱惜自己的名声必定要付出很大的耗费；过多地聚敛财货必定会招致极大的损失。所以，"五色令人目盲，五音令人耳聋，五味令人口爽，驰骋畋猎令人心发狂（高亨认为"发"乃衍文，对照下句"令人行妨"，不无道理），难得之货令人行妨。"（十二章）。这里，我们不难体会到老子厌恶过分的物质行为，他认为这会令人丧失本真，走向堕落。老子"知止""守中"的思想始终是对抗人异化的有力武器。

《庄子·养生主》说："为善无近名，为恶无近刑。"这也是告诫人们不要走极端：做善事不要弄到追求名声的地步，做恶事不要落到遭受刑戮的田地。今人周策纵认为："此二句必须依'养生'主题和全篇推理来解释，却是不刊之论。照我前文分析，此篇开始是要指出两种最基本、最重要足以妨害养生的事情，即在知识、道德追求两方面都走极端。所以'已而为知'是危殆，'为善近名''为恶近刑'也是危殆，都足以伤生。"[2] "凫胫虽短，续之则忧；

---

[1]《逻辑哲学论》，第23页。
[2]《〈庄子·养生主〉篇本义复原》，《周策纵自选集》，山东教育出版社2005年版，第230页。

鹤颈虽长，断之则悲。故性长非所断，性短非所续"（《庄子·骈拇》），也是在证明一切都要适中，要合乎本性，硬走极端必然落得可悲的下场。老子不否认事物的变化，但他主张渐进式的发展，不令它们走极端，而事物（包含思想）一旦趋向极端，就会走到它的反面，与自身相异，并不为自身所控制。所以，老子反复强调说："保此道者（即在浑浊中慢慢澄清，在安定中徐徐趋进），不欲盈。"

这种"走极端"现象在西方哲学中被称作"异化"。"异化"一词出自德文（Entfremdung），原意为转让、疏远、脱离，后来指主体发展到一定阶段，裂变出它的对立面，从而成为一种异己的力量。

在黑格尔那里，"异化"是"自我意识"的溢出，通过消除这种溢出，自我意识向自身返回，并由此实现主体与客体的同一，最终"绝对精神"在逻辑与哲学中得以实现，"异化"自然也被克服，或者说被扬弃了。不难看出，黑格尔的"异化"观念始终是在精神领域里演化的，所以，黑格尔的"正题"（肯定）、"反题"（否定）、"合题"（否定之否定）始终是在意识的圈圈里打转。而马克思则将黑格尔的"异化"概念推广至社会实践领域，即用于考察资本主义条件下工人阶级的历史命运。马克思在考察资本主义条件下工人的劳动时说，"工人对自己的劳动的产品的关系就是对一个异己的对象的关系"，在私有制的条件下，劳动者"亲手创造出来反对自身的、异己的对象世界的力量就越强大，他自身、他的内部世界就越贫乏，归他所有的东西就越少"[1]。"异化"现象出现了。马克思将在资本主义这一特定社会条件下，工人阶级通过劳动产生出来的商品最终变作与自己异己的东西视作"异化"。马克思认为，人的这种"异化"是通过人的对象化即物化而实现的，当然，前提是资本的私有化，并且他认为，随着资本主义的灭亡，随着工人阶级真正成为自己劳动产品的主人（生产资料公有制取代生产资料私

---

[1]《1844年经济学哲学手稿》，人民出版社2018年版，第48页。

有制），这种"异化"现象就会消失。换言之，马克思是把"异化"看作是一定社会历史条件下的特殊变种，而否定了"异化"在社会生活与精神领域中的普适性。

从思想脉络上看，马克思是从黑格尔那儿继承了"异化"的观念，只不过将它的头足颠倒过来，而赋予它现实的社会生活而已。正如马克思在批评黑格尔的精神"异化"时所说的："当他把财富、国家权力等等看成同人的本质相异化的本质时，这只是就它们的思想形式而言……它们是思想本质，因而只是纯粹的即抽象的哲学思维的异化。"[1] "因此，人的本质的全部异化不过是自我意识的异化。"[2] 但事实上，"异化"现象是任一种社会生活的普遍形态，它并不局限于某个或某种特定的社会条件。

卢卡奇分析了"异化"现象的两个方面：从客观方面看，它"是产生出一个由现成的物以及物与物之间关系构成的世界，它的规律虽然逐渐被人们所认识，但即使在这种情况下还是作为无法制服的、由自身发生作用的力量同人们相对立。因此，虽然个人能为自己的利益而利用对这种规律的认识，但他也不可能通过自己的活动改变现实过程本身"[3]；从主观方面看，"人的活动同人本身相对立地被客观化"，在商品社会里，人的活动一旦客体化后，就变成了商品，而商品是服从于社会的自然规律而不再依赖于人的，所以它"必然不依赖于人而进行自己的运动"，即它是以"异化"的形态出现，不能被人所克服、所控制。[4] 卢卡奇"异化"观的论域在"异化"的普适性上迈进了一步，但仍囿于商品社会的范畴。

一直到海德格尔，"异化"现象才完全脱出具体社会历史条件

---

[1]《1844年经济学哲学手稿》，第96页。
[2] 同上，第100页。
[3]《历史与阶级意识——关于马克思主义辩证法的研究》，杜章智、任立、燕宏远译，商务印书馆1999年版，第153页。
[4] 同上，第153页。

下 篇
中国老子古典学说与西方哲学思想的"视域交融"

的束缚,得到更为广泛而深刻的论述,获得了普适的意义。海德格尔所理解的"异化",指的是人由本己的状态向非本己的、无根基的状态的沦落。这种"异化"既不像黑格尔所论的在自我意识内部发生,也不像马克思所阐述的在主体与客体之间发生,而是人本身的存在样式的蜕变,这正是他要时时提醒世人的所在。他说:"这种异化把此在杜绝于其本真性及其可能性之外,哪怕这种可能性只是此在的真实失败的可能性。然而,这种异化并不是把此在交托给本身不是此在的那种存在者摆布,而是把此在挤压入其非本真性之中,挤压入它本身的一种可能的存在方式之中。"[1]

那么,人们读到这些论述,不免要刨根究底地问道:海德格尔所谓"此在存在的本真性状态"究竟是什么?据其《存在与时间》中可知:此在存在的本真性其实就是它基于时间性的能在,就是此在脱离"常人"超越本身的可能性。它具有这样几层涵义:

一是它的先行决断。在此先行决断中,此在摆脱了它的非本己理解,而敞开了对于源始的理解。而正是在对于源始的理解中,此在从眼前操劳的世界中脱身,而去思考更本源的东西,即让此在从忙忙碌碌的存在者状态转向本真的存在状态。但是,这种情形的发生是非常罕见的。因为,通常的情况是此在的犹豫不决,而不是决断。海德格尔说:"只有在个别化中此在才把自己带向其最本己的能在。"[2] 换言之,此在在绝大多数情况下都是因循苟且、随波逐流,只有当此在下定决心,向死而存在,去策划自己能在的种种可能性,特别是更源始地去思,才可能回到本己的状态。此在的先行决断是指向"将来"的,海德格尔的"将来"不是物理意义上的时间性,如"过去、现在、将来"的"将来";他的"将来",是包括曾去、当下的"将来",且由将来规定曾去、当下的意义,犹如由死规定生的意义一样。此在向死而存在,总是指向将来的,因而

[1] 《存在与时间》,第251页。
[2] 同上,第458页。

总是处于"时间性"之中。

二是它承担被抛状态。此在的被抛状态是其宿命,无法回避也无法别作选择。此在既然在世存在,本来就是一种被抛入世的状态。此在承担被抛状态,意味着它结束浑浑噩噩、无所作为,而返回自身如是的"曾在",在"自己走向自己"的旅程中,此在赢获了本己的能在。海德格尔说:"先行的决心本真地来到自身,而这同时又是回到最本己的、抛入其个别化的自身。这种绽出样式使此在能够下决心把它已是的存在者承接下来。"[1]而与此相反的情形通常是:"此在首先总已从它自身脱落、即从本真的能自己存在脱落而沉沦于'世界'。"[2]

三是它展开来的当前化。此在以其应手状态与世内其他存在者照面,它是有所行动的,换言之,它总是操心地寻视着世内的一切,包括非此在的存在者与同它一样的此在存在者。但是,这种当前化的操劳只有在其与将来与曾在联系在一起,才有可能令此在的当前化成为其本己存在的条件。诚如海德格尔研究专家维尔纳·马克思所言:"将来和曾在使得此在能够走向和回返到自身,使得它能够成为一个本真的'自我',而这自我能够'决断地'把握它在其活动中遭遇到的东西,从而能够按照它们的存在意义不加扭曲地'使之当下化'。这一时间样式是此在能够在如此地被决断的境域中实际地'在-此'的可能性条件,是'本真的现在'或'瞬间'[Augenblicklichkeit]。"[3]这里的"当下化""本真的现在""瞬间"就是指此在展开来的当前化。此在向将来的先行决断以及它向自身的回归决定着当前化的意义,只有达乎前者,才能真正使当前化取得一种令此在本己存在的资格。

[1]《存在与时间》,第461—462页。
[2] 同上,第248页。
[3]《海德格尔与传统——存在之基本规定的一个问题史式导论》,朱松峰、张瑞臣译,上海人民出版社2012年版,第106页。

下篇
中国老子古典学说与西方哲学思想的"视域交融"

在《存在与时间》中,海德格尔分析了人的异化的种种表现形式,如:闲言、好奇、两可,最后归结为沉沦。海德格尔并不排斥人的异化,因为他认为这也是人的存在的方式,甚至是绝大多数人的存在方式,但他也绝不赞许这样的存在方式。他之所以时时不忘提醒两千年来人们对于存在的遗忘,就是要人们回归本己的状态,追问存在的意义,寻找更有思想内容与批判锋芒的生存方式,而哲学不就是这样一种生存方式吗?我们现在还不能诗意地生活,这是因为我们还不能反思,甚至还没有为反思的出现做好准备。大众欲望的同质化正是这种反思没有出现的最好证明。儒家说"反身求己",海德格尔提醒我们要去反思,其目的就是要为人找到一个安身立命的所在,避免"异化"的牵引,如此而已。

下面我们来逐一对海德格尔所谓的"异化"形式作解析。

首先是"闲言"。闲言是一种日常话语。当人被抛掷到这个世界后,他就与他人共在于世。既然是共在于世,就不免要交谈,要领会,要解释,以便应对世内的日常生活,所以话语是此在一种生存论意义上的存在样式。否则,人就无法在世上生活,无法就应手状态作出判断与反应。但是,归根究底,人的闲言已是有人说过的,因而也已有一种领会与解释在内。不过,闲言"所说的语言已经包含有一种平均的可理解性,按照这种平均的可理解性,传达出来的话语可达乎远方而为人领会,而听者却不见得进入了源始领会话语之所及的存在。人们对所谈及的存在者不甚了了,而已经只在听闻话语之所云本身。所云得到领会,所及则只是浮皮潦草的差不离。"[1] 闲言说到底就是人云亦云、鹦鹉学舌,还以"陈词滥调"的方式广为传布,甚至权威的意见、官方的舆论也归入此列。在"舆论一律"的社会环境下,个人更容易被所谓的公众意见控制,绝少还会有自己独特的己见,即使偶尔有,也难免为举国上下的众

---
[1]《存在与时间》,第238页。

口一词消解掉。极少数特立独行的意见领袖,则被视为异类而遭到讨伐。闲言虽为常人的存在方式之一,不应该受到非难与指责,但它无疑是人的本质异化的表现形式。而将此在从常人的公论与闲言之中拉回来,予以当头棒喝的是一种呼唤。这种呼唤提供了此在打断听常人而听此在自己的可能性条件。海德格尔认为:与那种迷失了的听沉迷于日常"新奇"闲言中各种各样模棱两可的嘈杂不同,另一种呼声必定以不嘈不杂、明白单义、无容好奇立足的方式呼唤着,"以这种方式呼唤着而令人有所领会的东西即是良知"[1]。是良知的呼唤将此在从闲言(听常人也是闲言的一种形式,因为只有听,才有谈,对此是听,对彼是谈,听常人就是跟随众议而已,它了无新意)中打回,而出现转向倾听自己的另一种可能性。

其次是好奇。海德格尔将好奇的性质归为三类,前两类为具有组建作用的环节,而后一类是由前两类奠基的。前两类分别是不留逗于操劳所及的周围世界与贪新骛奇。此在不留逗于操劳所及的周围世界,即当操劳处于休息状态时,此在从应手事物,也就是日常的周围世界中抽身出来,进入到一个自由的世界。平时,此在在世消散于操劳所及的周围世界,与世内的其他存在者照面,辛苦忙碌,只及于眼前的具体事物。在此在的此番操劳中,寻视始终起着引导的作用。寻视揭示着此在上到手头的东西并将它保持在揭示的状态中,"寻视为一切操持办理工作提供着推进的轨道、执行的手段、正确的机会、适当的时刻"[2]。而寻视本身是由一种叫做"看"的感觉活动引起的,故海德格尔引用奥古斯丁的话说,在进行认识活动时,眼睛具有某种优先性。一旦当此在从眼前的具体事物中脱身出来后,就不再留逗于操劳所及的周围世界,而置身于无拘无束的寻视之中,寻视将此在带到遥远陌生的世界之中。"此在寻找远方的事物,只是为了在其外观中把它带近前来。此在一任自

---

[1] 《存在与时间》,第374页。
[2] 同上,第243页。

己由世界的外观所收揽;它在这种存在样式中操劳着摆脱它自身,摆脱在世,摆脱对日常切近上手的东西的依存。"[1] 问题在于,此在虽然摆脱了日常切近的上手之物,但它对于世界的"看"仍然是"看"外观,并没有深入到世界的内里,从而也根本不能真正领会存在的意义。所以,组建好奇的不留逗于操劳所及的周围世界,反而令此在茫然不知所措。而出于好奇的"看"还将此在不断地从一个新奇跳跃到另一个新奇,也就是贪新骛奇。好奇的追求新花样,仅止于有所知而已,它并非为了有所知地在真相中存在。好奇同希腊所谓的惊奇是两码事。好奇是心有旁骛,追新猎奇,而惊奇是对"一是一切"的惊奇。从"是"具有"聚集"之义,我们读懂了希腊人原初的思维经验,而能充分理解存在的源始的意义。由这两类决定的好奇的第三种性质就是它丧失去留之所的性质。好奇到处都在而无一处在,因为它已在这种存在方式中被连根拔起。此在的无家可归,正反映了现代人漂浮无据的异化状态。好奇与闲言是一对孪生兄弟:闲言控制着好奇的方式,而好奇则将自己到处都在而无一处在的状态托付给闲言。海德格尔故意用一种带有讽刺的口吻说:"没有什么对好奇封闭着,没有什么是闲言不曾领会了的;它们自担自保,满以为自己——亦即如此这般存在着的此在——正过着一种真实而'生动的生活'呢。"[2]

再次是两可。所谓"两可",在中文里是"无可无不可"的意思。孔子曰:"虞仲、夷逸,隐居放言,身中清,废中权。我则异于是,无可无不可。"(《论语·微子》)孔子认为自己同这些逸民不一样,既不求进,亦不求退,所以叫"无可无不可"。后来一般理解的"无可无不可",是指依违两可,毫无主见;而成语"模棱两可"是说人对事情的态度暧昧模糊。海德格尔的"两可"是常人的一种在世方式,是生存论的一个术语。它说的是,此在一般都接

[1] 《存在与时间》,第243页。
[2] 同上,第244页。

受常人对事对物的意见,但又无法判定什么东西在真实的领会中展开了而什么东西却不曾展开,或者确切地说,此在不能区分流俗之见与真知灼见的不同性质,而只能采取一种骑墙的"两可"态度。此在的"两可"态度从根本上说其实是远离真理而迁就俗见。"两可"使此在对事对物好像都领会了、把捉到了,而且也能说出来。当然,这一切都是因为常人已经为它提供了平均的理解、现成的答案。"两可"的此在还好发议论,雄辩滔滔。它甚至能够先行觉察,但遗憾的是,这种以先行觉察而来的捕踪捉迹,通常得自道听途说,而真正能够捕捉一事踪迹的,总是不事声张,悄然进行。一旦此在预料与觉察的事情付诸行动,这种"两可"的操心立刻就会扼杀对实现了的事业的兴趣,而转向新的注意点。所以,兴趣来也匆匆,去也匆匆,只因兴趣并不源于对存在的原始理解,而仅仅是好奇与闲言。好奇与闲言求快、求新,不断地从一个注意点转向另外一个注意点,这"让真实的创新在来到公众意见面前之际已变得陈旧",因为"投身去做的此在缄默无语地去实行,去尝真实的挫折,它的时间……本质上比闲言的时间来得缓慢"。因此,海德格尔有意提醒大家:"唯当进行掩盖的闲言失去效力而'一般的'兴趣死灭之际,真实的创新才会在其正面的可能性中得到自由。""两可"的态度还消减了此在实施与行动的能力。从表面看,似乎"最响亮的闲言与最机灵的好奇'推动'着事情发展;在那里,日日万事丛生,其实本无一事",只是庸人自扰而已。"两可"的态度不仅于理解真理无补,甚且揭示了此在丑陋的一面:它是此在彼此的一种窥测,一种偷听,"在相互赞成的面具下唱的是相互反对的戏",彼此都在算计对方,尔虞我诈,勾心斗角。这不是人的本质的异化又是什么呢!不过,"两可"并非是此在的先天缺陷,当此在被抛入于世之际,"两可"已然在世人的共处之中,先行支配着此在。所以说,它毋宁是此在的一种宿命。这是由此在的存在结构所决定的。但在公众场合,这种"两可"是被掩盖着的,因为"人们总是小心翼翼地不让对这种存在方式的这样一种阐释切中常人解释事情的方式"。[1] 常人的这种处世态度甚至连讳疾忌医也谈不上，只是懵然不知罢了。闲言、好奇、两可均不是人的本质性力量，它们只是对于世界的一知半解、浮光掠影，并没有沉到事物的本质之中进行深思，去源始地领会存在的意义，故它们是一种非本己的理解，不可能有真实的创新产生。

最后是沉沦。沉沦是闲言、好奇、两可的集中表现。沉沦即沉沦于世，沉沦于与他人的共处之中。海德格尔在谈及沉沦时，显露了自身思想上的矛盾：一方面，他认为沉沦是此在本身的生存论规定，是它先天的存在结构，既然如此，它并不表示任何一种伦理的、宗教的负面评价，当然不存在"好"与"坏"的评判。它不可能在人类文化的进步阶段被消除，事实上也根本无法被消除。它与此在如影随形，须臾不离。而另一方面，他又数落了沉沦的种种不是，告诉我们："共处是靠闲言、好奇与两可来引导的，而沉沦于'世界'就意指消散在这种共处之中。我们曾称为此在非本真状态的东西，现在通过对沉沦的阐释而获得了更细致的规定。"[2] 沉沦是此在非本真状态的东西，显然是一种消极的现象，一种人的本质的异化。海德格尔的这一思想矛盾，正反映了他尚徘徊于存在论与哲学人类学两种哲学思想之间。他试图摆脱哲学人类学的影响，纯从存在论的视角去阐释此在在世的情状，但又不时露出哲学人类学的痕迹，其中丹麦克尔凯郭尔与德国舍勒的影子时有闪现。

克尔凯郭尔反对传统哲学，特别是黑格尔的"纯粹思辨"哲学，主张人在世界的生存才是哲学应该真正要关心的。他说："何谓生存？生存就是无限和有限、永恒和时间所生的那个孩子，因此它持续地奋斗着。这是苏格拉底的意思：因此，爱就是持续奋斗着的，也就是说，思维主体生存着。只有那些体系制造者和客观思想

---

[1]《存在与时间》，第245—247页。
[2] 同上，第248页。

家才停止为人，他们变成了植根于纯粹存在之中的思辨思想。"[1]人在世界的生存，以及他的种种展开的情状，是克尔凯郭尔存在主义哲学所关注的一个中心点与聚焦点。克尔凯郭尔为此还提出了人的生存的三境界说，即审美的、伦理的、宗教的三种境界。审美论者敏锐地发现，我们的生活世界与我们自身的存在充满了不可调和的矛盾，存在着从对立面的一端向另一端转化的可能性。比如，忧郁者最滑稽，富有者最恬静，浪子最道德，怀疑者最具宗教性。而我们根本无法走出这些矛盾所构成的怪圈，最后只能堕落到对人生虚无的慨叹之中。伦理论者一方面认同黑格尔矛盾可以消解与调和，另一方面又强调这种消解与调和不能应用于未来，因为在矛盾得到化解之前它已经在场了，所以关键是人的选择，即著名的"非此即彼"的选择，而伦理的要义即在于选择。这种选择无关乎"思辨存在"，而恰恰是自由的个体的主动行为，是一个动态的、充满多种可能性的过程。最后，克尔凯郭尔将人的行为归到上帝那儿。他认为，人的生存只有上升到宗教阶段，才能摆脱空虚孤独之感，消除忧虑畏惧之心。宗教是人生的最高境界。克尔凯郭尔也因此成为一个神学存在主义者。克尔凯郭尔突出了人的主体性地位，而海德格尔在《存在与时间》里用"此在"代替人的称谓，就是要避免跌入"主体性的陷阱"，试图划清与"主体论者"的界限。但是，海德格尔对此在生存论的种种情状描述，不难发现其受克尔凯郭尔"主体性"的影响，更不要说他对"畏"与恐惧区别的论述，是直接取自克尔凯郭尔的论述。

德国哲学家舍勒的哲学人类学同样对海德格尔有挥之不去的影响。舍勒的哲学人类学是将哲学聚焦于人的生命。人以及他的精神，在舍勒那儿得到了一种新的提升。舍勒认为，相对于动物不得不受制于其所处的环境来说，作为精神性生物的人是向世界开放

---

[1]《最后的、非科学性的附言》，王齐译，中国社会科学出版社2017年版，第67页。

的。他说:"人因而是这样一种 X,他能够在无限的尺度中'世界敞开地'行为。"[1] 人的精神使人拥有将本质与此在相分离的能力。人能不受其环境的制约,从其环境中"转身"出来,而对他周遭的世界回敬一个强有力的"不"。人之所以能说"不",是因为人是精神性的生物,具有一种作为精神之技艺的"现象学还原"的能力。[2] 当然,舍勒也认为,精神是无力的,它须得人的原始冲动才能获得力量,才能实现其现实性。但无论如何,精神性是一个"决定的因素",它规定了人生命冲动的方向。舍勒对精神的第二个重要规定,就是人能思考自己,发展对自身意识的能力。而在海德格尔那儿,此在作为人的代名词,当然不像舍勒那样天马行空,独往独来,而是有历史性与时间性的限制。不过,海德格尔将此在抬高到唯有它才具有追问存在意义能力的地位,这与舍勒赋予人膨胀的精神性能力一脉相承。海德格尔前期受舍勒思想影响的痕迹非常明显,无怪乎海德格尔在 1928 年的马堡演讲中说:"舍勒死了,哲学之路又一次重归黑暗。"

从主观上讲,海德格尔是极力想摆脱哲学人类学的束缚,去开启一个更广阔的存在论的视域,但这一直到他后期思想转向后才得以实现:即从前期对此在的追问转到后期对存在及其历史本身的追问。这一思想转向的重要标志,就是他于 1935 年发表的名作——《形而上学导论》。书中,海德格尔明确提出:"追问人的问题绝不是一个人类学问题,而是一个具有历史性的后物理学(meta-physische)的问题。[在传统的形而上学(Metaphysik)范围内,这个发问根本上还是在讲'物理学'(Physik),所以它问得还远远不够。]"[3]

[1] 《人在宇宙中的地位》,张柯译,商务印书馆 2024 年版,第 39 页。
[2] 参见 Eberhard Avé-Lallemant, "Die phänomenologische Reduktion in der Philosophie Max Schelers", P. Good, *Max Scheler im Gegenwartsgeschehen der Philosophie*, Bern & München, 1975, S.159－178.该文中译收录于方向红编:《转向中的现象学运动》,中山大学出版社 2021 年版,第 79—97 页。
[3] 《形而上学导论》,第 169 页。

但在他前期思想中，哲学人类学的痕迹是抹不掉的。

沉沦具有引诱性。为什么此在更愿意自己让本身在常人中失落，堕落到无根基的状态中呢？现在可以说，此在本能地具有一种沉沦的倾向，这种沉沦的引诱性就在于此在的在世，因为此在在世依靠的是公众的意见，公众意见不产生真理，反倒引诱此在沉沦下去。此在无时无刻不处于一种沉沦状态之中，但很少有人意识到这一点，相反，绝大多数人还以为自己过的是一种完满真实的生活。"这种自以为是把一种安定带入此在；从这种安定情绪看来，一切都在'最好的安排中'，一切大门都敞开着。沉沦在世对它自己起到引诱作用同时也起到安定作用。"[1] 在海德格尔看来，此在的沉沦是一种常态，绝大多数人脱不了沉沦的命运；惟有极少数人能幡然悔悟，听凭良知的呼唤，以自己的决断，向着本己的能在一跃，复归于源始的所在。沉沦于世，此在被闲言、好奇、两可所操控，似乎有一种包罗万象的领会，但在此状态下的此在并不知晓它究竟要加以领会的是什么。领会唯此在独有，它是此在的能在，这种能在唯有在此在最本己的状态中方始变成自由的。如果此在在所谓的安定作用下进行领会，那么"此在就趋向一种异化。在这种异化中，最本己的能在对此在隐而不露。沉沦在世是起引诱作用与安定作用的，同时也就是异化着的"[2]。海德格尔强调，此在的这种异化并不是将此在交付给本身不是此在的其他存在者摆布，而是将自己拘禁于本身之中，也就是把此在挤压入其非本真的状态之中。意思是说，此在的异化不是外在的（如马克思与卢卡奇所设想的那样），相反，它是内在化的，这就剔除了异化的具体历史形态，具有更泛化的意义，因而也显得更为深刻。黑格尔的异化论尽管也是内在化的，即在自我意识的范围内论述异化，但正因为是在自我意识的范围内，所以这就没有现实性的力量。马克思是从私有制的历

---

[1]《存在与时间》，第250页。
[2] 同上，第251页。

史条件下,阐述工人阶级的异化,但如果消除了产生这种异化的历史条件,人就不会异化了吗?事实上,异化作为一种此在存世的方式,是与此在如影随形的,所以海德格尔并没有去刻意地谴责这种异化,他说:"沉沦揭露着此在本身的一种本质性的存在论结构,它殊不是规定黑夜面的,它组建着此在的一切白天(Tage)的日常(Alltaeglichkeit)生活。"[1] 换言之,此在的沉沦是一种日常生活的常态,要将它从非本真的状态转变为本真的状态,并不依靠外力,本己的生存在生存论上只是一种改变了的对日常生活样式的把握而已。

所以,海德格尔将沉沦定性为:此在从它本身跌入它本身中,跌入非本真的日常生活的无根基状态与虚无中。此在的这一"跌",并非外力牵引,倒是它在世的生活样式:只要此在作为是其所是的东西而存在,它就不可避免地处于一种被抛掷状态且被卷入常人的非本真状态的漩涡中。所以,从本质上说,此在的沉沦就是一种不断从本己的状态拽开,从各种本真的可能性筹划处拽开,而与常人的视野合在一起的活动。这种活动的标志就是漩涡。

沉沦与本己存在都是此在存世的可能性,关键是如何把握它。海德格尔对克服沉沦,走向本真的解决方案是"诗与思",归根结底是一种精神性的东西。他说:"精神既不是空空如也的睿智,也不是毫无羁绊的机智游戏,既非无休无止的知性拆解,更非什么世界理性。相反,精神乃是向着存在之本质的、有着源始性的谐和情调的、有所知晓的决断。"[2] 如果说,有所知就是有所发问,那么,诗与思就是对存在本原的最好的发问方式,诗人与思想家就是最佳的提问者与探索者。人唯有在诗与思中才能摆脱异化,回复"自我",生活或活动于本真之中。

---

[1]《存在与时间》,第253页。
[2]《形而上学导论》,第58页。

第四节　海德格尔批判"本质论"与"虚无论"

海德格尔之所以被称作伟大的思想家，在于他为西方哲学划出了一个崭新的天地，让人用另一种眼光去审视传统的西方思想史。他本人则以临界的姿态，向传统形而上学本体论的绝对性发起致命的攻击，一举击垮了它赖以成立的基础；与此同时，他也无情地抨击虚无主义，尖锐地指出：虚无主义从表面上看，似乎是对传统形而上学本体论的否弃而走向另一个极端，但究其实质，它不过是形而上学本体论的变种，仍然囿于形而上学的藩篱之内。

在批判传统形而上学本体论时，海德格尔着重分析了古代希腊哲学代表人物亚里士多德与德国古典哲学集大成者黑格尔。

海德格尔终其一生都在追问存在如何及其意义。他首先发现：传统形而上学本体论在存在这个问题上摔了一个大跟斗，即将存在等同于存在者，分不清二者的根本区别，最后导致对存在的遗忘。一部西方形而上学史，在海德格尔看来，就是一部存在的遗忘史。因为遗忘了存在，所以人失去了根基。从这个意义上说，西方传统的形而上学走入了死胡同，在理性工具论的主导下，人忘乎所以，狂妄自大，就好像如索福克勒斯的悲剧《安提戈涅》第一合唱诗里形容的："他（指人——引者）学会了怎样运用语言和像风一般快的思想……什么事他都有办法，对未来的事也样样有办法。"而实际情况如何呢？人确实有办法，也取得了不少成就，但归根结底，人被形而上学思想统治，从而被现代技术掌控，以至于深陷泥潭。

人的这种历史性的命运，如果我们要追溯它的思想根源，恰恰就在于古希腊的哲人中。比如，亚里士多德所关注的是存在者，而非存在本身。在其《形而上学》第四卷第一章中，他想知道居于存在者之上的那个存在究竟是什么，而为了把捉这个存在者之上的存在，就必然要超越具体的存在者而指向——所谓的"物理学之后"——存在，这样的探寻，只能看到存在的一个特定的方面，一个诸如终极原因之类的东西，而不能看到存在本身的发生事件。所以，归根结底，他还是将存在看成了存在者。

第九章
绝巧弃利

第一节　老子否弃"巧"与"利"

《老子》十九章提出要"绝巧弃利",五十七章认为:"人多利器,国家滋昏;人多伎巧,奇物滋起";海德格尔在20世纪50年代发表著名演讲——《泰然任之》,对技术表示了厌弃的态度。所处的时代相去甚远的老子与海德格尔为何不约而同地对技术(伎巧)持否定态度?技术(伎巧)的利弊何在?它们是利大于弊呢,还是弊大于利?技术(伎巧)的本质是什么?这值得我们深思。

对于海德格尔所谓的"技术",我们现在的理解不会产生歧义。它指的是人们利用现代科学的研究成果,将其在生产领域里推广运用,并使之定型化、产品化的那个东西。我们生活在世界上,每天都在与它所生产出来的产品接触,须臾都离不开它。而老子所谓的"伎巧"的涵义,则见仁见智,并无定论。所以,我们有必要先研究下它的字义训诂,看看究竟它是什么意思。

先整体解释"伎巧"一词。《鬼谷子·捭阖》:"度权量能,校其伎巧短长。"陶弘景注:"伎巧,谓百工之役。"百工是古代手工业人的总称,《论语·子张》"百工居肆,以成其事"可证。据此可知,伎巧在古代指手工艺人的一种活计、一种技艺,与西方现代技术判然有别。

再分别解释"伎"与"巧"。伎,《说文解字》:"与也,从人,支声。"但马叙伦《说文解字六书疏证》云:"疑伎为技之异文。玄应《一切经音义》引《仓颉》:'伎,有艺能也。'"马说是。多种《道德经》古本中"伎"作"技"。技正有技能、技艺的意思。巧,《说文解字》:"巧,技也。"但对于巧是何种技能,学者的意见产生了分歧。丁原植《郭店竹简老子释析与研究》认为:"巧,指特殊的技能。此处意指'治理政务的技巧'。"但他接着引用的《庄子·天地》中所谓的"类似的说法"又恰好否定了他上述的解释。且看《庄子·天地》的原文:"有机械者必有机事,有机事者必有机心。机心存于胸中,则纯白不备;纯白不备,则神生不定;神生不定者,道之所不载也。"此话是一为圃者回答子贡为何弃用桔槔抽水时说的。在为圃者看来,桔槔是一种抽水的机械,如果使用它,就会产生机心;有了机心,胸次就不能保持纯洁空明;不能保持纯洁空明,就会心神不定;心神不定,就不能载道。庄子的那个"技巧"是从机械而来的,与"政务"毫无关系。这正可证明,技巧最初确实是与机械、工具有关联的。裘锡圭说得对:"'绝巧弃利'主要大概指抛弃巧妙、精良的工具和技术。《庄子·天地》所述的为圃丈人拒绝使用桔槔汲水的故事,表达的就是这种思想。"[1]

第二节 "绝巧弃利"思想产生的社会历史背景

老子"绝巧弃利"的反技术思想,有它深刻的社会历史根源。中国春秋战国时期是一个被史家称为"礼崩乐坏"的时期,以宗法为纽带、以家族制为主干的延续数百年的周礼,因为社会状况的变

---

[1]《关于〈老子〉的"绝仁弃义"和"绝圣"》,《出土文献与古文字研究》第1辑,第5页。

化,遭到空前的挑战,出现严重的危机。

一般史籍认为,周礼是周公旦制定的。《左传·昭公二年》载,当时晋国的韩起到鲁国,"观书于太史氏,见《易象》与《鲁春秋》,曰:'周礼尽在鲁矣!吾乃今知周公之德与周之所以王也。'"周公旦是辅佐成王并最终成就周业的关键人物,其子伯禽周初分封于鲁,成为鲁国的始祖。所以,周礼在鲁国粲然大备,是情理之中的事。韩起观周礼,时在鲁昭公二年(公元前540年),周室早已式微,但周礼仍颇可观。这说明,周礼的衰微是一个历史过程,其起点从春秋开始,下至战国基本完成。秦始皇"焚书坑儒"是对周礼的致命一击。

春秋战国五百多年间,中国历史发生了突破常规的变化。钱穆《国史大纲》对此概括有如下数端:郡县制的推行,以国家统辖的郡县取代贵族社会世袭的采邑;井田制的废弃,土地私有抬头;农民军队的兴起;工商都会的发展;山林川泽的解禁;货币的使用。

其中最具深远意义的变化是井田制的废弃,这表明土地国有嬗变为土地私有,生产关系出现根本性的变革。井田制是土地公有制,其情形如《孟子·滕文公上》所言:"方里而井,井九百亩,其中为公田,八家皆私百亩,同养公田。"公田的收入都为贵族所攫取;而八家各自所私百亩的收成,大概可以维持这些农户的生计。鲁宣公十五年(公元前594年),鲁国实行"初税亩",井田之外土地的私有开始合法化。对此,《公羊传》解释道:"初者何?始也。税亩者何?履亩而税也。初税亩何以书?讥。何讥尔?讥始履亩而税也。何讥乎始履亩而税?古者什一而籍。""什一而籍"是否即"什一而税",历来有争论。孟子对此是持肯定态度的。他说:"周人百亩而彻,其实皆什一也。彻者,彻也。"(《孟子·滕文公上》)《论语·颜渊》郑玄注云:"周法什一而税谓之彻。彻,通也,为天下之通法也。""什一而税"即贵族从庶民私田的收成中抽取十分之一作为上缴的税赋。春秋以来,土地公有与土地私有出现此消彼长的发展趋势，土地私有化不断蔓延，以至于各国统治者不得不在法律上承认其合法性。到了春秋末战国初，中原各国已普遍采用按亩征税的制度。土地私有的合法化，有利于调动农民的积极性，从而促进农业生产的大幅提高。

然后是工商业的发展。这与商品经济的抬头有关，当时，社会生产力的提高、交通运输条件的改善，大大促进了商品市场的发展。商人为"市贾倍徙"而不避"关梁之难，盗贼之危"（《墨子·贵义》），奔走于四方。春秋末年，范蠡助勾践灭吴后，离越入齐，又从齐到达陶邑，在此定居经商，人称"陶朱公"，"十九年之中三致千金"（《史记·货殖列传》），后代修业，家产富至巨万。工商业的发达，又促进了工商都会的发展，如宋的陶邑、卫的濮阳就是比较出名的工商都会，洛阳与阳翟亦居其列。需注意的是，但我们对此的评价不宜太过，毕竟当时自然经济才是社会经济的主要形式。

最后是郡县制的推广。县这一地方行政单位，春秋初年就已出现，它与分封给卿大夫的采邑不同，是国君直接统治的地方，有国君直接控制的政治与军事组织，还有征赋的制度。至春秋末年，"郡"出现。发展至战国，郡县制迅速扩展，以取代卿大夫的采邑。秦统一六国后，遂将郡县制推广到全国，成为划一的行政单位，完成了中央集权的直接统治。

社会经济、政治形态的巨大变化，令原来周公制定的以亲亲、尊尊为核心内容的周礼受到严峻的挑战。对于周礼的疲敝，儒家与道家采取两种完全不同的态度。以孔子为代表的儒家主张在全盘肯定周礼的前提下，对其进行修补、润色。孔子对周礼很是激赏。他说："周监于二代，郁郁乎文哉！吾从周。"（《论语·八佾》）他认为，当时的社会变革是"天下无道"。他说："天下有道，则礼乐征伐自天子出；天下无道，则礼乐征伐自诸侯出。"（《论语·季氏》）孔子完全接受周礼基于宗法、等级基础之上的亲亲、尊尊的内容，主张父子相隐、孝悌，反对僭越，反对狎大人。他对周礼的修补、润色，主要体现在仁、义、礼等方面。道家则走上了另一条截然不同的路子。道家认为周礼已徒具虚文，不值得挽救；儒家对周礼进行的修补、润色，道家也不认可，反而觉得是多此一举，并表示了相当的不满。比如，孔子鼓吹"克己复礼为仁"（《论语·颜渊》），老子就针锋相对地指出："夫礼者，忠信之薄而乱之首。"（三十八章）老子将"道"提升至其学说的顶端，德次之。他说："故失道而后德，失德而后仁，失仁而后义，失义而后礼。"（三十八章）

"大道废，有仁义"（十八章），老子主动提及儒家的"仁义"，并尖锐地对立起来。在老子看来，儒家为补苴周礼的罅漏而提出的主张，不但不能挽救周礼的颓堕、衰败，反而给社会增添了新的麻烦，结果使得天下扰扰攘攘，所以老子坚决要"绝仁弃义"（十九章）。

老子"绝巧弃利"的反技术思想就是在上述背景下产生的。老子对一切后天人为的设施、人为的计谋均持反感的态度。"道法自然"（二十五章），这里的"法"是取法、效法的意思。道是天、地、人的最高规定，但它仍需效法自然。所谓"自然"则是天地、山川、河流、草木、空气等的总和，是一种原始状态的东西，这是就其本义而言。作为引申义，它又指生成发展、自给自足、毫无挂碍的自然境界。无论是本义还是引申义，自然都有摒绝一切后天人为的意思。老子又高扬"道常无为而无不为"（三十七章）。"无为"在这里不是无所作为的意思（如果是那样的话，道如何能够生成天地万物？），而应是指不妄为，即顺乎自然的本性行动，所以，王弼注云"顺自然"。对于"无为"，日人福永光司《老子》解释得最好，他说："老子的无为，乃是不恣意行事，不孜孜营私，以舍弃一己的一切心思计虑，一依天地自然的理法而行的意思。"正因为道能够顺乎"天地自然的理法而行"，所以才能无所不为，才能成就世界上的一切事情。大道的施行正在于它的不造作、不计谋,它的顺势而为。明乎此,我们就不难理解老子为什么会对"奇技淫巧"加以否弃,因为"奇技淫巧"正是典型的人为制作,足以妨碍"大道"的施行。

老子还主张"绝智弃辩"(据郭店竹简本,王弼本作"绝圣弃智"),因为"智"与"辩"无非就是人的智谋、辩才,这种智谋、辩才也许在应对人事方面有其作用,甚至可能是相当重要的作用,如春秋时期孙武的"足智多谋",战国时期苏秦、张仪的"辩才无碍",但于老子的"道"却恰恰是一种妨碍、一种损害。与道相通,悟道有得,得道而行,都要"见素抱朴,少私寡欲"(十九章),都要摈弃智谋与辩才,这才是老子行"大道"的奥秘所在。老子的"藏愚守拙""善者不辩"针对的正是智谋与辩才。"奇技淫巧"是一种用于机械制造上的智谋,或者说"心思计虑",老子焉能不加反对呢?

第三节 海德格尔的"泰然任之"

海德格尔的著名演讲《泰然任之》发表于 1955 年 10 月 30 日。当时,海德格尔的家乡梅斯基尔希正举行德国作曲家孔拉丁·科劳泽诞辰 175 周年纪念会。海德格尔应该市市长邀请,在纪念会上发表演讲。演讲中,海德格尔阐述了他筹之已久的重要哲学思想——"泰然任之"。这一思想是他多年思考并一再坚持的,故与他早前的观点一脉相承。海德格尔最早关于"泰然任之"的集中讨论,可追溯至写于 1945 年的虚拟对话——《Ἀγχιβασίη [接近]:一位研究者、一位学者和一位向导之间的一次乡间路上的谈话》。这次旧论重提,说明了他对此观点的重视与坚持。

不过,我们在讨论海德格尔"泰然任之"思想之前,先看一下当时的世界大势。1955年，二战结束已有十年，世界局势演变为资本主义国家与社会主义国家这两大阵营的彼此对峙。冷战阴霾之下，虽然政局紧张，但经济与科技的发展却是日新月异。美国的发展自不待言，欧洲在"马歇尔计划"的刺激下，走出了战争阴影，进入经济发展的"黄金时期"。联邦德国在战后的快速发展就是一个典型案例，这也从一个侧面说明了资本主义世界经济的大踏步前进。联邦德国是海德格尔的祖国，这给他提供了一个审视世界大势的上佳窗口。苏联作为社会主义阵营的"领头羊"，虽仍在实行高度集中的计划经济模式，但此时已开始尝试扩大地方与企业的自主权，也在促进与深化20世纪30年代开始的工业化进程。同样令人瞩目的是，经济繁荣带来了科技的长足进步。其中，电子与通讯领域的关键技术获得突破，从而加快了产业化的步伐。而这些新设备又反过来服务企业，促进其他产业的发展。以电视为代表的大众媒介扩大了人们对政治、经济、文化、军事以及其他社会领域的认识，对新技术的传播起到了推波助澜的作用。美苏两国加紧军备竞赛，大力推进核武库的建设。继1945年美国成功试爆世界上第一颗原子弹后，苏联也于1949年研制出了原子弹，世界进入原子时代。核能被逐步用于工业部门，成为新的能源。对此，海德格尔说："因此，在今天，核物理及其技术人员无处不在，力图实现核能在广泛的各种规划中的和平利用……核能可以成为巨额交易……随着核能的兴起，一个如此巨大的能源为人类所知了，以致在可预见的时间内世界上各种方式的能源需求将一劳永逸地得到满足……地球上的每一个地方都能够建立起核电站。"[1] 说核能将使能源需求一劳永逸地得到满足，这未免过甚其辞了，但说地球上的每一个地方都能建立核电站，这一点倒颇有些预见性的。

在这场作曲家孔拉丁·科劳泽诞辰纪念会上，海德格尔提议，

---

[1]《泰然任之》，《海德格尔选集》，第1235—1236页。

下 篇
中国老子古典学说与西方哲学思想的"视域交融"

对这位音乐艺术家的纪念方式应是将他的作品化为乐声,"鸣响为歌与合唱,歌剧和室内乐",让艺术家通过这类演奏,现身于乐声中。而且,"大师于作品中的当前现身显然是唯一真实的当前现身",因为演奏的正是他自己创作的音乐作品。[1]

如果事情到此为止,海德格尔也就没有太多的话要讲了,因为他不是一个音乐家或音乐评论家,他对孔拉丁·科劳泽的作品也未见得有比别人更加什么高明的见解。显然,海德格尔志不在此,他是要借这个演讲机会,阐述其重要哲学思想。所以,他话锋一转,说道:"我们思想,这当然是一个纪念庆典不可缺少的。"海德格尔要人们"思索某种在其本质上直接地且持久地触动我们每个个人的东西"[2],而这个东西就是技术本质。技术已成为支配人们日常生活的主要形式,对于技术本质的反思是思索的天命。思索这种本质上触动我们每个个人的东西,这是海德格尔要有所道说的,也是《泰然任之》的旨趣所在。

接下来,海德格尔却并未直奔上述主题,而是卖了个关子,转而说世人正处于一个无思时代,思想变得越来越贫乏,即便是职业思想家也是如此。他尖锐地指出:"无思状态是一位不速之客,它在当今世界上到处进进出出。"这种无思状态的显著特征就是:"人们把一切的一切以最快速和最廉价的途径纳入知识,又同样迅速地忘却于同一瞬息。"[3] 人们看似忙忙碌碌,都在广泛地交流与传播知识,知识也得以迅速而频繁地进行交换,从而促进了技术与产业的发展。其实,他们并不在思想,因为思想不等于知识。思想是一种沉思,是对于事物本质的一种深入思考,并有所揭示,所以它不会停留或浮游在事物的表面。海德格尔正是要从无思切入到思——对技术本质的思。

[1] 《泰然任之》,《海德格尔选集》,第1231页。
[2] 同上,第1231页。
[3] 同上,第1232页。

不过，海德格尔又宕开一笔。他说：人们在无思状态中闲置着，或者说蕴含着一种思想能力。正是人们先天具有的这种思想能力，才导致人们陷入无思的状态。就如"因为我们是听者，所以才会聋，正如正因为我们曾年轻，所以才会老，同样地，我们之所以也会变得思想贫乏甚至无思想，是因为人在其本质之基础上具有思想的能力，'具有精神和理智'，并且是被注定要去思想的。"[1] 如果人压根儿就不具备这种思想能力，也就谈不上思想贫乏或无思了。人之所以陷入无思的状态，是因为人将本身具有的这种思想能力闲置起来，弃而不用。人"具有精神和理智，并且是被注定要去思想的"。"注定"是使命的另一个说法。人从本质上说是可以去认真地思——思考事物的底蕴——甚或可以说，思是人的一种使命。我们揣摩海德格尔的意思，人的这种思想能力应该是一种先天的能力，与人的后天经验无关。人的这种思想能力是能够洞悉与穿透事物本质的。

海德格尔认为，今天真正令人陷于无思状态的原因是人们都在逃避思想。甚至，人们对逃避思想这一点，既不愿意看到，也不愿意承认，而宁可采取一种熟视无睹的态度。也许有人要说，"没有一个时代像今天这样做如此广泛的规划，如此众多的调查，如此狂热的研究"[2]，难道这还不是思想吗？海德格尔不否认上述的事实，但他只承认，这仅仅是且只能算是一种特殊方式的思想。言下之意，它并不是一种真正意义上的思想。人们所忙碌的只不过是对经济利益的计算，对具体部门知识的撷取，其目的在于对自然的促逼。"此种促逼向自然提出蛮横要求，要求自然提供本身能够被开采的贮藏的能量"[3]，从而将自然按照人的制造目的"揭示为持存物"[4]。这哪里是什么思想！倒不如说是对思想的亵渎与玩狎。思

---

[1] 《泰然任之》，《海德格尔选集》，第1232页。
[2] 同上，第1232页。
[3] 《技术的追问》，《演讲与论文集》，第15页。
[4] 同上，第22页。

想与利益无关，也与知识无关，它真正关心的是对事物本质的沉思。在技术时代，就技术而言，它是对技术本质的沉思。

在海德格尔看来，上述这种特殊方式的思想，究其实质是一种"计算性思维"。计算性思维权衡利弊得失，按照既定的计算，精打细算地实施方案，并力求其结果符合原先的设想。甚至，海德格尔对普通的"计算"一词作了更为深刻的哲学思考。他说："广义的、本质意义上的计算指的是：预计到某物，也即考虑到某物，指望某物，也即期待某物。以此方式，一切对现实的对象化都是一种计算。"[1] 不是一般意义上的运算，而是将现实对象化，这才是计算的本质。计算既是一种思想方式，又是一种精明的现实考虑。将现实对象化，就是将现实作为客体，将人作为主体，用人的意志，把现实进行一番改造，使之服从于人的既定的目标、既定的设想。所以，海德格尔说："计算性思维唆使人不停地投机。计算性思维从不停息，达不到沉思。计算性思维不是沉思之思，不是思索在一切存在者中起支配作用的意义的那种思想。"[2] 计算性思维看到的是技术给人们带来的巨大经济利益，而沉思之思看到的则是技术本质是一种集置（或译作"座架"）。这种集置，一方面意味着人对自然的促逼，另一方面又意味着人被技术控制而无法脱身，"人被座落在此，被一股力量安排着、要求着，这股力量是在技术的本质中显示出来，而又是人自己所不能控制的力量"[3]。人发明与制造技术，并用技术获利，但人又不可避免地被技术所掌握，从而失去自身的自由，这难道是人的一种宿命？海德格尔所要反思的正是这一点。这自然也是《泰然任之》的出发点与关注点。应该说，海德格尔对计算性思维的特性与实质揭示得相当准确、深刻。就其特性而

[1]《科学与沉思》，《演讲与论文集》，第57页。
[2]《泰然任之》，《海德格尔选集》，第1233页。
[3]《"只还有一个上帝能救渡我们"——1966年9月23日〈明镜〉记者与海德格尔的谈话》，《海德格尔选集》，第1307页。

言，计算性思维的思维过程从不停息（除非是睡觉），一刻不停地在进行精明的利益计算，反反复复地在权衡利弊得失，不可能深入贯彻到事物的本质中去；就其实质而言，计算性思维是一种投机性思维，惟利是图，浅尝辄止，因而必然是肤浅的，不可能达于沉思般的深刻与彻底。

由此，海德格尔将人的思想分为两类，一类是计算性思维，还有一类被称作为沉思之思。这两类思想都是有根据和有必要的。尽管海德格尔对计算性思维并不欣赏，但这类思维方式在世界上毕竟占据主导地位，普遍地统治着人们的头脑，故也不能抹杀它存在的合理性。正如黑格尔《法哲学原理》序言所言："凡是合乎理性的东西都是现实的，凡是现实的东西都是合乎理性的。"针对人们对沉思之思的一般诘难，比如说它飘摇于现实之上，无益于掌管日常的事务，海德格尔并未正面反驳；而对人们认为沉思之思溺于冥想，对理智的要求过高这一点，海德格尔倒是同意的。他甚至认为，比之计算性思维，沉思之思更需要长久的训练，不可能自发地产生。它与手工艺作品相较，更需要精益求精；对它须有耐心的等待，就如农夫守候种子的抽芽与成熟那样。

究竟何谓"沉思"？意识不是沉思，海德格尔说："参与对意义的探讨，这是沉思的本质。沉思意味着比对某物的单纯意识更多的东西。如果我们只是有意识，我们就还没有在沉思。沉思更丰富。沉思乃是对于值得追问的东西的泰然任之。"[1] 沉思就是用冷静的态度去深入思考事物的本质，探讨它的意义所在。

海德格尔认为，每个人都可以追随沉思之路，因为人是思想的，也即沉思的生命。人是沉思的唯一主体，唯有人才可能超越计算性思维而达于沉思。人不仅有追根究底的好奇心，也有直抵事物本质进行深入思考的思维能力。而且，这种沉思也并非是"好高骛

---

[1]《科学与沉思》，《演讲与论文集》，第69页。

下 篇
中国老子古典学说与西方哲学思想的"视域交融"

远"之举,它只需在切近处去慎思切近的东西而已,即去思索此时此地关系到我们每个个体的东西。这个切近处就是故乡的土地。海德格尔对故乡有着近乎痴迷的热爱,他长时间地待在故乡托特瑙山上的小屋里就是明证。比之大城市的喧闹与繁华,海德格尔似乎更乐意选择宁静的故乡。据说,海德格尔对老子"不出户,知天下……其出弥远,其知弥少"(四十七章)的说法大加激赏,以至于认为"哲人不远游",这是否也与他偏爱故乡、不离故土有关呢?在哲学家看来,故土才是培植根基的地方,才是宜于沉思的场所。海德格尔在引述了约翰·彼得·海贝尔的诗句后,进一步发挥诗人的意思说道:"在真正欢乐而健朗的人类作品成长的地方,人一定能够从故乡大地的深处伸展到天穹。天穹在这里意味着:高空的自由空气,精神的敞开领域。"[1] 他对故乡的挚爱,仍着眼于大地,即着眼于本原。因为只有从大地,特别是故乡的大地,才能生长出优秀成熟的艺术作品。海德格尔欲以艺术作品的自由空气与精神的敞开领域来反抗技术横加于人性上的桎梏,如用荷尔德林题名《莱茵河》的赞美诗这种艺术作品,来对抗因建造发电厂而被隔断的"莱茵河"的技术统治形式。而这样的艺术作品恰恰只有在故乡的大地上方能生成。这就是故乡的土地——海德格尔所谓的"此地";而他所谓的"此刻",则是说当下的世界时刻——一个以技术思维统治一切的世界时刻——哲学家正是以它为背景展开沉思之思的。

海德格尔对故土的重视,导源于他对事物始源性的寻求与青睐。他认为,真正伟大的力量都是从原始处生发出来的。他曾说:没有人能够单凭一跃就跳出居统治地位的观念范围,那些革命的意志首先试图更原始地回复曾在者。当然,重演并不意味着作一成不变的滚动,而是"取得、带来、聚集那遮蔽于古老之中的东西"[2]。"更原始地回复曾在者",就是回归本原,在这一点上,他倒是与老

[1]《泰然任之》,《海德格尔选集》,第1234页。
[2]《从一次关于语言的对话而来》,《海德格尔选集》,第1040页。

子不谋而合。老子说："夫物芸芸，各复归其根。"（十六章）这个"根"就是原始处。老子认为，回归本原是一种不易的法则，即"复命曰常"。"命"是本原的代名词。能够充分认识这个法则就是一种明智的态度，叫做"知常曰明"。当然，老子的"复命"是要复归人的虚境的本性，这关涉人性论；而海德格尔回归本原，则是要"取得、带来、聚集那遮蔽于古老之中的东西"，这个东西就是"存在"，这关涉存在论。可见，两人欲回归本原的意见是相同的，而着眼的基点却迥异，可谓异曲同工。

"切近的东西"意味着什么呢？显然就是那个与人日常生活有关、决定着人的命运的技术以及它的本质。这种技术及随技术带来的工业化过程，彻底破坏了人在故乡的根基中的持存。在"马歇尔计划"的援助下，联邦德国从战争废墟中恢复过来，并创造经济奇迹。相形之下，大批德国人，如海德格尔描述的那样，要么被逐出故土，移居他乡，汇入大城市的洪流，在工业区的荒郊上落户；要么继续留在家乡，但其命运之悲惨比远离故土的人还要严重数倍。人们被时尚的宣传——广播、电视、电影——所迷惑，走进一个虚幻的、不真实的世界。这些"现代技术的通讯工具时刻挑动着人，搅扰和折腾人"[1]。海德格尔带着几分忧虑地问道：今天（1955年）我们的世界到底发生了什么？最后发现是我们的根基持存性受到了致命的威胁。这种威胁主要来自我们所有人都生活于其中的那个时代的精神，一切都掉入了规划和计算、组织和自动化企业的强制之中，也就是掉入了技术的强制之中，丧失了升入天空和精神的浩瀚之境的自由。

后来，海德格尔的学生马尔库塞从社会政治、经济、思想等角度对技术进步带来的负面作用作了进一步分析，指出：（一）技术使集权统治趋于合理化。现代社会里的人们"不是被任何恐怖

---

[1]《泰然任之》，《海德格尔选集》，第 1235 页。

机构所强制，而是被技术社会那压倒一切的、不知名的力量和效率所强制"[1]，"对现存制度来说，技术成了社会控制和社会团结的新的、更有效的、更令人愉快的形式"[2]。技术的合理性已经巧妙地转变成政治的合理性。因为，技术进步所造就的生产效率和增长潜力帮助稳定了社会，提高了统治阶级的合法性。现代社会的统治"只有当它们能够成功地动员、组织和利用工业文明现有的技术、科学和机械生产率时，才能维持并巩固自己"[3]。而一旦它们成功地做到了这一点，其统治的合法性就不言而喻了。同时，技术进步可以令统治阶级的意识形态通过电视、电台、电影、收音机等现代媒体无孔不入地侵入到人的生活空间。跟着主流思潮走，已成为现代人自觉自愿的选择。这意味着社会对个人统治的范围较之以往大得无可估量。（二）技术无形间剥夺了人们追求自由的权利。由于技术进步创造了空前的社会生产力，社会物质生活水平大幅提高，人们可以过上惬意的生活，不必再为物资的匮乏而担忧，这样一来，人们追求自由的激情自然而然地就被消磨于物质的享受之中。所以，马尔库塞说："一种舒舒服服、平平稳稳、合理而又民主的不自由在发达的工业文明中流行，这是技术进步的标志。"[4]他在分析现代社会里自由丧失的原因时，非常客观且令人信服。他认为，思想、言论和信仰的自由，从本质上说是一种批判性的观念，然而"当一个社会按照它自己的组织方式，似乎越来越能满足个人的需要（应指物质需要——引者）时，独立思考、意志自由和政治反对权的基本的批判功能就逐渐被剥夺"[5]。的确，在人们的生活水准不断提高的情况下，再对现存制度提出批判的意见，似乎

[1]《单向度的人》，刘继译，上海译文出版社2006年版，第206页。
[2]《导言》，《单向度的人》，第7页。
[3]《单向度的人》，第5页。
[4] 同上，第3页。
[5] 同上，第3—4页。

毫无必要，或者说是不合时宜的。技术吞没了思想，吞没了人追求自由的意愿。人们越是无节制地追求物质享受，就越少追求自由的冲动。物质的丰富与自由的匮乏是相随而行的。（三）技术压缩了哲学思考的空间。马尔库塞说道："在当代，缩小哲学范围、贬低哲学真理的做法来势凶猛，哲学家们自身就宣称哲学的节制和无效。它不触及已确立的现实；它憎恶超越。"[1]而实证主义哲学本身是与科技发展高度吻合的，它不是一种超越哲学，也不具有批判性；相反，它倒是为技术时代作辩护的。技术取消了哲学的超越性，将它贬低为实用主义的东西。"否定性思维"被"肯定性思维"取代。我们知道，哲学是时代精神的核心，取消超越性与批判性的哲学，等于取消时代精神的变革、创新，为现存制度的合理性作出永久安排。超越性与批判性的哲学必然是对现存制度的解构，所以它必然是一种"否定性思维"。"否定性思维"不是消极的思维，它能更敏锐地发现现存制度的缺陷，并在反思的基础上，提出改进的意见，或者为相对先进的制度指出发展的方向。只不过，它不落实在政治诉求这样具体的层面，更多的是启人以思，帮助人们以质疑的态度对待事物。它真正具有价值的部分，是它那种怀疑、审视的精神以及为开辟更新更合理前进方向所作的探索。毫无疑问，这样的哲学，看似距离我们的现实生活很遥远，其实是最适切社会的东西。

让我们回到海德格尔那儿去。何谓"根基持存性"？"根基持存性"（Bodenständigkeit），德语日常的意思是"土生土长"，可以理解为扎根于土壤之中，它与"持存"（Bestand）一词在字面上有相似之处，但意思不同。海德格尔曾对"持存"有过解释，不过他针对的是被订置之物的持存，而非此处"根基的持存"。显然这是两码事。先说被订置之物的持存。海德格尔说："被订置的东西具有

---

[1]《单向度的人》，第157—158页。

其特有的站立。这种站立，我们称之为持存。'持存'一词在此的意思超出了单纯的'贮存'，并且比后者更为根本……它所标识的，无非是为促逼着的解蔽所涉及的一切东西的在场方式。"[1] 技术也是一种解蔽的方式，但它与希腊人原始理解的解蔽不是一回事。希腊人是以无蔽来表示他们所谓的解蔽。只有当无蔽者进入无蔽领域而到来，产出才得以发生。产出就是某物的在场。海德格尔认为，希腊人的无蔽状态就是一种"让显露"。比如自然，这种在自身涌现着的在场者具有产出的显突，像花朵显突于开放中。这种方式的显突，海德格尔称之为"绽出"。后来，罗马人将这种无蔽表解为真理，而现代人更进了一步，干脆将其理解为表象的正确性。这就为技术这样的解蔽方式奠定了认识自然的基础。

技术的解蔽方式并不是希腊人把自身展开于产出意义上的那种产出，而是变成了对自然的促逼，对自然提出蛮横无理的要求，向自然无限度地索要能被开采和贮藏的能量，通过把自然物摆置出来，实行对它的订置，而订置的结果是使订置物到场，这就是持存。持存是现代技术统治下的一切物品的存在方式。"根基的持存"也是一种存在的方式，但性质与之完全不同。"根基"就是原始处，它是未经技术促逼、订置的原生状态，在这种原生状态中站立，即持存，意味着坚守它的质朴性。老子说："朴散则为器。"（二十八章）对海德格尔而言，作为"器"的订置之物是由技术的促逼而生的，这必然导致"朴散"，从而使根基的持存性受到致命的威胁。

人类根基持存性之所以受到致命威胁，是因为我们已经自然而然地被一种所谓的时代精神左右而不能振拔。这种时代精神，按照海德格尔的说法，可以追溯到肇始于17世纪欧洲的近代哲学。正是这种从批判中世纪经院哲学中脱胎而出的新型哲学，使人们彻底改

---

[1]《技术的追问》，《演讲与论文集》，第17页。

变了对世界的看法。也正是在这种新型哲学的指导下,科学获得了长足的进步,工业革命在母腹中露出躁动的迹象。海德格尔说:"人因此而被置入另一种现实之中。这种世界观的彻底革命完成于近代哲学之中。由此产生了人在世界中的和对于世界的全新地位。于是世界就像一个对象一般显现出来,计算性思维对此发起进攻,似乎不再有什么东西能够抵挡他们。"[1]

海德格尔的"泰然任之",是对现代世界技术本质进行深刻反思后的应对态度。他看到了技术对人的束缚不关涉于它的哪怕是一丝一毫的技术因素、物理性能,而恰恰就在于它的集置的本质。技术集置的本质将人带上了它特有的去蔽的历史命运之路,令人忘却了真正的存在。因此,现时代的存在就是技术的存在,是存在的一种历史性的命运,既无法避免,又无法摆脱,似乎是一种"宿命"。所以,从本质上来看,不是人将技术拿在手里任意摆弄,恰恰相反,是技术将人笼罩在它的本质的控制之中。那么,如何摆脱这种命运呢?人只能冷静地等待存在历史的重新"破晓"。(从海德格尔的西方文化中心论的观点看,自柏拉图的"理念论"与亚里士多德的"实体论"以来的哲学思想,遮蔽了前苏格拉底时期思想家的存在真理,并统治西方达两千多年,这是他一生所欲解构的。然而海德格尔囿于西方文化中心论,中国古代老子与禅宗的思想虽曾受到他哲学目光的关注,但他的思考基点仍在西方。这是由西方本身的思想与语言的内在渊源关系决定的,所谓解铃还须系铃人。这是他一再申明的。)但是,人现在还不知道这个存在历史的转折何时到来,以何种方式到来,人唯一能做的事情就是期盼这种转折的到来。海德格尔说:"也许,我们已经处于这个转折的到来所投射的先行的阴影中。这个转折什么时候以及怎样命运性地发生,没有人知道。也没有必要知道这种发生。对于人来说,这种知

---

[1]《泰然任之》,《海德格尔选集》,第1236页。

道甚至是有害的,因为人的本质是做等待者,等待存在的活动,以便思着守护这种活动。"[1] 既然是做一个等待者,那么目前最明智之举就莫过于对技术采取一种"泰然任之"的态度。但是,"泰然任之"并非主张放任技术为所欲为,反而是明确指出技术对自然蛮横无理的干涉,要求顺乎自然的本性而行事。"泰然任之"的主旨就是让物如其所是地自由显现。在不干涉外物这一点上,海德格尔与老子又是不谋而合,尽管二者因应时代问题着眼点的不同而不尽相同。

《老子》五十七章谓:"故圣人云曰:'我无为而民自化,我好静而民自正,我无事而民自富,我无欲而民自朴。'"我顺其自然,人民就能自我化育;我喜好渊静,人民就能不偏颇;我不好大喜功,人民就能富足;我没有贪欲,人民就能自然而然地归于淳朴。老子对春秋时代各国国君的多欲、有为颇为不满,认为这是造成民众滋事、邪僻、贫穷、浇漓的根源。孔子曾问礼于老子,老子就直言不讳地告诫孔子:"去子之骄气与多欲,态色与淫志,是皆无益于子之身。"(《史记·老子韩非列传》)这就是在批评孔子身上表现出的骄矜、多欲与争胜好强,这些东西如果不去掉,就必然导致积极的入世精神与喜欢干涉的态度,以至于"知其不可为而为之"。显然,此处老子的不干涉言论所阐发的是政治哲学思想,与海德格尔作为一般哲学思考的"泰然任之",有层级上的差别。平心而论,海德格尔的思想更具广泛性,其普遍的意义也更大些。不过,上述老子的言论虽是针对当时的政事与人物而发,但仍体现了他一贯的不干涉主义。对于技术与政事,二人一样是采取泰然任之的态度,海德格尔与老子的哲学思想暗合,这足以引起今人的重视。

[1] Martin Heidegger, *Die Technik und die Kehre*, Pfullingen, Günther Neske, 1988, S. 40‑41.转引自刘敬鲁:《海德格尔人学思想研究》,中国人民大学出版社2012年版,第243页。

第四节　欧洲关键的十七世纪

中世纪经院哲学是靠对于神的信仰维系人与世界的关系。人并未从自然中解放出来。人通过神而与世界共处一体，依据神的启示而安身立命于世界之内，因为神是世界的终极原因与第一推动力。最著名的中世纪经院哲学家托马斯·阿奎那为证明上帝的存在，在《神学大全》中提出了关于上帝存在的五种论证：一是不受动的始动者论证，二是基于无限追溯的不可能性的第一原因论证，三是一切必然都有最初根源的论证，四是世界上有很多源自完美事物的论证，五是很多无生物都在完成一个存在于自身外部目的的论证。通过这一系列的论证，阿奎那确然无疑地得出结论：上帝是存在的，不仅存在，还在冥冥中安排自然的秩序与人的命运。人与自然的关系乃是上帝命定的，无须人的操劳，更谈不上对于自然的征服。

最能说明这一问题的是法国宗教改革家加尔文对《罗马书》中一段话所加的评注。《新约·罗马书》第一章第五节的原句这样说道："我们从他受了恩惠并使徒的职分，在万国之中叫人为他的名信服真道。"加尔文说："由此我们得出结论（断定），那些以怠慢和蔑视之心拒绝福音传播的人，顽固地抵制神的诫命，并颠覆他的整个秩序（安排），而福音的目的则是引领我们听命于神。信仰的本质即服从，这正是主通过福音所显明的；当他召唤我们时，我们以信仰作为回应。反之，所有以愚顽之心反对神的（人），是背义（无信仰者）。"[1] 顺便插一句，海德格尔崇奉诸神、无形神，他的神是"暗示着的神性使者"，譬诸古希腊的赫尔墨斯。赫尔墨斯是

---

[1]《〈罗马书〉释义》；转引自［德］迈尔：《隐匿的对话：施米特与施特劳斯》，朱雁冰等译，华夏出版社2002年版，第116页注2。

宙斯与迈亚的儿子，也是居于奥林帕斯山上的诸神的信使。换言之，海德格尔并不承认所谓实存的神，也不服膺信仰。他说："就其最深处的世界而言，信仰以一种具体的生存可能性而持存。它是在其本质意义上属于哲学且在其事实意义上变换不定的生存形式的死敌。可哲学还没有开始打算去与其死敌决战。"[1]

无独有偶，德国保守主义政治哲学家卡尔·施米特从神学的角度也将欧洲的重大转折定格在17世纪，他认为"17世纪传统的基督教神学向'自然'科学"的转变，是背离对特殊的神意的信仰，故成为"欧洲历史上所有知识转折中最重大、后果最为深远"的一次。[2] 一个具有天主教背景的政治神学家——施米特，与一个终身追问存在意义的存在哲学家——海德格尔，似乎都敏锐地从17世纪欧洲的重大转折中嗅到了异乎寻常的新的历史发展契机的气息，但他们对此并不惬意。哲学家是时代的先知，他们解读历史发展节点意义的能力是常人无法企及的，尽管他们的视域与判断并不一定被世人首肯，但有理由引起我们足够的重视。

由欧洲文艺复兴运动发轫的近代哲学，首要就是对神学理论的突破和呼唤人的觉醒。它的最主要的成果就是确立了人的主体性地位。这得益于近代哲学史上一位大名鼎鼎的代表人物——法国人勒内·笛卡尔。笛卡尔最著名的哲学命题就是"我思故我在"。他认为，已经被证明存在的"我"是由"我思"推断而知的。因此，只有在"我思"时，"我"才存在。如果没了"我思"，"我"的存在就失去了根据。笛卡尔的认识论否认离开"思"的存在，这当然是大谬不然的；不过，这一著名的哲学命题倒是大大提高了人的主体地位，将人从神的附庸骤然提升为独立的"自然的掌控者和拥有者"，开始了世界历史进程中对自然的空前统治与征服。同时，笛卡尔也提出了"精神实体"与"物质实体"并存、各不相关的二元

---

[1]《现象学与神学》；转引自《隐匿的对话：施米特与施特劳斯》，第117页注1。
[2] 转引自《隐匿的对话：施米特与施特劳斯》，第39页。

论，确立了主-客分裂的世界观。而为这种认识论提供理性工具的，当首推德国自然科学家与哲学家莱布尼茨。莱布尼茨为人所津津乐道的是他的"单子论"，但他对于逻辑学的贡献似乎更加突出。莱布尼茨是数理逻辑的创始人，后来英国数理哲学家罗素的现代逻辑就是在他的基础上进一步拓展的。莱布尼茨哲学的基础可以说就是逻辑上的矛盾律与充足理由律。矛盾律强调 A 不是非 A，即一个命题的论述如果是真的，那么它就不能同时又是假的。莱布尼茨认为，一切分析命题都是真命题，因为分析命题的前提就是同一主体在相同的时间与条件下，对于同一对象不能作出互相否定的判断。分析命题在确定某个论述为真的同时，已经排除了作为它对立面的假的论述。运用矛盾律可以排除思想内部的混乱与不一致；而充足理由律，按照莱布尼茨的说法，就是"任何一件事如果是真实的或实在的，任何一个陈述如果是真的，就必须有一个为什么这样而不那样的充足理由，虽然这些理由常常总是不能为我们所知道的"[1]。充足理由律要求为任何一个真实的陈述提供足够的理由或者说依据，这是任何理论得以确立的基本条件。而另一位著名哲学家斯宾诺莎则强调理性的推理是获得真正可靠知识的唯一手段。如果说，笛卡尔的"我思故我在"大大提高了人对于自然的主体性地位，那么，莱布尼茨的逻辑学与斯宾诺莎的推理论，则为人们科学地认识世界提供了理性思维这一强有力工具。二者的结合促进了科学技术的突飞猛进。由此，我们也就可以判定近代哲学的"功罪"。说它有"功"，是因为近代哲学大大促进了人类认识与掌控自然的能力，加速了世界历史发展的进程；说它有"罪"，是因为由于提高了人的主体地位与认识能力，人在获取自然对象物的巨大成就面前变得忘乎所以、无所顾忌。更要命的是，人已经越来越不能掌控技术，反而被技术裹挟与控制。人已然成为技术的奴隶，已经逐步

---

[1]《单子论》；转引自《西方哲学原著选读》上卷，第 482 页。

丧失其"沉思的生命本质"而随波逐流，无家可归。人已经全然忘却自己所扮演的追问、经验存在意义的角色，而被彻底"物化"了。从认识论的角度来看，在中世纪，人依托于神，按照神祇的安排，人与自然都是上帝的产物，是共属一体的。近代哲学产生后，人及其思维的能力得以突出，由此也造就了主-客对待的世界观。自然成了一个与主体相对待的客体，成了一个可以被征服与控制的对象。人成了名副其实的自然的主人。近代哲学既奠定了西方现代文明的思想基础，也为这种文明日后的危机预埋下伏笔——至少从海德格尔的观点来看就是如此。

近代哲学的认识论彻底改变了人的世界观。人以认识自然为职志，科学研究由此得以蓬勃发展，在这里，我们只需稍稍提到哥白尼与伽利略的天体科学研究，以及牛顿的经典物理学就足够了。以科学为基础，技术获得了长足的进步。而科学技术的发展为人类征服自然平添虎翼。不过，海德格尔认为，尽管科学是技术发展的基础，然而吊诡的是，科学的命运却反而掌握在技术手里。技术决定科学，这是海德格尔科学观独具只眼的地方。之所以出现这一状况，是由近代哲学新的认识论及其理性工具对世界图景的认识与描画决定的。在这种认识论下，"自然现在已经以某种存在方式被揭示出来了。正是这种方式才使对自然的科学探索得以可能，并要求对自然进行这种科学探索"[1]。

我们现在还要探讨一个问题：既然当时工业体系的重建技术的发展对提高德国人的生活水平是绝对必要的，海德格尔为何还要抵拒，并认为技术的发展将我们从地球上连根拔除？要知道，海德格尔不是一般地反对技术，而是通过对技术本质的哲学思考，指出技术对象对人的自由的侵害，对始源性东西的剥夺。从这个意义上说，海德格尔是从哲学层面，而非从现实层面一般地来反对技术。

---

[1] ［美］大卫·库尔珀：《纯粹现代性批判：黑格尔、海德格尔及其以后》，臧佩洪译，商务印书馆2004年版，第225页。

对于技术改进和提高人的生活质量这一点,他大概也是予以首肯的,否则,他也不会在那次演讲中说:"盲目抵制技术世界是愚蠢的。欲将技术世界诅咒为魔鬼是缺少远见的。"[1] 我们的生活不得不依赖于种种技术对象,甚至可以说是须臾不可离开它;但就在这不知不觉中,我们被牢牢地嵌入了技术对象中,为技术对象所奴役。在海德格尔看来,从器用层面评价技术,它是有益的;而从人与技术的本质关系上评价技术,它则是有害的。那么,能否如庄子所说,"得鱼忘筌"呢?即利用技术有益一面,抛弃技术有害的一面。海德格尔认为,鱼与熊掌兼得的两全情况完全是有可能的。他说,我们在所有切合实际地利用技术对象的同时,保留自身独立于技术对象的位置,"我们可以对技术对象的必要利用说'是';我们同时也可以说'不'",即拒绝它的无理要求。海德格尔借用德语里的一个古老词汇,来命名这种对技术世界既说"是"又说"不"的态度——"泰然任之"。

然而,这又如何可能呢?这样,我们与技术世界的关系不是分裂的、不可靠的吗?恰恰相反,海德格尔正是以这种"泰然任之"的态度,将我们与技术世界的关系以一种奇妙的方式变得简单而安宁,即我们让技术对象进入我们的日常生活,但又可以让它出去。我们将技术对象作为物而栖息于自身,不过它不是绝对的,它须依赖于更高的东西。

第五节 建立人与技术世界的新型关系

我们必须与技术世界建立一种新型的关系,不为物所御。老子提出了一种思路,即"复归于朴"(二十八章)。"朴"又是道的别

---

[1] 《泰然任之》,《海德格尔选集》,第1239页。

名。释德清《老子道德经解》认为，朴是"木之未制成器者"，这一见解甚合老子本意。这里的"朴"是一种譬喻的说法；木之未制成器者，正是一种自然的状态。王弼注"朴"深得老子真髓，他认为："抱朴无为，不以物累其真，不以欲害其神，则物自宾而道自得也。"抱朴无为，令物处于"宾"而非"主"的状态，这正是不为物所制的一种境界。但老子只是单纯地主张抱朴无为，因为他当时尚处于农耕时代，至多只有一种被称为手工艺的技术，还没有现代工业技术的概念，更谈不上受到技术的负面影响，这与海德格尔所处的时代显然不可同日而语。海德格尔所处的时代，技术对象无处不在，不可回避，故简单地"复归于朴"是无济于事的，必须提出一种难度极高的解决方案。

这首先与所谓"更高的东西"有关。显然，借助于"更高的东西"，我们就有可能不为物所御。那么，这个"更高的东西"究竟为何物呢？海德格尔认为，它的等级必然比技术高，唯有仰仗于它，方能对技术泰然任之。这种"更高的东西"就是艺术，因为艺术不服从于技术，而是顺从于真理的运作和保藏。显然，"在西方命运的发端处，各种艺术在希腊登上了被允诺给它的解蔽的最高峰。它们使诸神现身当前，把神性的命运与人类命运的对话灼灼生辉"[1]。将人类为技术统治的命运转系于神性的命运之下，我们就通过艺术找到了一种救渡的力量，能不为物所御。海德格尔引用荷尔德林的诗句说，"哪里有危险，哪里也生救渡"，唯有依赖艺术，"人（才能）诗意地栖居在这片大地上"。

艺术"把神性的命运与人类命运的对话灼灼生辉"，这与海德格尔拯救人类沉沦的设想有密切联系。海德格尔设想的理想存在方式是天、地、人、神四方关联体既有差异又能亲密相处的和谐关系。他说道："大地和天空、神和人的'更为柔和的关系'，可能成

---

[1]《技术的追问》，《演讲与论文集》，第38页。

为更无限的。因为非片面的东西可能更纯粹地从那种亲密性中显露出来,而在这种亲密性中,所谓的四方得以相互保持。"[1] 现在,技术保持对自然的统治,人凭借技术对自然发号施令,愈发专横自负,这就使天、地、人、神四方关联体的和谐关系遭受破坏,出现前所未有的紧张与撕裂。唯有艺术才能恢复原来的和谐关系,"把神性的命运与人类命运的对话灼灼生辉"。如何理解海德格尔所谓的"命运"一词的涵义呢?传统所理解的"命运",是指一种人力不可抗拒的力量,或者直白地说就是"宿命",而海德格尔对"命运"一词进行了一番精心的改造,他所谓的"命运"是一种聚集的力量,是一种将天、地、人、神既有差异又极具亲密性的关系聚拢的中心。海德格尔说,这个中心"起着中介作用;它既不是大地,也不是天空,既不是神,也不是人"[2],"或许命运就是'中心',这个'中心'起着中介作用,因为它首先使四方进入它们的互属之中而确定下来,把四方发送入这种互属之中。命运使四方进入其中从而取得自身,命运保存四方,使四方开始进入亲密性之中"[3]。显然,神性的命运与人类命运的对话灼灼生辉,就是四方体内人与神和谐相处的一个生动表征。

那么,我们不禁要问:艺术何以担当起令四方体内人与神和谐相处的职责呢?这要从艺术与技术对待外物迥然不同的态度上去理解。我们知道,技术对待自然的态度是促逼,是将外物带上来,将其作为"被订置者"而加以加工与处理,其产品是技术强制的结果;与此相反,艺术对自然的态度是让其以自己本有的方式显现。艺术的这种本质特性并非是通常所理解的消极无为,而是一种建基。透过艺术的这种建基,我们窥探到了世界与大地的全部秘密。以希腊的神庙为例,海德格尔指出:"正是神庙作品才嵌合那些道

---

[1] 《荷尔德林的大地和天空》,《荷尔德林诗的阐释》,第 197 页。
[2] 同上,第 196 页。
[3] 同上,第 207 页。

路和关联的统一体,同时使这个统一体聚集于自身周围;在这些道路和关联中,诞生和死亡、灾祸和福祉、胜利和耻辱、忍耐和堕落——从人类存在那里获得了人类命运的形态。这些敞开的关联所作用的范围,正是这个历史性民族的世界。"[1] 同样的,海德格尔认为,"凡·高的油画揭开了这个器具即一双农鞋实际上是什么。这个存在者进入它的存在之无蔽之中"[2],也就是希腊人所说的真理之中。真理即无蔽,而唯有艺术才能达于此无蔽之中。艺术对外物不是索要,而是显示。在艺术的这种显示处,天、地、人、神四方关联体才得以妥当安置,各得其所。

海德格尔理解的艺术,美的特质并非其着力点,而是其作为对"存在之真理"的回应才是它的真谛。艺术美的特质归属于它真的特质。海德格尔对此说得很明白:"真理是存在者之为存在者的无蔽状态。真理是存在之真理。美与真理并非比肩而立。当真理自行设置入作品,它(指美——引者)便显现出来。这种显现——作为在作品中的真理的这一存在和作为作品——就是美。因此,美属于真理的自行发生。"[3] 由此可见,艺术首先是以响应真理的召唤而存在,艺术的美体现在让真理自行显现,它与艺术美的特质无涉。从本质上说,艺术是对存在之真理(即无蔽状态)的一种建基。海德格尔在其后期著作《哲学论稿》中强调,存在之真理的实现,是一种建基,但这种建基必得依赖于其与此在的关联性;换言之,必得通过此在,存在之真理的建基方能完成。而此在若要完成存在之真理的建基,舍艺术与思想莫由。对于这一点,海德格尔在《艺术作品的本源》里说得非常清楚。他以凡·高所描绘的一双农鞋的油画为例,告诉我们:"从鞋具磨损的内部那黑洞洞的敞口中,凝聚着劳动步履的艰辛。这硬邦邦、沉甸甸的破旧农鞋里,聚积着那寒

---

[1] 《艺术作品的本源》,《林中路》,第29—30页。
[2] 同上,第22页。
[3] 同上,第75—76页。

风料峭中迈动在一望无际的永远单调的田垄上的步履的坚韧和滞缓。鞋皮上粘着湿润而肥沃的泥土。暮色降临,这双鞋底在田野小径上踽踽而行。在这鞋具里,回响着大地无声的召唤。"[1] 凡·高的油画是世界与大地争执的产物。一方面,它试图"去蔽",赋予事物(农鞋)以一定的意义;另一方面,它又"回响着大地无声的召唤",替大地保持锁闭状态,令其保有全部的神秘与始源性,从而处于敞开的领域。海德格尔说:"只有当大地作为本质上不可展开的东西被保持和保护之际……大地才敞开地澄亮了,才作为大地本身而显现出来……大地是本质上自行锁闭者。"[2] 艺术对大地不是揭示者,而是保有者,它的"去蔽"也是一种让显现,而非如技术那样的促逼。有一种误解,以为海德格尔是以浪漫的艺术来对抗技术的统治,这曲解了他的本意。艺术与技术的分野,在海德格尔看来,在于"去蔽"的方式不同:技术是促逼,是逼迫自然交出它的所有物;而艺术则是让存在者显现,令其处于无蔽的状态,因而造成的结果自然也迥异。这里牵扯到一个问题,即如何真正理解海德格尔的真理观?传统的真理观是"知"对"物"的符合,那么,它与技术处理自然的方式是完全吻合的。海德格尔的真理观是要在传统的真理观之外另辟蹊径。他认为,传统的真理观造成了主-客分裂,造成了人对自然的僭妄,会带来灾难性的后果。所以,他提出新的真理观,就是让存在者自行显现,从而让观察者进入到一个"敞开的境界",或者说是"澄明之域",进行一种经历式的直观,这样就可以避免主体对客体的粗暴干涉。海德格尔的真理观采用的是一种现象学的释义方式,是对统治已久、习以为常的传统反映论的纠正。所谓现象学的释义方式,就是彻底回到事实本身,用一种非理论的、经历式的方式来把握事实。在海德格尔看来,艺术恰恰是达至真理的最佳方式。老子说:"为学日益,为道日损。"(四十

[1]《艺术作品的本源》,《林中路》,第20页。
[2] 同上,第36页。

下篇
中国老子古典学说与西方哲学思想的"视域交融"

八章）求学要多多益善，因为知识作为一种工具可以更好地帮助人认识对象，达到"知"与"物"的符合；但对于"道"（真理）的把握就不能采用传统的认知的方式，而是要采用一种体会的方式，通过"冥想"或"玄观"来获致。老子甚至说："不窥牖，见天道。"（四十七章）所以说，求道要日损，要尽量减少知识对"悟道"的干扰。在反对传统认识论这一点上，海德格尔与老子不约而同地走到了一起。一个是让显现，一个是体悟，这种认识论上的革命性变革的确是颠覆性的，因而必然是惊世骇俗的。

海德格尔在技术世界对我们生命的本质构成压迫与扰乱之时，为我们指示出了一个安身立命之处。他说："技术世界的意义遮蔽自身……这个东西是在朝我们走来的同时遮蔽自己的。以这样的方式显示自己同时隐匿自己的东西，乃是我们称之为神秘的基本特征。我称那种我们据以对在技术世界中隐蔽的意义保持开放的态度为：对于神秘的虚怀敞开。"[1]

熟悉海德格尔思想的人都知道，技术就其本质而言，乃是一种促逼，这种促逼当然也是一种独特的"去蔽"方式，不过是蛮横无理的，是对自然与人的双重戕害。尽管技术深刻地改变人与世界的关系，但技术世界的意义仍然是晦暗不明的，因为它遮蔽了自己。这个隐匿掉的东西就是被海德格尔称为"神秘"的东西。在另一处地方，海德格尔说道："在切近之本质中发生着一种隐而不显的隐匿。切近把近在咫尺的东西隐匿起来，这乃是那种邻近极乐的切近之神秘。"[2] 海德格尔多次谈到神秘，故有人称他的哲学带有神秘主义的色彩，比如说他的思想受到十四世纪神秘主义代表埃克哈特的影响。海德格尔所谓的"神秘"究竟为何物？其实，海德格尔的"神秘"，是指那个被西方形而上学长期隐而不彰的"存在"。现在，要让它重放光明。而让它显现，正是真理的本质。海德格尔

[1]《泰然任之》，《海德格尔选集》，第1240页。
[2]《返乡——致亲人》，《荷尔德林诗的阐释》，第25页。

认为，技术的本质具有二重性：一方面，集置驱使人陷于那种订置的疯狂中，并且连人都成为"被订置者"；而另一方面，集置又是一种命运的遣送，或者说是一种允诺，"这个允诺者让人在其中持续，使人成为被使用者，被用于真理之本质的守护"[1]。也就是说，技术也可能开启让人守护真理本质的可能。我们或许可以认为，海德格尔不否认技术从某种意义上也能够让人担当起对于真理本质的守护，不过"这一点迄今为止尚未得经验，但也许将来可得更多的经验"[2]。技术在对自然的订置中，使人看清了技术与存在的某种可能的亲缘关系，也使人看清了人与物的本质关系，从而看清了人与自然以及世界的关系，以一种泰然任之的态度对待外物，最终归属真理，成为真理本质的守护者。人要守护真理的本质，当然不能单纯凭借技术，甚至不能凭借技术，因为"这一点迄今为止尚未得经验"，而只能凭借思与诗，这是海德格尔在其后期论述中反复申明的。他说："深思熟虑的人和从容不迫的人首先就是忧心的人。因为他们思及在诗中被诗意地创作出来的东西，所以，他们就以歌者的忧心倾心于那有所隐匿的切近之神秘了。"[3] 即向着本源的切近。对技术世界中隐蔽的意义保持开放的态度，这就意味着我们要不断地追问技术的本质，在危险之处寻找救渡的力量。

在海德格尔看来，对于物的泰然任之与对于神秘的虚怀敞开是一回事，二者共属一体。其实质如古希腊人那样，走一条"让其自行涌现的去蔽"道路，而不是像现代技术那样走一条"逼促性去蔽"的道路。古代被称为"技艺"的东西，不是强制存在者如何如何地摆放，而是让其是其所是，始终保持一种本己的神秘，故是一种"泰然任之"的态度。他举了个例，"这种产出着的置造，譬如

---

[1] 《技术的追问》，《演讲与论文集》，第37页。
[2] 同上，第37页。
[3] 《返乡——致亲人》，《荷尔德林诗的阐释》，第31—32页。

下 篇
中国老子古典学说与西方哲学思想的"视域交融"

在神庙区设立一座雕像,与我们现在所思考的促逼着的订置当然是根本不同的"[1],而作为建筑作品的神庙则带出了神的启示,"阒然无声地屹立于岩地上。作品的这一屹立道出了岩石那种笨拙而无所促迫的承受的幽秘。建筑作品阒然无声地承受着席卷而来的猛烈风暴,因此才证明了风暴本身的强力。岩石的璀璨光芒看来只是太阳的恩赐,然而它却使得白昼的光明、天空的辽阔、夜的幽暗显露出来。神庙坚固的耸立使得不可见的大气空间昭然可睹了"[2]。现代技术则完全不同。同样是护林人,现代护林人"已经被订置到纤维素的可订置性中去了,纤维素被纸张的需求所促逼,纸张则被送交报纸和画刊。而报纸和画刊摆置着公众意见,使之去挥霍印刷品,以便能够为一种被订置的意见安排所订置"[3]。一是"让显现",一是"被订置",二者的本质迥然不同。

海德格尔认为,惟有对于物的泰然任之与对于神秘的虚怀敞开,我们现代人才能真正获得一个全新的基础与根基,让我们在这个危险的技术世界得以立身与持存,并且不受到它的侵害。但遗憾的是,今天绝大多数人并没有醒悟,他们既没有向更原始的本源回归,并扎根于那个地方,也没有对技术的本质进行深刻的反思。所以,其结果必然如海德格尔所言:"核时代中滚滚而来的技术革命可能会束缚人、蛊惑人、令人目眩进而丧心病狂,以至于有朝一日只剩下计算性思维作为唯一的思维还适用和得到运用。"[4] 就今天的现实来看,海德格尔尚留有余地的断言已完全得到证实。原子时代所带来的技术革命不是可能,而是已经牢牢地束缚住人,彻底地蛊惑了人,"令人目眩进而丧心病狂"。人们大刀阔斧、无所顾忌地向自然开战,令自然疮痍满目,伤痕累累,而人在自然与世界中的

[1] 《技术的追问》,《演讲与论文集》,第22页。
[2] 《艺术作品的本源》,《林中路》,第30页。
[3] 《技术的追问》,《演讲与论文集》,第19页。
[4] 《泰然任之》,《海德格尔选集》,第1240—1241页。

位置越来越狭窄。人不但不能控制技术，反而被技术束缚。因为，我们已经从根本上丧失了思的能力，完全屈从于计算性思维，被其摆布与捉弄。从更为内在的原因看，人就像一个迷路的小孩，为技术世界表面的繁华与喧嚣所迷惑，而忘记或者说否弃掉了自己最本己的东西，"即他是一个深思的生命本质"。

因此，海德格尔提醒我们，需要重拾这个被遗忘的本己的东西。但是，恢复对于物的泰然任之与对于神秘的虚怀敞开并不是自动发生并完成的，它端赖一种热烈的思。也许，通过这种思，我们才能走出歧路，走上一条截然不同的道路——一条有着新的基础与根基的道路。在这个新的基础与根基之上，不仅仅永恒作品能扎下牢固的根基，更重要的是，人能够摆脱在当今技术世界里的"无根"状态，真正回归自己的家园。对于这一点，海德格尔再三致意，并引用约翰·彼得·海贝尔的"酒"来浇自己的块垒："我们是植物，不管我们愿意承认与否，必须连根从大地中成长起来，为的是能够在天穹中开花结果。"[1] 海德格尔唯恐人们不理解这段话中的深意，特意画龙点睛地指出："天穹在这里意味着：高空的自由空气，精神的敞开领域。"[2] 而着其眼点仍在于他一贯坚持的人的"根基"。

---

[1]《泰然任之》，《海德格尔选集》，第1241页。
[2] 同上，第1234页。

第十章
以正治国，以奇用兵

第一节 "轴心时代"下的老子道学

老子由道体的"静"发展出一套政治哲学，他将"道"的特性推展到社会人事方面，使之成为帝王南面统治之术所应遵循的原则。老子说："我好静而民自正。"（五十七章）又说："不欲以（而）静，天下将自正。"（三十七章）前句的"我"用的虽是第一人称，但指统治者当为无疑；后句也是站在统治者的立场上讲的，是承前省略，因为在这句之前已有"侯王若能守之"句。再看"正"字，前句的"正"是纳入正轨、法度的意思，后句的"正"可释为"安定"，王弼注本该句正作"不欲以静，天下将自定"。老子甚至将"静"作为检验统治者是否合格的必要条件。他说："清静为天下正。"（四十五章）这个"正"乃君长、主宰的意思。《吕氏春秋·君守》："天之大静，既静而又宁，可以为天下正。"高诱注："正，主。"《顺民》篇曰："昔者汤克夏而正天下。"陈奇猷《吕氏春秋新校释》引王念孙曰："正天下，君天下也。"清净既然是为君的条件，故君主也要以清静来治国。所谓"以正治国，以奇用兵"，用兵打仗，要出奇制胜，而治理国家，则需清静。这里"以正治国"的"正"，作清静解。从君主这方面讲，"清静"就要"无为"。

《吕氏春秋·当染》说"孔子学于老聃",《史记·老子韩非列传》也说"孔子适周,将问礼于老子",据此我们大致可以判断,老子生活的年代稍早于孔子,或者至少与孔子同时。老、孔子所处的春秋战国时代是中国历史上一个"礼崩乐坏"的时代,同时也是西方学者所谓的"轴心时代",具有承前启后的划时代意义。

"轴心时代"是由德国哲学家雅斯贝尔斯提出来的。他打破欧洲中心主义,从世界思想史的视野出发,认为在公元前800—前200年世界各地发生了一系列不同寻常的思想事件:

> 在中国,孔子和老子非常活跃,中国所有的哲学流派,包括墨子、庄子、列子和诸子百家,都出现了。像中国一样,印度出现了《奥义书》和佛陀,探究了一直到怀疑主义、唯物主义、诡辩派和虚无主义的全部范围的哲学可能性。伊朗的琐罗亚斯德传授一种挑战性的观点,认为人世生活就是一场善与恶的斗争。在巴勒斯坦,从以利亚经由以赛亚和耶利米到以赛亚第二,先知们纷纷涌现。希腊贤哲如云,其中有荷马,哲学家巴门尼德、赫拉克利特和柏拉图,许多悲剧作者,以及修昔底德和阿基米德。在这数世纪内,这些名字所包含的一切,几乎同时在中国、印度和西方这三个互不知晓的地区发展起来。[1]

"轴心时代"在中国是"旧制度废而新制度兴,旧文化废而新文化兴",故"中国政治与文化之变革"莫剧于斯时(移用王国维形容殷周变革之语)的时代。周室式微,诸侯纷争,王纲解纽,学术下移,"学在官府"的局面被打破,私人讲学蔚为风气,思想空前活跃。光明与黑暗交集,战争与思想并行,新猷与旧说碰撞。一方面是"春秋无义战",一方面是"百家争鸣"。老子生逢其时,对于这

---

[1]《历史的起源与目标》,魏楚雄、俞新天译,华夏出版社1989年版,第8页。

样一个蜩螗沸羹的时代,他当然有自己的思考与反应,更有与他人思想的冲突、交锋与争论。所以,老子"无为而治"的思想并非无的放矢,而是与当时的社会变动与时代风气密切相关,是老子站在自己的立场上对此作出的一种思想姿态。

当时,以孔子创立的儒家与老子创立的道家最引人瞩目。孔子以遵循、复兴、发扬周礼为己任。《论语·八佾》"郁郁乎文哉,吾从周",《为政》篇"殷因于夏礼,所损益,可知也;周因于殷礼,所损益,可知也。其或继周者,虽百世,可知也",孔子对于自己继周的事业充满信心,认为可以传之百世。孔子对周礼的增益体现在他的"仁"上。孔子的"仁"有几层涵义:一是"仁者爱人",《论语·颜渊》:"樊迟问仁。子曰:'爱人。'"二是"恕道",《雍也》篇:"夫仁者,己欲立而立人,己欲达而达人。"三是修身,《颜渊》篇:"克己复礼为仁。一日克己复礼,天下归仁焉。"儒家另一个重要特点是它积极入世的态度。世传孔子周游列国,鼓吹自己的政治主张,但因为时代变迁了,故到处碰壁,如丧家之犬,甚至厄于陈、蔡,几遭不测,但他仍"知其不可而为之"(《论语·宪问》)。因为孔子采取积极用世的态度,所以他不断提出进取性的治国方略。他认为,"道(同"导",引导)之以政,齐之以刑,民免而无耻",对于民众则要"道之以德,齐之以礼"。(《论语·为政》)弟子子贡向他请教为政之法,孔子回答:"足食,足兵,民信之矣。"(《论语·颜渊》)孔子认为:"道千乘之国,敬事而信,节用而爱人,使民以时。"(《论语·学而》)质言之,孔子的治国方略是有为。老子的执政之道正与之相反。他说:"民之难治,以其上之有为,是以难治。"(七十五章)他反对"法令滋彰"(五十七章),认为:"金玉满堂,莫之能守。"(九章)他还引圣人的话说:"我无为而民自化,我好静而民自正,我无事而民自富,我无欲而民自朴。"(五十七章)"无为而治"首先是要克制物质欲望:"五色令人目盲,五音令人耳聋,五味令人口爽,驰骋畋猎令人心发狂，难得之货令人行妨。"（十二章）若统治者穷奢极欲，势必要盘剥榨取人民的财富，又因上行下效，民众必然"多智"取财，失去愚朴之心。这就是老子视域里"有为"的害处。古希腊哲学家柏拉图也赞赏"节制"这种美德，他借苏格拉底之口评价道："靠理智和正确信念帮助，由人的思考指导着的简单而有分寸的欲望，则只能在少数人中见到。"[1]

第二节 老子的政治理想

老子身当春秋晚期，这是一个"礼崩乐坏"的时代，一个纷争扰攘的时代。面对这种大变局，老子无法适应，无法接受。他不赞成"用兵"，主张偃武息争；他批评政令繁苛，反对统治阶级对民众的压迫（"民不畏死，奈何以死惧之？"）。他还以"天之道"与"人之道"作对比，指出"天之道"是"损有余而补不足"，"人之道"是"损不足以奉有余"，揭露了社会贫富不均的不合理现象。

老子的政治理想是针对当时的混乱局面而来的，那就是建立小国寡民的社会。他为我们描画了一幅人民安居乐业、和平安定的美妙图景："小国寡民，使有什伯人之器而不用，使民重死而不远徙。虽有舟舆，无所乘之；虽有甲兵，无所陈之。使民复结绳而用之。甘其食，美其服，安其居，乐其俗。邻国相望，鸡犬之声相闻，民至老死不相往来。"（八十章）范应元说："随地所产，以食以服，甘之美之，不馁不冻；随其风俗，务其业次，安之乐之，不治而不乱。邻国虽甚近，而使民各安其安，自足其足，至老死而不相往来，则焉有交争之患？如是，则太古之风可以复见。"（《老子道德经古本集注》）

[1]《理想国》，第151页。

下 篇
中国老子古典学说与西方哲学思想的"视域交融"

这俨然是一种古朴的小农社会，但并非是某些人所认为的原始公社的生活图景，因为老子是承认国家存在的，而按照马克思、恩格斯的经典说法，原始公社是无阶级、无国家的。老子认为这种"小国寡民"的社会类型是"至治之极"，显然带有非常浓郁的理想主义色彩，也可以说是他无知无欲的理想人格的外化。

老子的这种"小国寡民"的理想型社会形态透露出浓浓的乡土气息，与海德格尔珍视本土性，扎根农村，反对城市化的倾向具有天然的亲缘性。海德格尔曾深情地描述了他在托特瑙山间平静、孤独、单纯的生活场景，他写道：

> 我自己的工作对于黑森林及那地方人们的内在归属，来自于一种渊源数百年且无可替代的阿雷曼-施瓦本人的质朴品质（Bodenständigkeit）……城里人常常惊讶于山间农人漫长而单调的独处（Alleinsein）。可这并非独处，大体可谓孤寂（Einsamkeit）。在大都市中，人比几乎任何其他地方，都更容易陷入孤独（allein）。尽管如此，人在那里却绝无可能孤寂。因为孤寂具有切己之力（ureigene Macht），它不是将我们孤立，而是将此在整体释放出来抛入（loswirft）万物本质辽远的近处。[1]

当然，海德格尔向往乡间生活的淳朴自然，也与他厌恶并抵制城市里的技术统治与喧嚣嘈杂有关。老子的"小国寡民"理想型社会，当与春秋时代诸侯割据、连年征战的历史背景大有关系。战国时，孟子说"春秋无义战"，而身当其时的老子体会恐怕更其深切。老子恐怕是厌倦了当时你争我夺、纷纷扰扰的社会生活，故而提出另一种的社会模式。

---

[1]《生机勃发的风光：我们为何待在乡下？》，《从思想的经验而来》，孙周兴、杨光、余明峰译，商务印书馆 2018 年版，第 9 页。

柏拉图则在《理想国》中描绘了他心目中的古希腊社会同样美好的图景。他概括了理想国应该具备四种美德：智慧的、勇敢的、有节制的、正义的。我们来看看后两种美德，并与老子的"小国寡民"社会进行比较。关于节制，柏拉图说："它的作用和指勇敢、智慧的作用不同……它贯穿全体公民，把最强的、最弱的和中间的（不管是指智慧方面，还是……指力量方面，或者还是指人数方面，财富方面，或其他诸如此类的方面）都结合起来，造成和谐，就像贯穿整个音阶，把各种强弱的音符结合起来，产生一支和谐的交响乐一样。"[1] 关于正义，柏拉图说："每个人在国家内做他自己分内的事。"[2] 节制与正义，一个是社会各个方面的和谐一致，一个是各行其事、互不干涉。理想社会必须和谐。老子理想社会中的民众"甘其食，美其服，安其居，乐其俗"，正是和谐的真实写照。在这一点上，老子与柏拉图毫无龃龉，毋宁说是"共调"的。而理想社会又必须人人各作其事、互不干涉，老子设想的"邻国相望，鸡犬之声相闻，民至老死不相往来"，便是如此。节制带来和谐，是因为强者、富者抑制住自己的扩张欲望，使强弱、富贫不至于过分悬殊，这样和谐就产生了。各作其事、互不干涉则带来正义，是因为每个人都获得充分自由发展的权利，并摆脱了他人的干预，这对每个人来说不是很公道吗？人们各作其事、互不干涉正是体现了人的自由意志。康德认为，人作为理性的人是具有自由意志的。自由作为人的天赋权利，是每个人与生俱来的，基于人性而具有的原初的、独一无二的权利。一个人只有具有自由意志，才能"变成自己的创造者"，才能在自我立法时不服从异己的意志。从另一方面讲，康德也强调：人的自由意志，应该是在理性指导下的自由意志，并要服从于人自我设定的"立法"，即人内心的道德律令；这种道德律令只能来自实践理性。在外部，自由意志当然也要受到

[1]《理想国》，第152页。
[2] 同上，第155页。

法律的约束。

第三节 "无为而无不为"

所谓"无为而无不为",统治者的"无为"是手段,"无不为"才是他们的目的。老子是想通过"无为"的手段,合理地治理国家。"无为而治"就是对民众的生活不加干预,使之自由生存与发展,并归于淳朴。统治者与被统治者互不干涉,各得其所,这样便可"治大国,若烹小鲜"(六十章)。柏拉图也说:"'每个人在国家内做他自己分内的事'这个品质在使国家完善方面与智慧、节制、勇敢较量能力大小。"[1]

老子"无为而治"的政治哲学思想导源于"道"的体性:"道常无为而无不为。侯王若能守之,万物将自化。"(三十七章)胡适说:"'道常无为而无不为',这是这个自然主义宇宙观的中心观念。这个观念又是一种无为放任的政治哲学的基石。"[2] 孔子鼓吹"泛爱众,而亲仁",樊迟问仁,孔子回答说:"爱人"。这是他倡导对民众施行"仁政"的主要内容。孔子还说:"君子之于天下也,无适(顺从)也,无莫(不可)也,义之与比(紧邻)。"(《论语·里仁》)这里的"君子"指统治者。《尚书·无逸》云:"呜呼君子,所(处)其无逸。"孔颖达引郑玄云:"君子,止谓在官长者。"统治者"义之与比",推己及人,也必然要求民众惟道义是从。显然,老子顺任民众自然化育、自我表现的统治术与孔子用"仁义"加强对民众的管理与训导的理念是针锋相对,所以老子说:"大道废,有仁义。"(十八章)

[1]《理想国》,第155页。
[2]《中国哲学里的科学精神与方法》,《胡适文集》第12册,北京大学出版社1998年版,第403页。

要无为而治，统治者就不能与民争利，"是以圣人欲上（统治）民，必以言下（谦退）之；欲先民，必以身后之。是以圣人处上而民不重，处前而民不害。是以天下乐推而不厌。以其不争，故天下莫能与之争"（六十六章）。与之相反，黑格尔《精神现象学》中的"主奴辩证法"则呈现了另一种面相。主人与奴隶为了争取获得对方的承认与肯定，彼此必然要进行斗争，通过斗争从而达到此一目的。黑格尔的阐释者科耶夫解释说："只有包括主人身分的因素和奴隶身分的因素，'独立'生存（主人意识——引者）和'依赖'生存（奴隶意识——引者），社会才是人的社会。"[1] 所以，天生具有承认欲望的"两个存在中每一个，准备为追求自己的满足奋斗到底，也就是说，准备冒自己的生命危险——因而也把另一个人的生命置于危险的境地——以便得到另一个人'承认'，作为最高价值强加于另一个人——所以，他们的交锋只能是一种生死斗争"[2]。黑格尔"主奴辩证法"的基调是斗争，孔子"仁义"学说的基调是"和为贵"，而老子思想的基调则是"不争而争""曲线而争"。老子说："天之道，不争而善胜。"（七十三章）他还以水为例，说水是最柔弱的，且"善利万物而不争"（八章），但"攻坚强者莫之能胜"（七十八章）。老子说："弱之胜强，柔之胜刚，天下莫不知，莫能行。"（七十八章）老子在言"不争"之处，却处处在言"胜"。显然，黑格尔的"斗争"所显示的是"显"的一面，而老子"不争而争"显示的是"隐"的一面，两者的精神实质是一致的，只不过表现方式不同。这也是东西方哲学思想的差异之所在。老子的"不争"充满了黑格尔所谓"理性的机巧"，似乎带有某种政治策略性质："是以圣人后其身而身先，外其身而身存。非以其无私邪？故能成其私。"（七章）

---

[1]《黑格尔导读》，姜志辉译，译林出版社2005年版，第9页。
[2] 同上，第8页。

下 篇
中国老子古典学说与西方哲学思想的"视域交融"

第四节　老子的"道"与韩非的"术"

老子的"道"与后来法家的"术"有着某种剪不断的关系。司马迁说："老子所贵道，虚无，因应变化于无为，故著书辞称微妙难识……韩子引绳墨，切事情，明是非，其极惨礉少恩。皆原于道德之意，而老子深远矣。"（《史记·老子韩非列传》）司马迁没有详说老子的"道"是如何过渡到韩非的"术"，其间的思想脉络又是如何演变与发展的。但《韩非子·扬权》透露了个中消息："夫道者，弘大而无形；德者，核理而普至。至于群生，斟酌用之，万物皆盛，而不与其宁。道者，下周于事，因稽而命，与时生死。参名异事，通一同情。故曰：道不同于万物，德不同于阴阳，衡不同于轻重，绳不同于出入，和不同于燥湿，君不同于群臣。凡此六者，道之出也。道无双，故曰一。是故明君贵独道之容。君臣不同道。下以名祷，君操其名，臣效其形，形名参同，上下和调也。"韩非把"君不同于群臣"（独尊）归结为是从道之中派生的（"道之出也"），道既然"独一"，君王是执掌这个独一无二的"道"的人（"明君贵独道之容"），自然也就是至尊无上之人，这是帝王的"势能"。又，"君操其名，臣效其形"，循名而责实，帝王确立了"名"，群臣就要以自己的实际行动去符合这个"名"。符合了，就是称职的大臣；不符合，就是不称职，就要受到惩罚。这就是韩非向帝王进献的驾驭群臣的统治之术。另一方面，"人主之道，静退以为宝。不自操事而知拙与巧，不自计虑而知福与咎……群臣陈其言，君以其言授其事，事以责其功。功当其事，事当其言则赏；功不当其事，事不当其言则诛"（《韩非子·主道》）。韩非的这套帝王统治之术，显然是本于老子"道体虚静"的特性而来的，是老子"无为而治"思想的具体化。意大利政治哲学家马基雅维利在

《君主论》里，曾经区分了两种不同类型的君主国体制：第一种是被亚历山大大帝所征服的波斯的中央集权体制，在这种体制下，君主君临天下，别人都是奴隶；另外一种是分权制的法兰西，国王与贵族分而治之，各自为政。显然，韩非"定于一尊"的君主制，与马基雅维利所说的前一种体制异代同调，高度契合。

韩非曾"与李斯俱事荀卿"（《史记·老子韩非列传》）。与孟子的"性善论"正相反对，荀子主张"性恶论"。韩非是大概受到老师思想的影响，也对人性不抱任何幻想。他认为：人与人交往，就是利害之交，冷酷无情。他说："舆人成舆，则欲人之富贵；匠人成棺，则欲人之夭死也。非舆人仁而匠人贼也，人不贵则舆不售，人不死则棺不买，情非憎人也，利在人之死也。"（《韩非子·备内》）所以，从"性恶论"出发，韩非引黄帝之言"上下一日百战"，认为君臣之间"下匿其私，用试其上；上操度量，以割其下"（《韩非子·扬权》），帝王对臣下"操杀生之柄"（《韩非子·定法》）。

从老子之"道"至韩非之"术"的蜕变固然是因为社会政治理念要随时代的变迁作出的不同反应，但不可否认的是，这种蜕变削弱了理论的思辨色彩，跌入实用主义的泥淖，因而在哲学上降低了人们对于世界总体的认知层次。从政治实践上看，汉初推行黄老之说，无为而治，民众得以休养生息，安居乐业；此后的两千余年间，统治者基本上是以"法术"治国，使专制体制绵延不绝。

从另一个视角看，老子的思想里也确实有"术"的成分，但只是偶尔抬头，远未发展到韩非那种地步。老子说："将欲歙之，必固张之；将欲弱之，必固强之；将欲废之，必固兴之；将欲取之，必固与之。"这段话，历代注家见仁见智，意见不一。如高亨《老子正诂》说："此诸句言天道也。或据此斥老子为阴谋家，非也。老子戒人勿以张为可久，勿以强为可恃，勿以举为可喜，勿以与为可贪耳。"在我看来，这样的解释完全脱离了老子的本意。细玩这几句的文意，老子明明白白就是在讲权术。他的"张之""强之"

"兴之""与之"都是策略性的，是为了使对方"歙之""弱之""废之""取之"。即便高亨举三十六章"柔弱胜刚强"以证其说，也是难以站住脚的。"柔弱"无非是示人以弱，但这是一种假象，其企图是以柔克刚，手法上更为巧妙一些罢了。正是在本章，老子告诫统治者"国之利器不可以示人"。利器者，乃国君手中的权柄也。这就不是在讲天道，而是在讲统治术。说这一思想是韩非"权术说"的先声，似不为过。

但是，我们也应看到，老子《道德经》主要是阐述"道"与"德"的思想，涉及统治百姓时，也多是主张"无为而治"，任民自我化育，自我发展。对于统治术，老子则是点到为止，并未大加发挥（否则，老子就要成法家的代表了）。司马迁将老子、韩非合列一传，自有其道理。其父司马谈说道家"撮名法之要"，多少看到了道家与名家、法家在思想上的渊源关系。老子对于"术"的阐述是偶尔为之，但韩非则是将其扩大化、系统化、理论化了。韩非的《喻老》，特别是《解老》，就有承袭老子"术"的思想的企图，并有意放大，把它朝自己实用主义的"权术说"发展，以至于走到了老子思想的反面。

先秦时期，法家的思想顺应社会制度变革的需要，主张以法（君王之法）治国，打击贵族阶级的特权，具有进步意义。但韩非、李斯等人突出帝王控御臣民的南面之术，由"法"堕落为"势"与"术"。比如，《韩非子·难势》说："南面而王天下，令则行，禁则止。由此观之，贤智未足以服众，而势位足以屈贤者也。"《内储说上》篇又总结了人主必须掌握的"七术"："一曰众端参观，二曰必罚明威，三曰信赏尽能，四曰一听责下，五曰疑诏诡使，六曰挟知而问，七曰倒言反事。此七者，主之所用也。"这种"势"与"术"如被人主采纳，并运用于实际的政治统治中，必使人主昧于国家大政方针，而醉心于阴谋诡计。

韩非的"势""术"理论分别承袭自慎到与申不害的主张。慎到对帝王"势"的强调惹人注目,他认为"腾蛇游雾,飞龙乘云"所凭借的就是势,一旦"云罢雾霁,与蚯蚓同",原因就是失势,"失其所乘也"。申不害是帝王南面之术的始作俑者,尽管班固《汉书·艺文志》著录的《申子》六篇已佚,但从《韩非子·定法》的转述仍可见其思想的一鳞半爪:"术者,因任而授官,循名而责实,操杀生之柄,课群臣之能者也,此人主之所执也。"显然,申不害之"术"就是帝王统御臣下的权术。韩非对慎、申两家加以糅合,遂成为古代"势""术"理论的集大成者。后期法家对"势"与"术"的崇拜与迷信,致使其走向了自己的反面。无怪乎在这种政治思想的指导下,秦国二世而亡。秦末一幕幕血腥的宫廷争斗,正是极端讲究"势"与"术"的恶果。故至汉初,文、景二帝以"黄老无为而治"的思想与政策救济法家的疲敝。这是史家的共识:秦之亡,不亡于"制"与"法",而亡于法家的"势"与"术"。统治者适当运用"势"与"术"未尝不可,但若是对它们达到迷信的程度,就不可避免地走向了反面。

第五节 老子的人性论

德国现代政治哲学家卡尔·施米特说:"如果我们记住善与恶的人类学区别,再把普莱斯纳的'始终悬而未决'(指人的本质无法确定、无法测度这一始终悬而未决的问题——引者)与他实际上所指的危险结合起来,那么普莱斯纳的理论便接近于性'恶'论,而非性善论。这一论题符合下述事实,即黑格尔与尼采同样属于性恶论者,最后,'权力'本身(按照布克哈特著名的却决不含糊的说法)也是某种恶的东西。"[1] 施米特赞同普莱斯纳

---

[1]《政治的概念》,刘宗坤、朱雁冰等译,上海人民出版社2015年版,第72页。

的观点，并指出："一部分推测人性为'善'的理论和假说属于自由主义。"[1] 他猛烈抨击信奉"性善论"的自由主义，说："自由主义对国家和政治的否定，它的中立性、非政治性以及对自由的主张，同样具有某种政治含义，在具体情况下，这一切便会导致激烈地反对特定的国家及其政治权力。"[2] 他强调："在关键的时候——尤其是1848年……所有眼光锐利的思想家，比如施泰因、马克思、施达尔、柯特等，均不再对在自由主义中找到一种政治原则或在思想上一致的政治理念抱任何希望。"[3]

施米特反对自由主义，主张中央集权的国家体制，这与两千多年前鼓吹帝王绝对权威、主张严刑峻法的韩非，在政治理念上产生了交集与应和。尽管他们所处的社会环境、时代氛围迥然不同，其学术思想的渊源与背景也不尽相同，但二者在精神上应该说是相通的。可以说，崇奉"性恶论"是他们共同的思想底色，这也为他们的国家主义学说作了根本性的奠基。

老子没有涉及"性善"与"性恶"的争论，他似乎主张"自然人性说"。老子认为：人性之所以堕落，是因为统治者过于珍视难得之货，勾起了民众的贪欲，所以"圣人之治，虚其心，实其腹，弱其志，强其骨。常使民无知无欲"（三章）。统治者"其政闷闷，其民淳淳；其政察察，其民缺缺"（五十八章）。王弼注"其政察察"云："立刑名，明赏罚，以检奸伪。"乃有为而治。统治者要垂拱而治，清静无事，如此民众自然敦厚淳朴；如果统治者施政苛细，民众对此作出的反应就会是狡诈多智，其结果便是"法令滋彰，盗贼多有"（五十七章）。为使民风归于淳厚，恢复其自然之性，老子甚至设想了他理想中"小国寡民"的社会模式："甘其食，美其服，安其居，乐其俗。邻国相望，鸡犬之声相闻，民至老死不相往来。"

---

[1]　《政治的概念》，第72—73页。
[2]　同上，第73页。
[3]　同上，第87页。

老子虽未明言"性善"或"性恶",但他对"孝慈"抱持肯定的态度,隐约透露出"性善"的倾向。他说:"我有三宝,持而保之。一曰慈……夫慈,以战则胜,以守则固。"(六十七章)又说:"圣人常善救人,故无弃人;常善救物,故无弃物。"(二十七章)"夫乐杀人者,则不可得志于天下矣。"(三十一章)

第六节　老子的愚民观

老子明确申言,统治者要施行愚民政策方能赢得统治的成功。他说:"古之善为道者,非以明民,将以愚之。"(六十五章)此处的"道",应该是指治国的方略。那么,如何才能达到使民愚的目的呢?按照老子的设想,就是要让人民"虚其心,实其腹,弱其志,强其骨。常使民无知无欲"。套用现代的话语,就是要让人民四肢发达,头脑简单。老子认为:"民之难治,以其多智。"(六十五章)何谓"智"?王弼的注释最中肯綮,即"多智巧诈"。唯其多智,故不肯顺从自然;唯其多智,才多嗜欲,因而生出种种狡诈贪利之心。纷争叠起,扰攘不堪。老子欲愚民,除了有从统治术层面考虑的因素外,恐怕更与他心目中"小国寡民"的理想社会图景有关。前者后为战国韩非所接续,发展成一套系统的御民之术。韩非同样对民智持否定的态度,他带着轻蔑的口吻说:"民智之不可用,犹婴儿之心也。"(《韩非子·显学》)而与老子同时或稍晚的孔子,也有明显的愚民思想。他说:"民可使由之,不可使知之。"(《论语·泰伯》)并认为:"唯上知(智)与下愚不移。"(《论语·阳货》)此类愚民主张,从春秋延至战国,历久不衰,并弥散于各个不同甚至尖锐对立的思想流派之间。这一现象颇值得我们思量。其根源盖深植于当时"劳心者治人,劳力者治于人"(《孟子·滕文公上》)的社会结构之中。"劳心者"乃统治者,掌握礼乐征伐、生杀予夺的大权,自然高明;而"劳力者"乃是"治于人"的"民",故必欲使其蠢笨,方能服治。但是,如果我们细细辨析玩味老子、韩非、孔子三者的愚民观,不难发现,他们之间实有差别。孔子认定劳力者愚,且这种愚是不能被改变的。韩非则以为民智不足恃,并举大禹治水和子产"开亩树桑"为例,二者所为利于百姓,却都受到百姓的诽谤,从而得出结论:"民智之不足用亦明矣。"(《韩非子·显学》)老子则不同,他是反智,并认为民智是乱之源。

老子之欲愚民,与他鼓吹的政治理想不无关系。众所周知,老子的政治理想是建立一个"鸡犬之声相闻,民至老死不相往来"的"小国寡民"社会。在这样的社会,"虽有舟舆,无所乘之;虽有甲兵,无所陈之。使民复结绳而用之"。古朴简单的社会,要求人民无知无识,这在逻辑上是势所必然的。而当时社会政治形势正发生着十分骇人的蜕变,各种新思想应运而生,而保守思想也要对这种变化作出了自己的反应与解释。孔子欲挽狂澜于既倒,主张积极有为地维护周礼,并欲将其发扬光大;老子则取退婴的态度,而欲回到原始古朴的社会中去,恢复淳朴敦厚的民风,欲民自化、自正、自朴,欲民淳淳,而"绝智弃辩,民利百倍"。老子认为,当时之所以出现纷纷扰扰的局面,就是因为民多智且多欲,所以他告诫统治者要"常使民无知无欲,使夫知者不敢为也"(三章)。

第七节 海德格尔的愚民观

海德格尔之蔑视大众民主具有不同于老子的政治文化背景。在1935年出版的《形而上学导论》中,他显白地抨击道:"从形而上学的层面来看,俄国与美国二者是相同的,即两者对那无羁狂奔的技术和那肆无忌惮的庸民大众组织都有着同样的绝望式的迷狂。"[1] 海德格尔甚至以一种危言耸听的口吻提醒我们："在美国与俄国，所有的这一切都正在以相同的、无差别的方式毫无节制地蔓衍滋生……在美国和俄国那些地方，无差别的平均状态的盛行，这不再是什么无足轻重的小事一桩，而是那种侵略性极强的蜂拥而上，它要摧毁一切品味，摧毁一切世间精神事物，并呈现为是一场骗局。"[2] 在海德格尔看来，美国制度的实质就是对于人类精神力量的一种剥夺与摧残，将精神降格为智能，降格为为特定目的服务的工具，从而取消人类此在对于精神本源的探究、追寻和对于存在召唤的呼应。

海德格尔批评俄国的共产主义不足为怪，他本来就与马克思列宁主义道不同不相为谋，可他竟直言不讳地抨击美国式的大众民主！要知道，美国是一个没有经过典型资产阶级革命，直接将欧洲民主制植入其社会的国家。一般而言，它的民主制是较充分的：它既不似英国"光荣革命"后确立的君主立宪制那样拖泥带水，也不像法国在经历资产阶级革命后，又出现波旁王朝的复辟。对于这样一种以民众票选为基础，以议会民主为表现形式，并形成司法、行政、立法三权分立的典型民主制，海德格尔反对的理由是什么呢？这需要从海德格尔的哲学思想根源及其政治态度两方面来加以挖掘与寻绎。

海德格尔在《形而上学导论》中屡屡提及"人类的群众化"和"人类的大众化"。而这种"群众化"与"大众化"恰恰就是共产主义群众运动的表征，也是大众民主的基础。海德格尔认为：精神是一切事物的"承载者，统治者，是第一的和最后的"[3]，而精神性的创造往往只能是少数甚至是极少数精英的活动，哲学家与诗人乃是其中的佼佼者。而这类精神性创造与大众根本无涉。大众只具

---

[1]《形而上学导论》，第44—45页。
[2] 同上，第54—55页。
[3] 同上，第56页。

有平均化的水平,发现不了存在的真理。尽管海德格尔在《存在与时间》中对所谓"常人"在世的生存方式尽量作现象学的客观描述,但由于他始终更欣赏一种倾听良知的召唤,向死而生,有所筹划,有所决断,不断开掘存在真理的本真性的生活,换言之,就是欣赏超凡脱俗的精神创造者,所以,他事实上是在对常人(大众)进行没有价值性判断的价值性判断。

何谓"常人"?说到底,就是海德格尔所描述的处于服从、平均化与抹平一切差异状态的日常生活之人。这种"常人"被共同的存在方式所决定。海德格尔通过分析世内常人的生存情状,为我们清楚地勾勒了一幅大众庸庸碌碌、无所作为的图景。他说:"此在作为日常共处的存在,就处于他人可以号令的范围之中。"[1] 这里的"他人"是一个中性的东西,即常人。每一个人都是常人,他们共同构成共在的世界。常人为维系共同存在,就要制定统一的价值标准与衡量尺度,以此来约束个体的所作所为,褫夺个体与众不同的意见。他说:"在这种不触目而又不能定局的情况中,常人展开了他的真正独裁。常人怎样享乐,我们就怎样享乐;常人对文学艺术怎样阅读怎样判断,我们就怎样阅读怎样判断;竟至常人怎样从'大众'抽身,我们也就怎样抽身;常人对什么东西愤怒,我们就对什么东西'愤怒'。"[2] 在这种不得已的生存方式下,个体很难逃脱服从的命运,否则就会被视作异类而排除在社会生活之外。

此外,海德格尔还提醒我们一点,即平均化与抹平一切差异。他说:"平均状态是常人的一种生存论性质。常人本质上就是为这种平均状态而存在。因此常人实际上保持在下列种种平均状态之中:本分之事的平均状态,人们认可之事和不认可之事的平均状态,人们允许他成功之事的和不允许他成功之事的平均状态,等等。"[3] 在

---

[1] 《存在与时间》,第181页。
[2] 同上,第182页。
[3] 同上,第182—183页。

这种种平均状态之下,"任何优越状态都被不声不响地压住。一切源始的东西都在一夜之间被磨平为早已众所周知之事。一切奋斗得来的东西都变成唾手可得之事。任何秘密都失去了它的力量"[1]。精神性的创造需要"优越",源始的存在需要孜孜矻矻的探寻,奋斗需要个体不懈地付出自身的全副精力与心血,而发现秘密则需要焦思苦虑,上下求索。现在,这一切都消解于常人的平均化状态之中,于是就有了闲言、好奇、两可等非本真的生存状态。而抹平差异是平均化状态的必然结果。平均化变成了一种不声不响的、威力无比的钳制力量,而发挥着它的作用。它试图抹平一切差别与差距,抹杀一切出人头地的表现;它必不允许任何的出彩与一枝独秀。借用中国的古语表述,就是"木秀于林,风必摧之;堆出于岸,流必湍之;行高于人,众必非之"。

至此,海德格尔嫌恶常人平均化状态的意思已尽在其中。我们知道,公众意见是公众民主的反映,那么,海德格尔对公众意见的看法又如何呢?由嫌恶常人平均化状态,海德格尔端出了他对于公众意见的态度,说:"公众意见当下调整着对世界与此在的一切解释并始终保持为正确的。"这是对公众意见的辛辣讽刺。他进一步分析道:"这不是基于公众意见有一种对'事物'的别具一格的与首要的存在关系,不是因为公众意见对此在具有格外适当的透视能力,这倒是以'对事情'不深入为根据,是因为公众意见对水平高低与货色真假的一切差别毫无敏感。公众意见使一切都晦暗不明而又把如此掩蔽起来的东西硬当成众所周知的东西与人人可以通达的东西。"[2] 平心而论,海德格尔的看法在某些方面的确击中了公众意见的要害。公众意见从不超出常识范围,往往浅尝辄止,人云亦云,捕风捉影,以讹传讹;在看似循规蹈矩的同时,又时时触犯约定俗成的社会行为规范,而且也极易受到舆论的欺蒙与操控。他们

---

[1]《存在与时间》,第183页。
[2] 同上,第183页。

下　篇
中国老子古典学说与西方哲学思想的"视域交融"

浮游于事物的表面，以道听途说为满足，以一知半解为旨归，而与源始的本质性的东西相悬隔、相疏离。这是现实生活中我们触目可见的事实。以此为基础的大众民主，在海德格尔心目中具有什么地位也就可想而知了。

海德格尔对于大众民主的蔑视，恐怕还与他当时身处德国的国际国内环境、氛围有直接的关联。我们先来看一下19世纪末叶欧洲的精神文化图景：

> 就是一个这样的世界。这个世界充满矛盾，在这个'世纪末情绪'的世界中，一切相干不相干的乱七八糟的东西都统统搅和到一起，此起彼伏。狂欢节与把圣灰撒在忏悔者头上的圣灰星期三搅在一起；昂扬向上的文艺复兴精神与悲观疲惫的颓废思潮搞到一起；帝国主义的权力扩张与不惜一切谋求和平的渴望同时存在；一种"无片刻宁静与寻求刺激"的年代，但同时也是"渴望宁静与厌倦了刺激"的年代；一个自行丢失在眼花缭乱的外在世界的时代，同时也是一个自行渴望重新赢得内心世界与协同世界的时代。这个时代的人，一方面全然高估智力方面的因素，思想方面则先天不足，自青少年起就显示出思想方面的病弱，因此他们显得精神烦躁、神经质。这种通病是被那种未曾说出和无法说出的时代气氛所驱动的。但是另一方面，他们又是那么讲究实际，功利主义，向内与向外都冲劲十足，富于行动；悲观失望却又自命不凡，一方面疲惫而又柔软，另一方面生命力又十分顽强，被生命意志与生命的喜悦撕扯着、鞭策着。他们奋发有为，奋发向上，孜孜不倦地追求着目标；他们对任何东西都不抱偏见，对任何东西都不采信仰的态度。他们批判一切，冷静得近乎冷酷，但另一方面，一切神秘玄想的东西都让他们为之动容，甚至是多愁善感地卷入其中而不能自拔，充满了好奇心，对一切谜团和神秘的东西都兴趣

> 盎然，对所有深刻的东西和背景世界的迷魅都饶有兴味，甚至让科学也要服务于迷信的研究，使科学降格为验证迷信的手段，或者把对科学的这一苛求伪装到神秘学的形式中去。[1]

齐格勒绘声绘色的描述，多少让我们嗅到了19世纪末叶欧洲的一些思想气息——矛盾、迷惘、贫弱、怀疑、魅惑，这些似乎都在预示着一场突破常规的思想运动行将来临，思辨哲学将让位于行动哲学。

就在第一次世界大战行将结束、德国败局已定的1918年10月，海德格尔在给妻子的一封信中，对当时的现实状况表达了强烈的不满，表示要创建新的精神，并将希望寄托于未来的年轻一代。他说：

> 将要拯救我们的，只有年轻一代尚可期待，在世界上，新精神必然会创造性地领袖群伦，伴随这种新精神的信念也一定会到来。我们对这种新精神的信念是如此之确定和如此之依赖，把它融入自己的生命，相信我们有能力把它建构出来，也许是在极端困苦和极端匮乏的条件下完成这一使命，甚或是在重重阻碍的情况下去完成它。但不管怎样，随着这一时刻的到来，新的精神的诞生必将把人们唤醒，使人们认识到，我们正陷入可怕的文化泛滥和伪生机的泥沼而不能自拔。真实的生命活力的源泉在绝大多数人那里已经断了根脉，浅薄的生存方式已经居于统治地位，并因此而更加厚颜无耻，更加咄咄逼人，更加贪得无厌。对真正的生命和真正有价值的世界的体验，我们却在灵魂和精神上缺乏伟大的激情。如今，身处前线的人根本就没有任何真正清醒的目标意识，因为经历了四年的痛苦，迫切需要一种成熟的伟大精神，需要一种极端的唤醒，唤醒人

---

[1]　[德]特奥巴尔德·齐格勒：《19世纪和20世纪的精神与社会思潮》；转引自[德]安东尼娅·格鲁嫩贝格：《阿伦特与海德格尔——爱和思的故事》，陈春文译，商务印书馆2010年版，第1—2页。

们心驰神往于对真正的财富付出牺牲。而实际情况却恰恰相反，人们已经厌倦了所有德国式的幻想，基于此一幻想而来的一切权力手段也已失灵。他们目光空落地在那里发呆，毫无目标可言，笼罩在他们周围的不是由真正的爱和互助意愿构成的民族凝聚力的意识，而是在思想上欺骗和在精神上加以误导的所谓自主目标的滥用，甚或完全是没有任何精神可言的落后的权力集团……像灵魂和精神这一类的价值已荡然无存，它们的内涵对人们来说已无从经验，这些东西无一不被精确的科学的（自然科学以及"历史科学"）分析破坏掉，无一不成为这种破坏的对象。毫无目标可言、在精神上加以洗劫和对一切价值的陌生支配了整个国家的生活，并从根本上成为一种由国家推行的观念。在这种情况下，希望只能寄托于新人，寄托于这些新人与精神源初的亲缘性，寄托于这些新人把精神的要求内化于自己生命的担负。我自己越来越紧迫，越来越紧迫地看清这些精神领袖的必要性，只有单个的人才是创造性的（即便在这些领袖人物中间也是如此），大众从来都不是……[1]

这封信所反映的海德格尔的早期思想，尽管在当时只是如电火一闪而已，但事实上已经酝酿了他后来加以发挥，并予以思辨化和体系化的若干要点。在这里，有几个初露端倪的观点值得提出来讨论，以加深我们对海德格尔一以贯之的思想面目的印象：

（一）对精神性东西的高度珍视。他在信中说："在世界上，新精神必然会创造性地领袖群伦，伴随这种新精神的信念也一定会到来。"后来，海德格尔在《形而上学导论》中进一步告诉我们："世界的晦暗在自身中就含有某种对精神之强力的去势，含有精神的涣散、衰竭和对精神的挤压和曲解。"[2] 因为"世界总是精神性的世

---

[1]《爱之心》；转引自《阿伦特与海德格尔——爱和思的故事》，第37—39页。
[2]《形而上学导论》，第53—54页。

界",对我们而言,"精神是承载者,统治者,是第一的和最后的"。后来我们知晓,这种新精神就是摆脱新康德主义的纯粹理性概念体系,摆脱新黑格尔主义的绝对精神世界,向着古希腊思想家所阐释与经验过的存在本源的回归与亲近,直指人的生命与生存本身。海德格尔曾断言:"精神既不是空空如也的睿智,也不是毫无羁绊的机智游戏,既非无休无止的知性拆解,更非什么世界理性。相反,精神乃是向着存在之本质的、有着源始性的谐和情调的、有所知晓的决断。"[1]

(二)"灵魂和精神这一类的价值已荡然无存",现实世界已经将精神降格为智能,这主要是因为"这些东西无一不被精确的科学的(自然科学以及"历史科学")分析破坏掉,无一不成为这种破坏的对象",这牵扯到海德格尔对于科学技术的评价。正如他在《技术的追问》中所指出的,技术就其本质而言,是对于自然界的一种促逼,是人类的一种订置行为。而"精密自然科学的表象方式把自然当作一个可计算的力之关联体来加以追逐"[2],换言之,科学本身为技术的促逼提供了方法与工具;科学原本是一项自由的创造,现在反倒从属和受制于技术,服从于技术的需要;而那种将科学理解为本身具有文化价值的企图只不过是用一种谎言来掩盖精神的失势。精神已丧失了它的源始性与自由度,而遭到了某种哲学或者意识形态的掌控。因此,被人为曲解、降格为智能的精神,成了为某一目的而服务的工具,成了既可教人也可学到的东西。它已经可以被有意识地培植和规划了。精神至此已完全丧失了应有的创造性与独特性。最后,被人为曲解、降格为智能的精神经过改头换面,变成了一种纯粹的奢侈品与摆设,以此向世人炫耀自己并不摧残与否弃文化,反倒是文化价值的维护者。然而,这是一种假象,精神已经失去了精神之为精神的本质性的东西。

[1]《形而上学导论》,第58页。
[2]《技术的追问》,《演讲与论文集》,第23页。

(三)精神性的创造永远属于少数出类拔萃之人,与大众无关。这是理解他蔑视大众民主的一把锁钥。海德格尔轻视大众是有其哲学思想根源的,绝非一时心血来潮,或是盲目冲动。同时,从这一思想逻辑出发,海德格尔不可避免地暴露出他对于领袖临世的渴求,预埋了其日后崇拜希特勒的祸根。他将20世纪30年代世界没落本质性的表现概括为:"诸神的逃遁、地球的毁灭、人类的大众化、平庸之辈的优越地位。"[1] 在海德格尔看来,这无疑是哲学家与诗人的一种悲哀与不幸。"知我者谓我心忧,不知我者谓我何求。"海德格尔甚至为我们描绘了一个超凡脱俗的精神超人的形象,那就是奥古斯特(St. Augustine)。他引用了克鲁特·哈姆逊(Knut Hamsun)描述奥古斯特的最后年月和结局的作品里的诗句,评说道:"在那里,一个亲在式人物,已然绝望无奈,但仍不甘平庸堕落,继续保持着纯真与卓越。"海德格尔没有忘记提醒我们:"奥古斯特的最后时光是在高山之巅的孤寂中度过的。"[2] 孤芳自赏,凌轹平庸,拒绝大众,是他一贯的人生哲学态度。

随着一战的结束,德国帝制被推翻,取而代之的是民主政体的魏玛共和国。但令人沮丧的是,无论在艾伯特时期,还是在兴登堡时期,魏玛共和国都显得软弱涣散,毫无作为。整个德国上下弥漫着一种悲观失望而又无可奈何的情绪,特别是经济状况起起伏伏,最终走向恶化,严重影响到了社会一般人群的生计,迫使他们强烈要求改变现状。法国教授里昂耐尔·理查尔客观地概述当时的情况,说:

> 短短的14年,魏玛共和国所处的社会背景却呈现出多么矛盾的场面啊!它没有经历过一个持续的渐进发展过程,而是在一些极端的情况中转来转去。直到1924年初,正是通货膨胀,

[1]《形而上学导论》,第53页。
[2] 同上,第31页。

失业率的增长，在 1923 年最后一个季度，影响到了就业人口的 1/4。然后是美国于 1924 年资助的 1.1 亿美元以及美国银行家查尔斯·道威斯所制定的计划，使得生产力提高、失业减少，不仅让德国工业不断集中，还给了它一个繁荣的外观。1929 年末，一切都随着经济危机而崩溃了。1932 年在影响就业人口 44% 的失业之中结束了，就业人口里只有 1/3 的人拥有一份全日工作。[1]

与此同时，德国民族的尚武精神以及决心洗刷战败国耻辱的氛围渐趋浓厚，并与日俱增，形成了一股势不可挡的思潮，深深印入德国人的脑中。在这样一种条件下，如果有一个英雄或者一个严密的组织登高一呼，欲拯生民于水火之中，自然能得到本来就具有浓厚民族主义情绪的德国民众的拥戴。这就为纳粹日后的崛起创造了条件。

对于当时德国日益明显的发展趋势，哲学家、文艺家群体因为思想倾向的分殊，出现了不同的选择与归宿。比如，雅斯贝尔斯就与后来崛起的纳粹分道扬镳，文学家托马斯·曼也复如此，那海德格尔呢？我们且来看看他在 20 世纪 20 年代的一些思想倾向。

魏玛共和国的中期，海德格尔在一份非正式的笔记片段中，流露出了明显的失望情绪，他哀叹道："当代生活的无根状态就是一种持续增长着的衰落的根源。"[2] 显然，海德格尔所期待与追求的不是民主之根，而是所谓的"革命之根"，他后来将寻绎希腊思想源始之根的希望，寄托于希特勒开启和进行的国家社会主义运动。只不过，随着纳粹在全世界范围内的彻底溃败，海德格尔才清醒地认识到，希特勒的国家社会主义运动不配这样伟大的使命（关于这

---

[1] 《前言》，《魏玛共和国时期的德国（1919—1933）》，李末译，山东画报出版社 2005 年版，第 2 页。
[2] 转引自 [美] 巴姆巴赫：《海德格尔的根——尼采，国家社会主义和希腊人》，张志和译，上海书店出版社 2007 年版，第 44 页。

下 篇
中国老子古典学说与西方哲学思想的"视域交融"

一点,1966年他在与《明镜》记者的谈话中作了明确的表示)。

不仅如此,海德格尔对魏玛时期笼罩德国大学的那种从概念到概念的哲学演绎极为不满,他说:

> 大学与我的生命息息相关的意识也在于此(指他的哲学活动基于具体、实际的"我在"——引者)。"做哲学"事实上只是因为生存的缘故才与大学相关联,这就是说,我并不认为只有在大学里才有哲学。在大学里有没有哲学,端视大学里做哲学的人是否对自己的生存有基础性的沉思,本真地呈现他之为他的事实的东西,画出他自己的边界,完成自己有限性的界定。这并不排除大学里出现了一位"伟大的哲学家",一位创造性的哲学家,但也并不排除大学里做的哲学除了既非哲学也非科学的半吊子就一无所有。大学里到底有没有哲学,这全要看人们是不是能够以他生命之为生命的渊源来作证。[1]

1925年底,海德格尔在写给雅斯贝尔斯的信中用不无揶揄的语气说:"命运的眷顾,那些廉价兜售着的康德和黑格尔,无论他们怎样廉价兜售,都不会坏了我的胃口,对此,我充满感激。我相信,我已经在康德和黑格尔的近旁感觉到了世界精神。"[2] 看来,海德格尔已经做好了与德国古典哲学保持距离的思想准备,他预备在扬弃康德和黑格尔哲学的道路上开辟出属于自己的新路——彼时下距他出版划时代的哲学巨著《存在与时间》(1927)不到两年的时间。

1929年的世界性经济危机彻底击溃了略有恢复的德国经济,德国重陷困境之中,失业、穷苦像梦魇一样压在德国民众的心头,这

---

[1] 《海德格尔致勒维特的三封信》;转引自《阿伦特与海德格尔——爱和思的故事》,第61页。
[2] 《海德格尔—雅斯贝尔斯通信集》;转引自《阿伦特与海德格尔——爱和思的故事》,第60页。

为希特勒纳粹党的崛起准备了合适的土壤。1933年,希特勒上台,他迅速终止了一系列由宪法与法律规定的个人政治权利,其中便包括出版与集会自由。希特勒让国会通过一项法律,称为《授权法》(Enabling Act),授权内阁可以不受宪法限制进行无限的统治。至此,他已经成为事实上的独裁者。随即,纳粹政府又宣布纳粹党"为德国唯一的政党",其他政党一律取缔,德国的民主政体遭到彻底瓦解。希特勒的纳粹党一方面大兴土木,实施公共就业工程,落实公共住房计划,建设国家大型基础设施;同时扩充军备,大力发展军事工业,准备第二次世界大战。这些举措在一定程度上解决了迫在眉睫的就业问题,工人们得以重返工作岗位,维持生计,纳粹因而博得了多数民众的拥护。另一方面,纳粹又大肆鼓吹以种族优越主义为中心的民族主义,在舆论的鼓噪中,日耳曼民族被美化为世界最优等的民族,而犹太民族则被视为最劣等的民族,激发起德国的极端民族主义情绪。一股反犹浪潮席卷德国,并有不断溢出国界之虞。

弗朗西斯·福山在其名著《历史的终结与最后的人》中指出:

> 法西斯主义的极端民族主义坚持认为,合法性的最终来源是种族或民族,尤其是日耳曼这样的"主人种族"统治其他民族的权利。它把权力和意志置于理性或平等之上,认为权力和意志凭借自身就有资格统治。然而,纳粹所宣称的日耳曼种族的优越性,只有通过与其他文化的斗争才能得到有力的证明。因此,战争在它那里就不是病态,而是常态。[1]

既然法西斯选择了种族优越主义,并决心将其推广到世界各地,那战争就是唯一的结果。

---

[1]《历史的终结与最后的人》,陈高华译,广西师范大学出版社2014年版,第38—39页。

1933年,海德格尔加入纳粹,并短暂担任了纳粹控制下的弗莱堡大学的校长。关于海德格尔与纳粹合作的原因,众说纷纭,辩之者有之,攻之者亦有之。从其哲学思想的根源深处,我们不难发现:海德格尔的生存哲学,他的此在有所谋划、有所决断的"能在"行动哲学,超迈于经院哲学的书斋,打碎了传统哲学概念分析的框架,倒与希特勒"我的奋斗"不无暗合之处。这大概是他最终倒向纳粹,崇拜强人希特勒的原因,也是他蔑视大众民主的思想根源。

魏玛共和国时期的大众民主庸庸碌碌,无所作为,显然不合海德格尔行动哲学的胃口,远不足以担当起哲学寻根的伟大历史使命。而希特勒的强人政治,却令海德格尔瞥见了一丝将希腊本源哲学与德意志民族的存在紧密联系在一起的曙光。巴姆巴赫通过研究海德格尔在魏玛共和国时期与希特勒时期思想倾向的迥然不同(1933年是一个明显的分水岭,该年希特勒全面掌控德国统治权力),得出结论说:

> 他越来越感觉到,对德国的精神—理智方面的拯救,在于在两种扎根状态之间建立某种内在关联——一种是在概念上扎根于古希腊人,另一种则是在原生意义上扎根于本土;然而在魏玛时期,海德格尔却从未充分处理过这一问题。只是随着1933年国家社会主义革命的狂热爆发,海德格尔才设立了在存在论上和民族性上扎根于一种与"保守革命"政治的明确对话中的主题。1933年的 Aufbruch(德语词,指启程、动身、上路,引申为开启、觉醒等义——编者注),或者说革命性"爆发",为海德格尔提供了马基雅维利所谓的"L'occasione"(时机):为洞察民族及其领袖的决定性时刻所提供的政治时机。这种"洞察力的时刻"——一种保罗式的 Kairos(契机),一种尼采式的 Augenblick(瞬间)——为君主提供了根本性(在"根本"——拉丁文是 radix——一词的词源学意义上)变革的

可能性，到达"根源"的可能性。[1]

巴姆巴赫说得比较拗口。换言之，海德格尔显然遭遇到了一个历史性的关口，他准备主动将寻绎希腊哲学之根、挽回德意志意识形态衰退的行动，通过希特所谓的"革命"运动，付诸实施。这对于海德格尔而言，不啻为一个千载难逢的良机。

第八节 老子的愚民观与海德格尔的愚民观比较

现在，我们且来对老子的愚民观与海德格尔对大众民主的蔑视进行简要的评论。

先说老子。从一般意义上说，老子的愚民观对挽救道德颓丧、堕落，有一定的可取之处；但是，从维护有国者的统治、不使社会生乱的角度而言，老子的愚民观倒是不折不扣的御民术，便于统治者的统治。这种政治哲学对中国两千多年封建统治者的影响至巨至广，深深地渗透进了他们的灵魂与血液中，成了他们的一种政治文化基因。封建统治者自觉地将其贯彻到国家统治的方方面面，即愚民政策。老子的愚民观与其反智的哲学思想不无关系。在老子看来，"民之难治，以其多智"。因为"多智"，各种机巧伪诈才得以生成、发展，危害国家的治理，所以，统治者对民众要"虚其心，实其腹，弱其志，强其骨"。

不过，我们认为，对于老子亟欲否定的"民智"也要具体分析，不能一概而论。从现代生活的实践来看，"智"用于疯狂逐利，固然会使人利欲熏心，贪鄙无耻，丧失道德，败坏美俗；但如果

[1]《海德格尔的根——尼采，国家社会主义和希腊人》，第51页。

"智"用于科技创新，则可便利生活，用于人文创造，则能产生光辉灿烂的思想与作品，其中的哲学与诗歌，尤能泽被世人。

再说海德格尔。海德格尔蔑视大众民主，情形非常复杂，需要细细加以分析，方能餍人。民主，从个人权利的角度去看，是必须充分加以肯定的。个人权利主要就是经济权利与政治权利等。经济权利是指在现代文明国家里，每一个人都有通过各种不同的渠道，创造财富的权利，以及从国家那里获得社会保障福利的权利。当然，个人也要承担相应的缴纳税赋的义务。政治权利是指在现代文明国家里，每一个人都有言论、出版、集会、结社等权利。依照卢梭的说法，这些权利是天赋的、永远不可剥夺的。诚如黑格尔哲学的杰出解读者亚历山大·科耶夫所说的那样：

> 人的每一个欲望，人类发生的、源于自我意识和人的实在性的欲望，最终和"承认"的欲望紧密地联系在一起。人的实在性赖以"确认"的生命危险，就是为了这一欲望所冒的危险。因此，谈论自我意识的"起源"，就必然要谈论为获得"承认"而进行的生死决斗。[1]

所以，海德格尔蔑视大众民主，只不过反映了他作为一个日耳曼哲学家的矜持、清高与傲慢，不足为训。

在海德格尔身上，我们仿佛依稀看到了另一个人——尼采。当然，尼采对于庸众的蔑弃态度更露骨，也更加反动。尼采鼓吹"权力意志""永恒轮回"，主张以"超人"来统治世界，驯化民众。这是对民智的一种侮辱。尼采对大众的民主权利极度痛恨与敌视。他明确表示："这个具有普遍选举权的时代，即任何人都有权批评任何人、任何事的时代，我认为当务之急乃是重建等级制。"[2] 他歪

---

[1]《黑格尔导读》，第8页。译文据英译本有所改动。
[2]《权力意志——重估一切价值的尝试》，第141页。

曲说:"只要还没取得权力,人们就想要自由。假如人们有了权力,人们就想建立霸权;假如人们争不到霸权(假如人们的力量还不足以取得霸权),人们就要求'正义'即平等权利。"[1] 尼采把人争取理应拥有的自由、平等的权利,说成是争权力、争霸权,这充分暴露了他反历史、反西方思想启蒙运动成果的傲慢态度与哲学偏见。尼采甚至将庸众贬斥为群畜,大加鞭挞,恣意辱骂。他在对比君主政体、贵族政体和民主政体后得出结论:"君主政体,体现了对超群之人、元首、救星、半神的信仰。贵族政体,体现了对少数精英和高等人的信仰。民主政体,则体现了对一切伟人和精英的怀疑。因为它代表'人人平等'。'质而言之,我们大家都是自私的畜生和庸众。'"[2] 显然,他更欣赏伟人和精英。虽说在心智力量上,伟人和精英可能要胜大众一筹,但在法律上呢?难道伟人、精英和大众不是"人人平等"吗?伟人、精英就应该享受法律之外的特权吗?这就把一部人类进步史给完全颠倒了。只有在奴隶社会、封建社会,人才会被划分为各种等级,少数统治者享有特权,而奴隶、平民就只有被奴役、被践踏的份。这是何等的不公平!世界进入大众民主时代后,普通民众才获得了政治与法律意义上的解放,获得了自由与平等的权利。这样的解放与权利是通过斗争和流血牺牲才赢得的。凭借这一跳跃,历史才真正进入"人之为人"的时代,人才成为真正意义上的人,即独立的人、自由的人、平等的人,这毫无疑问是一种历史的进步。在这一点上,尼采的见识比前辈哲人康德、黑格尔要落后得多。康德、黑格尔对打破封建枷锁、争取平等权利的法国大革命都由衷地表示赞赏与认同,尼采却固执于自己历史虚无主义的立场,对历史的进步视而不见,这不是一种傲慢与偏见又是什么!

大众民主确有其不足之处。比如:大众容易冲动,容易受到政

[1] 《权力意志——重估一切价值的尝试》,第340页。
[2] 同上,第136页。

客的蛊惑,大众也往往是从考虑自身利益出发去争取权益,去参加选举。公众意见有平庸、琐屑的一面。而这些并不合海德格尔的胃口。他看到大众民主无法将寻源与存在结合起来,从而完成德意志民族复兴的伟业,而这一直是他的理想。后来,海德格尔将自己的理想错误地寄托给了希特勒,以及一个野蛮残忍的纳粹政权。这与他蔑视大众民主不无关系,也与他受到作为德国思想一部分的尼采思想的浸淫有着某种隐秘的联系。

诚如弗朗西斯·福山所言:

> 优越意识是一种很成问题的激情,因为如果一个人的优越性得到另一个人承认就觉得满足,那么显然得到所有人的承认就会觉得更加满足。因此,最初作为一种温和的自尊出现的激情,也可能显现为统治的欲望。[1]

福山对优越意识的负面影响讲得比较委婉含蓄,尼采则直截了当得多了,而海德格尔的思想深处也无不透露出这种日耳曼式的优越意识。在这一点上,海德格尔与尼采是一脉相承的。从心智上,从精神性的创造上,这种优越意识是值得肯定的;但在捍卫个人权利、维护到目前为止较为公平的民主制方面,优越意识反而成了一种思想障碍,即"通往统治的欲望"。在当下的社会,没有人应该享有法律之外的特权,人人平等而自由。

海德格尔在政治上的短暂失足对他个人而言是一个悲剧,但事后他并未作认真的反思,据说,海德格尔直到晚年仍拒绝为其过去一度附逆道歉。这除了说明他思想上的顽固,还能说明什么呢?海德格尔对纳粹大有一种恨铁不成钢的意思。当然,我们这样评判海德格尔,并不是想因人废言。海德格尔哲学的魅力永远吸引着那些

---

[1]《历史的终结与最后的人》,第197页。

沉思的人们，因为直到今天为止，"在我们这个可思虑的时代里最可思虑的东西显示于我们尚未思想"[1]。而思想背后所蕴藏的秘密，更是令人如雾里看花，不甚分明。在学习如何思想及探寻思想背后的秘密方面，海德格尔仍不失为我们现代人的精神导师。

第九节 和平主义与"以奇治兵"

德国著名军事理论家克劳塞维茨在其名著《战争论》中说："战争无非是政治通过另一种手段的继续。"战争是政治的一种极端的、惨烈的表现方式。当正常正当的政治手段无法解决国内国际矛盾时，战争便发生。直到参加战争的某一方取得胜利，政治的矛盾才得以解决；或者战争双方的军事实力势均力敌，于是不得不媾和，双方的矛盾暂时得到缓和。战争毫无疑义属于政治的范畴。

老子身处春秋时期，当时诸侯国之间互相攻伐，战乱频仍。从总体上看，老子是反战的，是一个和平主义者。他说："夫兵者，不祥之器，物或恶之，故有道者不处。"（三十一章）物，此处训为"人"或"人们"。打仗就要杀人，老子认为乐于杀人者，不可能得志于天下，是无道。反之，"天下有道，却走马以粪"（四十六章）。却，屏退；粪，施肥。和平时，马用来运送粪土以治田。高亨《老子正诂》说："此言天下有道，干戈不兴，走马不用于军而用于田也。"老子强调，"以道佐人主者，不以兵强天下。"（三十章）所以，"大邦者下流"（六十一章）。王弼注云："江海居大而处下，则百川流之；大国居大而处下，则天下流（《道德真经取善集》引作"归"，是）之。"大国对小国，不能以强凌弱，以兵取胜，而是要以谦下的姿态对待之；如此，小国就会趋归大国。

---

[1]《什么叫思想》，《演讲与论文集》，第142页。

下 篇
中国老子古典学说与西方哲学思想的"视域交融"

老子的和平主义思想与康德的"永久和平论"颇有暗合之处。康德寻求永久和平依靠的是法权与道德，老子则是凭靠"无为而治"的"道"。康德的《论永久和平》撰写于1795年，彼时他已届暮年，而当时的欧洲正值拿破仑统治之下的法国与欧洲诸国发生连绵战争的时期。有感于此，康德从人类普遍的理性出发，呼吁永久和平并提出了保障和平、根绝战争的哲学依据，那就是：自然通过机械作用显示的合目的性法则以及政治与道德相一致的法则。关于第一点，康德说："提供这种保证的，正是自然这位伟大的艺术家（自然这位万物底艺术家）。从自然底机械过程明显地凸显出合目的性，即经由人之龃龉而让和谐甚至违背其意志而产生。"[1] 这何以可能呢？有三种措施："1）它（指自然——引者）已眷顾地球上所有地区的人，使他们能在那里生活；2）它已借战争趋使他们遍布各地，甚至进入最荒僻的地区，而居住于其中；3）它已借同样的手段迫使他们进入多少合乎法律的关系中。"[2] 关于第二点，康德认为政治与道德是有分别的，并引用了《新约》里的两句话："政治说：'要机警如蛇！'道德则补充一项限制条件说：'且要真诚如鸽！'"[3] 两者的结合是有可能的，"各国底联盟状态（其目标仅在于消弭战争）是唯一可与其自由相协调的法律状态。因此，政治和道德只有在一种联盟（故这种联盟系依据法权底原则先天地被规定，而且是必然的）中才可能一致"[4]。换言之，政治与道德的结合，或者说达成一致性（政治最终服从于道德原则），战争才能止息，而这只有在具有基于法权原则与自由的联盟中才是可能的。

中国的春秋时代也是战争频发的时代。作为对于这个时代的反映，老子《道德经》里多多少少也谈论到他的军事思想。老子的兵

[1]《论永久和平——一项哲学性规划》，《康德历史哲学论文集》，第174页。
[2] 同上，第176页。
[3] 同上，第184—185页。
[4] 同上，第200页。

法与孙子的军事思想正相反。《孙子兵法·虚实》说:"凡先处战地而待敌者佚(安逸),后处战地而趋战者劳。故善战者,致人而不致于人。"所谓"致人"就是通过先发制人,令敌人前来就我。又,兵家常识,两军相争,勇者胜。鲁庄公十年(公元前684年),齐、鲁战于长勺(今山东莱芜)。战时曹刿对鲁庄公说:"夫战,勇气也。一鼓作气,再而衰,三而竭。"老子则说:"用兵有言:'吾不敢为主,而为客;不敢进寸,而退尺。'是谓行无行,攘无臂,扔无敌,执无兵……故抗兵相若,哀者胜矣。"(六十九章)用兵打仗不要主动进攻;不要前进一寸,而宁可先退一尺。要让敌人看不到你的行阵;敌人企图拽住你的胳臂,却没有胳臂可拽;虽要靠近敌人,却像没有敌人一样;拿了兵器就像没拿一样。老子认为,两军举兵对抗,实力相当,哀兵必胜。这是后发制人的用兵策略,所谓"不争而善胜"。《水浒传》中,林冲在柴进的庄上与拳师洪教头对抗。洪教头气势汹汹,主动攻击林冲,林冲则一再退让,当他识破洪教头的破绽后,一击就将洪教头打翻在地。这就是后发制人的显例。老子的兵法是其不争而争思想在军事领域内的体现。

老子说:"以正治国,以奇用兵。"奇者,诡秘也,即不按常理出牌。老子兵法的"奇"实出于他的一个思想原则,就是"将欲取之,必固与之"。而这一思想原则反过来又是支配其兵法的主导原则。春秋初年的"郑伯(郑庄公)克段于鄢"事件就是典型的"将欲取之,必固与之"。退让不是不争,而是等待时机;示弱是为了让敌人放松警惕,从而一举获胜;"无行"是让敌人摸不清方向。

第十一章
大成若缺

第一节 "道"的运动生生不息

老子从现实事物与人的主观意识中，深刻观察与体认到了事物发展的辩证运动。这种多次反复出现的现象，最终被他视作是一种带有普遍规律性的东西，也是"道体"的一个特性。

老子认为，"道"虽是恒久之道，但它不是一定不变的，而是"周行而不殆"（二十五章）。道的运动结果是带来事物变化发展。赫拉克利特有句名言："我们不能两次踏进同一条河。"因为当你第二次踏进同一条河时，这条河已经发生了变化，不复为前一次踏进时的河了。这也是因为河水流淌不息导致的变化。

老子还说："物或行或随，或嘘或吹，或强或羸，或载或隳。"载，傅奕本作"培"，王弼本作"挫"，于义未安。俞樾《诸子平议》说："挫，河上本作'载'，注曰：'载，安也；隳，危也。'是'载'与'隳'相对为文，与上句'或强或羸'一律。而王弼本乃作'挫'，则与'隳'不分二义矣。疑'挫'乃'载'字之误。"俞说是。"行"与"随"是一前一后；"嘘"与"吹"，前者是缓吐气，后者是急吐气；"强"与"羸"是强壮与羸弱；"载"与"隳"是安定与危殆。这些现象都是两两相对的，更为重要的是，它们不是凝固静止的，而是可以变化的。

老子说:"大(道的别名)曰逝,逝曰远,远曰反。"道的基本特性是"逝"。吴澄《道德真经注》说:"逝谓流行不息。"道周流不息,就可以向深远之处发展,发展到一定阶段,又返回到它的本源处。道从"逝"到"远"再到"反",这是一个圆圈式的运动——从基点回到基点。为何会这样呢?王弼注云:"逝,行也,不守一大体而已。""大体"就是道,道是变动不居、周流运行的,它"不随于所适,其体独立,故曰'反'也"。"不随于所适"指道不随着它的流逝停留或停止于其所到的地方或事物,而是反身于自己的本体。道是天下的母亲,万物是道的儿子,子肖母。道的运行如此,世间万物的变化发展事实上也复如此。老子说:"玄德深矣,远矣,与物反矣。"(六十五章)此段意谓潜藏而不著于外的德,又深又远,与事物一样同反于真。林希逸《老子鬳斋口义》云:"反者,复也,与万物皆反复而求其初。"初,道也。万物由"道"产生,经过一系列的变化发展,又复归于道。作为起点的道或事物,经过"逝"和"远",最终达到"反"。这一过程完成后,最初的道或事物是否发生了深刻的变化呢?老子对此没有明言。黑格尔也有所谓概念的圆圈运动,但呈现出不同于老子思想的面相。黑格尔在谈及概念的发展过程时说:"前进的运动每向前一步,每一个继续的规定都是同没有规定的开端越离越远,但同时又是越来越近地向开端返回,因而最初看来似乎是相异的过程——倒退论证开端,和向前继续规定它——都是汇合为一的,都是同一的。这样,方法就形成一个圆圈。"[1] 老子的圆圈运动似乎是平面的、波澜不惊的,强调的是道或事物的流动与返本。黑格尔的圆圈运动则有具体的内容。概念的开端是没有任何规定性的,随着它的发展,一步步地获得了规定性,所以它开始远离没有规定性的开端,同时它又更切近地向开端返回。因为经过概念的不断运动之后,这种倒

---

[1]《大逻辑》,格洛克纳本《黑格尔全集》第5卷,第350页;转引自《论黑格尔的逻辑学》,第171页。

退式的返回，其实是对开端作了深切的论证，使原来"白板"的开端获得了丰满充实的内容。

第二节　老子"道"的返还与反转

老子说："反者，道之动。"（四十章）反，返也，即返还之义。老子还说："万物并作，吾以观复。"（十六章）"复"也是返还的意思。吴澄《道德真经注》解释道："复，反还也。物生，由静而动，故反还其初之静为复。"毫无疑问，这种事物的返还其本（"夫物芸芸，各复归其根"），带有明显的循环论的意味。事物由道生出之后，无论它们如何发展、演变，最终还是要回复至其本源之处——道。所谓"万变不离其宗"。古希腊思想家阿那克西曼德的《残篇》1（海德格尔《哲学论稿》所言"流传下来的最古老的关于存在者的话是：阿那克西曼德的箴言"即指此条）在谈到万物始基时说："万物皆始于它，又复归于它。"此论与老子之"道"的循环说有异曲同工之妙。黑格尔虽认为事物的发展是螺旋式上升的，但他指出：事物的开端（正）即是终结（合），开端只是终结的尚未展开的潜在状态而已，同时，终结（合）也即是开端（合），它是把开端尚未展开的状态展开起来而已。所以，黑格尔将事物正、反、合的自我运动看作是一个自成系统的闭环的圆圈运动。老子的"道"是由"动"返"静"；黑格尔的正、反、合运动尽管有曲折、有反复，但始终处于向前发展的状态，合（第三范畴）通过扬弃第一范畴（正）与第二范畴（反），使原来的事物既得到了克服，又得到了保存，从中产生了新的范畴。黑格尔说："扬弃有双重意义，它既意味着保持或保存，也意味着停止、终结。"[1] 保存原有事物

---

[1]《大逻辑》，第120页；转引自《论黑格尔的逻辑学》，第182页。

合理的部分，终结其不合理的部分，从而实现新的同一，新的同一中仍然蕴含着对立面的对立。海德格尔在解释黑格尔"扬弃"概念时说："扬弃说的是保存、保持、带到安全的地方（比如说"好好保管［aufheben］礼物"）。这种保存完成于绝对的同一性之中，在这种同一性中，诸种对立仍保持着对立而非消失不见，就像谢林的同一性让牛消失在黑夜中。"[1] 海德格尔继续说道："所以，十分草率地用 suppression（压制）或 abolition（消除）来翻译'扬弃'的做法常常是荒谬的。"[2] 海德格尔以康德的名言"因此我必须扬弃知识，从而为信仰留出地盘"为例，具体解释"扬弃"的内在实质："这说的可不是'消除'知识，而是在知识的界限之内（或者不如说是在知识的位置［Ort］上）把知识提升至其统一性（经验之可能性）中，以此方式才第一次正确地将知识据为己有。"[3]

但是，老子的"反"与"复"似乎更有一层深意，即：任何事物都有向其反面转化的倾向。"反者，道之动"，这个"反"应该有转化的意思。张岱年说得好："何谓反复？就是：事物在一方向上演变，达到极度，无可再进，则必一变而为其反面，如是不已……反即是否定。复亦即反之反，或否定之否定。"[4] 张岱年特别注明：西方的否定之否定有正反综合之意；中国哲学所谓的"复"，则主要是更新再始之义。所以，反经过对于正的否定，得到了转化。

老子说："曲则全，枉则直，洼则盈，敝则新。"（二十二章）"曲"经过自身的推展、演衍，可向其对立面转化，变成"全"；"枉""洼""敝"也复如此。"孰能浊以静之徐清？孰能安以动之

---

[1]《讨论班》，第382—383页。
[2] 同上，第383页。
[3] 同上，第383页。
[4]《中国哲学大纲》，第101页。

下篇
中国老子古典学说与西方哲学思想的"视域交融"

徐生?"(十五章)从混浊到清澈、从安定到动荡的转化,老子确实实看到了。在老子看来,促成这种转化的条件要靠行道之士。只要行道之士不自满("不盈"),遵循道的运作规律,就能促成事物"蔽而新成"(十五章)——由"敝"转化成"新"。

老子之所以能看到事物的对立面能够相互转化,是基于他体认到了任何事物都是有相反相成的两个对立面构成的:"有无相生,难易相成,长短相形,高下相倾,音声相和,前后相随。"(二章)这里"有无""难易""长短""高下""音声"的对立与统一是内在的,而非人为硬凑出来或是从外部强加的。黑格尔区分了对立面的两种截然不同的差异——"杂多的差异"与"对立的差异"。所谓"杂多的差异"就是不同事物"各自独立,与他物发生关系后互不受影响,因而这关系对于双方都是外在的"[1]。而"对立的差异"则是对立物彼此是一种内在的关系,对立双方的"每一方面都映现在它的对方内,只由于对方存在,它自己才存在。因此,本质的差异即是'对立'。在对立中,有差异之物并不是一般的他物,而是与它正相反对的别物;这就是说,每一方只有在它与另一方的联系中才能获得它自己的本质规定,此一方只有反映另一方,才能反映自己。另一方也是如此;所以,每一方都是它自己的对方的对方"[2]。老子所谓的"有无""难易""长短""高下""音声"即属于这种"对立的差异":其一,它们是具有内在性质的对立,对立中的每一方都以对方的存在为其依据,失去了对方,自己也就不复存在了;其二,对立双方存在着根本性的差异,有差异就有矛盾,就有斗争。尽管老子没有刻意强调对立面的斗争,但他也曾说过"敝则新""蔽而新成",这种转化,如果不经过一方对另一方的渗透、克服与扬弃,是不可能完成的。

---

[1]《小逻辑》,第251页。
[2] 同上,第254—255页。译文有改动。

第三节 老子强调对立面的
和谐与不争之争

老子意识到了相反者相成，但他突出强调的是它们的共处与和谐。古希腊思想家赫拉克利特认为"对立的统一，如弓和竖琴"，海德格尔对赫拉克利特的这种"对反周转者"（Gegenwendige）的意蕴作了阐释。不过，我们从他的阐释中不难发现，"争执"是其思想的基调。张振华分析说："在希腊神话中，太阳神阿波罗的妹妹月亮神阿耳忒弥斯的标志是火把、竖琴和弓箭；海德格尔认为，这意味着她同时带来光明和死亡。光明与黑暗、生命与死亡在阿耳忒弥斯的形象中呈现为相互敌对（widersprechen）的东西，因此'阿耳忒弥斯是本质性的争执，[纷争]的带来者'。"[1] 或许是受到荷尔德林"以和谐的方式相互对立的东西"的思想的影响，或许从中国学者萧师毅那儿找到了与东方思想的共鸣，海德格尔晚期的思想似乎趋向于和谐。他说："存有之本质现身的颤动就将规定思想作品本身的结构。进而，这种颤动会得到加强，变成那种释放出来的柔和性（Milde）之权力，即那种诸神之神的神化的亲密性（Innigkeit）的柔和性之权力。"[2] 所谓"存有之本质现身"，是指存有（存在）征用人，借人来道说它，并使它的本质得以呈现出来；"颤动"是本现过程中的节律。在海德格尔的眼里，希腊诸神的权力不再是狂暴的、任性的，而是充满了亲密性（Innigkeit）的柔和性。事物对立面的双方虽仍是分离的，但不再是"乌眼鸡似"的，恨不得你吃了我，我吃了你。双方在区分中含有亲和性（Innigkeit）。张振华准

---

[1]《斗争与和谐——海德格尔对早期希腊思想的阐释》，商务印书馆2016年版，第243页。
[2]《哲学论稿：从本有而来》，第3页。

确地区分了海德格尔在不同时期使用亲密性与亲和性的特定含义："在海德格尔自己的思想中，Innigkeit这个词在1930年代前期和1940年代前期都得到了使用，但是两者之间的结构与情态并不相同。基于这种前后差异，笔者拟将1930年代前期的Innigkeit译为'密切性'（亲密性？——引者），将1940年代前期的Innigkeit译为'亲和性'，其间的差别相应于海德格尔对斗争与和谐的不同侧重。"[1] 他还说："比起海德格尔在《荷尔德林的颂歌〈日耳曼尼亚〉与〈莱茵河〉》和《形而上学导论》中所提及的相互对抗之间紧张的'亲密性'（Innigkeit），'区分之亲和性'代表了一种更加圆融自由的关系。"[2] 从争执到亲和，海德格尔向东方的老子思想靠拢了。但是，"唯当亲密的东西，即世界与物，完全分离并且保持分离之际，才有亲密性起支配作用"[3]。这种"亲密性"与被黑格尔称为"最无分裂的同一性"有所不同。世界与物的亲密性以"分离"为前提，这种"分离"正反映了世界与物的差异性。从物理学的现象看，异性相斥；但从哲学的观点看，事物的差异倒是可以相吸的。"分离"可能导致斗争，但也可以是有差异的统一，对立双方和平共处，相安无事。黑格尔称对立双方安定的统一为"根据"。黑格尔认为：对立物因矛盾而发展，结果就是"扬弃本质的自我矛盾的规定性"，使得肯定与否定"降低到只是规定性"，也即是说，双方原有的矛盾被敉平了，获得了一种新的统一。所以，黑格尔说："解决了的矛盾，就是根据，即作为肯定物与否定物的统一的本质。"[4] 黑格尔的所谓"根据"相当于"正、反、合"中的"合"。"合"即是矛盾的扬弃，经过扬弃，矛盾平息了。海德格尔的"亲密性"与黑格尔的"扬弃"既有相通处，又有不同点。相通

---

[1]《斗争与和谐——海德格尔对早期希腊思想的阐释》，第369页。
[2] 同上，第257页。
[3]《语言》，《在通向语言的途中》，孙周兴译，商务印书馆2015年版，第16页。
[4] 参见《论黑格尔的逻辑学》，第153页。

在于两者都涉及差异、矛盾，不同在于海德格尔要维持差异，对矛盾双方等量齐观，而黑格尔更强调同一性。老子一贯强调矛盾体的和谐、不争，他说："知和曰常，知常曰明。"（五十五章）这两句是说：知晓了矛盾体的和谐，就懂得了常（在老子看来，事物恒久的法则就是"和"）；懂得了作为事物恒久的法则就是"和"，就是明智。《云笈七签·守和》解读《老子》四十二章时说："万物负阴而抱阳，冲气以为和，故贵在守和。"阴阳是一对矛盾，有矛盾就有斗争，有斗争就会出现矛盾体的冲突与破裂。老子显然有意隐去了这种局面。拿黑格尔的"根据"与老子的"和"比较，不难发现：它们似乎都臻于矛盾的解决与调和的状态。然而，前者是经过了矛盾的扬弃，达到了统一体新的平衡；后者似乎没有这种迹象，蕴含在"和"里真正的意蕴是曲折而隐秘的，颇费猜度。

老子一方面说"敝则新""蔽而新成"，根据事物发展的法则，敝转化为新，蔽（敝）而能够新成，其间必然要经过敝与新彼此的斗争；他又说"柔弱胜刚强"（三十六章），这个"胜"也必须通过斗争方能达致。但另一方面，老子又说"知和曰常"，强调矛盾体的和谐，这在逻辑上似乎不能自洽。但如果从另一视角看，老子更像是在说不争而争，不斗而斗，在"和"内部潜藏着斗争，只不过采用了温和的形式而已。"和"是斗争的面纱，否则怎么能"无为而无不为"呢？或许用黑格尔所谓"理性的机巧"更能说明问题，他说："理性是有机巧的，同时也是有威力的……这种理性的活动一方面让事物按照它们自己的本性，彼此互相影响，互相削弱，而它自己并不直接干预其过程，但同时却正好实现了它自己的目的。"[1]

辩证法的法则告诉我们：任何事物在它内部的肯定因素里已经包含了否定它的因素。黑格尔特别强调辩证否定的积极意义，他说："否定是生命和精神自身运动最内在的源泉和灵魂。"[2] 现实

---

[1]《小逻辑》，第394页。
[2] 转引自邓晓芒：《黑格尔辩证法讲演录》，北京大学出版社2005年版，第79页。

世界形形色色的事物又何尝不是如此呢？黑格尔只是把现实世界的辩证否定原则纳入他的精神运动中去而已。后来，马克思将这种"头足倒置"的现象置放回现实世界，指出精神的辩证否定不过是现实世界辩证否定在人脑中的反映。老子说："祸兮福之所倚，福兮祸之所伏。孰知其极？"（五十八章）在祸中，老子看到了有福在倚伏；反之，在福中有祸在藏伏。韩非也认识到了祸福相倚、互相转化的辩证关系。韩非虽是在存在者层次上论证上述关系，但他正确地指出"福本于有祸"，反之，"祸本生于有福"。（《韩非子·解老》）韩非天才地猜度到了在祸中隐伏着福的因子，而在福中同样隐伏着祸的因子。祸福是一对矛盾，它们在一定条件下可以互相否定对方，辩证的否定促使它们向相反的方向转化：祸转化为福，福转化为祸。同理，老子说"正复为奇，善复为妖"（五十八章），正可以转变为奇，善可以转变为恶。"正"与"奇"、"善"与"妖"都是具有循环相生之理，彼此是能够转化的。这种转化的过程无穷无尽，老子因而发出疑问："孰知其极？"极者，边际也。在老子看来，事物转化的条件就是物盛而衰，任事物发展到它的顶点，然后物极必反，最终走到它的反面。老子说："物壮则老，是为不道。"（三十章）许抗生解释道："物强壮了就开始衰老，这就叫作没有得'道'。"[1] 其言得老子的原旨，可谓正解。

老子刻意让对立双方保持在不被破裂的状态，所以他反对走极端，反对盈满："保此道者，不欲盈。"（十五章）圣人要"去甚、去奢、去泰"（二十九章）。老子告诫世人，要"知其雄，守其雌"（二十八章）。雄，雄强，释德清《老子道德经解》云："物无与敌谓之雄。"但是，"雄"并非一直都能保持雄强的状态，在一定的条件下，雄强可以转化为虚弱。所以，要防止事物过度强盛，走向反面。老子用日常生活的事理告诉我们："飘风不终朝，骤雨不终日。"（二十三

---

[1]《帛书老子注译与研究（增订本）》，浙江人民出版社1985年版，第121页。

章）世人要保持足够的警惕，要守护其反面——柔弱，"弱者，道之用"（四十章）。为了防止事物走向极端，老子认为：一是要尽量保持事物的稳定，"其安易持"，事物在稳定状态下最容易持守；反之，"其脆易泮，其微易散"。泮，分离。此语意谓当事物脆弱时容易破裂，当事物微小时容易散失。这些都不是事物的稳定状态。二是要未雨绸缪，防患于未然，因为"其未兆易谋"。（六十四章）

第四节 "合抱之木"与"九层之台"

《老子》六十四章说："合抱之木，生于毫末；九层之台，起于累土。"高亨《老子正诂》说："累当读蔂，土笼也。起于累土，犹言起于蔂土。"蔂土即一筐土。此段话可注意者有数点：

其一，亚里士多德有著名的"四因说"，"四因"即质料因、形式因、动力因、目的因。质料就是物质未完形时的原料，以雕塑家雕刻雕像为例，尚无形式的青铜就是雕像的质料；形式就是赋予质料以一种形态或者说模式，如赋予青铜以雕像的形态；动力因是促使质料取得一定的形式结构的力量；目的因是指事物所要达到的目的，如雕塑家要将青铜雕塑成铜像，再进一步说，雕像被制成后可以用来敬神，等等。质料是一种天然的、未分化的材料，比如青铜，直到它被雕塑家雕刻成雕像，才算是完成了它的最终形态。形式是对质料的否定，最终令质料变为完成的形态。动力因是促使质料变为最终具有完成形态的东西的积极推动者。目的因是指要使质料经过处理达到制作者的目的。其中，形式因、动力因与目的因无不与人（制作者）的主观意愿有关。老子的"毫末"与"累土"，依照亚里士多德的观点，属于质料。要使"毫末"与"累土"变成"合抱之木"与"九层之台"，需要通过一定的形式否定这些质料，达至事物的完成形态。如果说合抱之木还不涉及形式因、动力因与目的因，因为它可以是一个自然生长过程；但是，建造九层之台，则无一例外地牵扯到了质料因、形式因、动力因与目的因，因为它有人的主观意识在起作用。人们在建造九层之台时，已经预先设计好了它的形态，通过运用"累土"这种质料，赋予它高台的形式，使高台这个事物得以产生，从而达到预期的目的。

其二，事物的潜能包含在它的现实之中。亚里士多德《形而上学》说："现实之于潜能，犹如正在进行建筑的东西之于能够建筑的东西，醒之于睡，正在观看的东西之于闭住眼睛但有视觉能力的东西，已由质料形成的东西之于质料，已经制成的东西之于未制成的东西。"潜能只是一种可能性，一种潜藏于事物中的存在，现实则是事物的完成形态。从潜能变为现实，运动是必要的一环，所以，亚里士多德将运动认作是事物由潜能变为现实。毫无疑问，现实一方面是实现了的潜能，另一方面也是对潜能的否定。这是被黑格尔所称的否定性的创新，因为这种否定性既保留了原有事物合理的东西，更是超越了旧有的事物，增添了新的因素和内容，完成了新的形态。所以，马克思赞许黑格尔的这种辩证的否定性。他认为，黑格尔的辩证法就是"作为推动原则和创造原则的否定性"[1]。合抱之木是对毫末的否定，九层之台是对累土的否定。通过辩证的否定，推动毫末向合抱之木的转变，累土向九层之台的转变。不惟如此，合抱之木之于毫末，九层之台之于累土，创造出了全新的形态。海德格尔从此在生存论的角度认为可能性高于现实性，现实性通常被理解为现成存在，而此在的生存方式就其本质而言就是"去存在"，它怎样去是，就蕴含了它的种种可能性："此在本质上总是它的可能性，所以这个存在者可以在它的存在中'选择'自己本身、获得自己本身；它也可能失去自身，或者说绝非获得自身而只是'貌似'获得本身。"[2] 质言之，此在的生存方式在它的"能

---

[1] 《1844年经济学哲学手稿》，第98页。
[2] 《存在与时间》，第64—65页。

在"过程中,可以呈现多面相的可能性;它是生成性的、当下性的,不似现实性那样是现成存在的。准此以谈,老子的"毫末"与"累土",不仅仅存在积变为"合抱之木"与"九层之台"一种可能性。"毫末"萌芽可以供人食用或观赏,"累土"可以用来建造房屋,构筑堤坝,等等。

老子说:"大小多少。"(六十三章)大是由小发展而来,多是由少发展而来。其原因诚如韩非所言:"有形之类,大必起于小;行久之物,族(多)必起于少。"(《韩非子·喻老》)老子又说:"为大于其细……天下大事,必作于细。"(六十三章)当然,老子这里还只注意到事物量的大小变化;但从"毫末""累土"转变为"合抱之木""九层之台",这就认识到了随着事物"量"的逐步积累,突破"度"后,不仅会改变事物的形态,且必然使事物发生根本的"质"的变化。

关于事物质量互变规律,黑格尔阐述得最为透彻。质与量是一对统一体,被称为"尺度"。它们体现在直接的统一中。质与量有两种基本的关系:第一种关系是潜在的、松弛的关系,不是对立矛盾的关系。正如英国著名黑格尔研究专家斯退士所言:"黑格尔这里所用'直接的'一词是说质与量之间没有任何真正的中介的意思。它们表现为相互关涉、'相互依赖'、相互中介。但这种中介性只是相对的、不完全的。"[1] 在这种关系中,一定量的变化不一定会引起质的变化。第二种关系是真正的对立矛盾关系。对此,斯退士继续分析说:"(质与量)不是绝对地相互依赖,不像我们将在后面本质的领域中所发现的那样;在那里,肯定与否定,原因与结果等等,离开了自己的相关者就绝对地毫无意义……(相对于直接的统一性,)完全的统一只能意谓着一个事物的量的任何变化必然带来质的变化。"[2] 在质量互变过程中,黑格尔十分看重"度",他

---

[1] 《黑格尔哲学》,鲍训吾译,河北人民出版社1987年版,第154页。
[2] 同上,第154—155页。

说:"一切存在着的东西,都有一个度。一切规定的存在都有一个量,而这个量属于某物本身之本性,它构成某物之特性,是它的内在的东西。某物对此量并不是无所谓的。不是当量有了变化,而某物依然如故,而是量的变化会改变某物之质。"[1] 黑格尔举例说:"举凡一切人世间的事物——财富、荣誉、权力,甚至快乐痛苦等——皆有其定的尺度,超越这尺度就会招致沉沦和毁灭。"[2] 事物的"量"积累到一定程度,超越了"度"就会引起质变,通过质变,事物获得了新的内容,然后又进入了新一轮的量变到质变的过程。如此发展,无穷无尽。老子的"蔽而新成",就是反映事物经过扬弃,获得新的生成的过程。

美国学者哈利士的《黑格尔逻辑学》注意到了黑格尔所谓的事物从量变到质变,再从质变到量变的循环往复的过程中的"交错线"(又称"关节线")。库诺·费舍《近代哲学史》分析说:"在这个点上,量与质又重新集结在一起,仿佛彼此交叉。这个点,黑格尔称之为'交错点'(关节点)。由于在每个点上又产生了新的尺度关系,所以黑格尔把连接各个点的线叫做诸尺度的交错线。"我们知道,尺度是量与质的统一。从尺度过渡到无尺度,就是原来的尺度遭到否定,也就是说,量变超越"度"以后,旧质"就随之被扬弃","就被另一特定的质所代替"。这种由量变到质变的过程就是"交错线",量变突破"度",过渡到质变的那个点就是"交错点"。在量变没有发生质变之前,量与质似乎是分离的,一旦量变发生质变,就在这个交错点上,量与质又重新集结在一起了。当质变完成后,新的质量统一体又建立了,无尺度又变成新的尺度了。以老子的"九层之台,起于累土"为例。累土代表事物的量,它与代表质的高台虽然可以是相互依赖的,但其关系却是松弛的。在累土建成高台之前,是有尺度的;一旦由量变发生质变(在交错点

---

[1]《大逻辑》,第413页;转引自《论黑格尔的逻辑学》,第260页。
[2]《小逻辑》,第235页。

上),即累土建成高台,高台否定了累土,原来的尺度就被无尺度所取代。但同时,高台的建成形成了新的质量统一体,无尺度又被新的尺度取代了。

第五节　任何事物本身就有缺陷

老子云:"大成若缺,其用不蔽。大盈若冲,其用不穷。大直若屈,大巧若拙,大辩若讷。"(四十五章)冯友兰先生说:"按对立面互相转化规律,一种事物发展到一定的程度,必然要转化为其对立面,只有在事物中预先容纳一点它的对立物,才可以永远保持它的现状。"[1]就主观辩证法而言,此说不为无据。但依客观辩证法视之,任何事物在它肯定的因素里必然包含否定的因素。"大成若缺",不是说最完满的东西从表现出来的外表看有缺陷,而是说最完满的东西本身就是有缺陷。此语中的"若"应训为"乃、就"。《尚书·秦誓》云:"日月逾迈,若弗云来。"《国语·周语》:"必有忍也,若能有济也。"韦昭注:"若,犹乃也。""若"不是"似乎是",而是"实质是"。同理,"大盈若冲"是指最充盈的东西里就有空虚的地方。古希腊巴门尼德提出的第一条思想原则是:"存在者存在,它不可能不存在。"他不理解存在与非存在的辩证关系,所以他认为事物是一成不变的。老子看到充盈的东西里有空虚的地方,这样就有了事物的运动,有了运动,事物才会发展变化。"大直若屈"指最正直的东西里就有弯曲的地方。"大巧若拙"指最灵巧的东西里就有笨拙的地方,这也符合老子"我独顽且鄙"(二十章)的理想境界。顽,愚钝;鄙,朴野。这些都与"大巧"正相反对。"大辩若讷"指真正的辩士是口讷的。老子认为,"多言数

---

[1]《中国哲学史新编》上卷,第327页。

（速）穷"（五章），"知（智）者不言，言者不知"（五十六章）。海德格尔认为："对于思想来说"，另一开端的第一位思想家必须是具有"留下那种在最纯粹的静默中对最质朴形象的最简单道说"的能力。[1] 也许，我们能从老子所谓的讷讷之言中读出"道"的真谛来。

只有如此理解，我们方能把握事物内部"成"与"缺"、"盈"与"冲"、"直"与"屈"、"巧"与"拙"、"辩"与"讷"的对立统一，抓住了事物的本性。

---

[1]《哲学论稿：从本有而来》，第79页。

第十二章
善为道者

第一节 儒道对立的体道观

老子预设"道",是欲为人提供一个安身立命的居所。徐复观说:"老学的动机与目的,并不在于宇宙论的建立,而依然是由人生的要求,逐步向上面推求,推求到作为宇宙根源的处所,以作为人生安顿之地。因此,道家的宇宙论,可以说是他的人生哲学的副产物。他不仅是要在宇宙根源的地方来发现人的根源,并且是要在宇宙根源的地方来决定人生与自己根源相应的生活态度,以取得人生的安全立足点。"[1] 此话搔到了老子"道"的痒处。在"道"这一人安身立命的居所,老子概括了中国古人高明、智慧的源始经验与思维方式,足以启思千载后的"开路者",指点其辨识"林中路"。

孔子说:"人能弘道,非道弘人。"(《论语·卫灵公》)"弘"有发扬光大之意。《周易·乾卦》象辞亦云:"天行健,君子以自强不息。"乾卦乃阳卦,代表进取精神。象辞意谓:天道的运行刚健有为,人(君子)要效法天道,自强不息。上述文字荟萃了儒家对待大道与人世的积极精神。儒家对人发挥主观能动性的基本态度首先

---

[1]《中国人性论史·先秦篇》,第294页。

取决于它对社会政治的态度。是积极用世还是或消极避世？显然，儒家是属于前者。孔子周游列国，鼓吹他的学说，就是最好的证明。孔子曾信心满满地说："苟有用我者，期月（一周年）而已可也，三年有成。"（《论语·子路》）孔子本人也担任过鲁国的司寇。当孔子在政治上碰壁后，也不灰心丧气。有时，孔子之积极用世甚至到了近乎偏执的程度，以至于连守城门的人都知道他是"知其不可为而为之者"（《论语·宪问》）。其次，与儒家对于人的评价有关。孔子"不语怪、力、乱、神"（《论语·述而》），反而大力揄扬人的"狂狷"，说："不得中行而与（交往）之，必也狂狷乎！狂者进取，狷者有所不为也。"（《论语·子路》）人要达到"中行"的境界不易，不得已而求其次，人可以做到孤洁（狷），更可以积极进取（狂）。

老子说："道，强为之名曰'大'……故道大，天大，地大，人亦大。域中有四大，而人居其一焉。"（二十五章）虽然老子在道、天、地、人之间分出等次，令人居于最末，但他把人抬高到"四大"之一的地位，足见他对人的重视。不过，老子虽承认万物之中人最为卓越，但他所认为的卓越，绝不是儒家所宣扬的积极用世的卓越，而是人对于道的顺从归属的卓越。质言之，人要以道为榜样，取法道的精神，体道、味道、行道、用道。既然如此，人就不该有自己的主观意志，一切惟道是依。道不干预万物的运行，人亦如此，纯任自然。故人不能将自己的主观意志强加于万物，更不能以人的主观看法作为衡量一切事物的标准。

儒家是"人弘道"，道家是"人从道"，虽仅一字之别，却有千里之差，反映了两家对待人与道的关系的迥然不同的态度。

在老子那儿，以"我"（人）为中心的观念遭到否弃。老子说："及吾无身，吾有何患？"（十三章）刘康德分析，老子是要"去掉以我为主的'我'和弱化以身作则的'身'……人没有必要非得将一切（自然、社会）统统纳入人之自我设想之中，即人不能非得将自己的标准强加给别人或他人、他物身上"[1]。老子明确提出："自见者不明，自是者不彰，自伐者无功，自矜者不长。"（二十四章）"自见""自是""自者""自矜"都是以自我即以人为中心；但在老子看来，固执己见、自以为是、自高自大、自我炫耀，不过是剩饭赘瘤（"余食赘行"）。苏辙《老子解》云："饮食有余则病，四体有赘则累。""有病""有累"自然不得彰显，不得功业，不得长久。这里，老子提出了一个尖锐的问题：用人的是非标准强加于自然、社会，为其树立标杆、准则，究竟是人的天赋权力，抑或是人的僭越？人是否在征服自然、社会的进程中走得太远了？荀子虽也有"制天命而用之"的说法，但是，他在对待自然（荀子的"天"并非是有意志的，倒毋宁说是"自然"的代名词）时，还是有一定分寸的，他称赞道："明于天人之分，则可谓至人矣。"（《荀子·天论》）"明于天人之分"，就是说，人不能凌驾于自然之上，要守住自己的本分。什么是守住自己的本分呢？用老子的话讲就是"我自然"（十七章），即顺乎自然的本性而为，不要越界。老子明确申言"以辅万物之自然而不敢为"（六十四章），就是告诫人（包括圣人）要辅助万物的自然发展而不加以人为的干预。

第二节　老子的"四大"与海德格尔的"四重统一体"

老子不仅提高了人的地位，而且将人置于"四大"之中，形成一种和谐共处的局面。无独有偶，海德格尔也有四重统一体的映射游戏。他说：

[1]《〈老子〉的"我"和"吾"——分论"我"》，《新民晚报》2013年7月28日。

下 篇
中国老子古典学说与西方哲学思想的"视域交融"

　　大地和天空、诸神和终有一死者,这四方从自身而来统一起来,出于统一的四重整体的纯一性而共属一体。四方中的每一方都以它自己的方式映射着其余三方的现身本质。同时,每一方又都以它自己的方式映射自身,进入它在四方的纯一性之内的本己之中。这种映射(Spiegeln)并不是对某个摹本的描写。映射在照亮四方中的每一方之际,居有它们本己的现身本质,而使之进入纯一的相互转让(Vereignung)之中。以这种居有着-照亮着的方式映射之际,四方中的每一方都与其他各方相互游戏。这种居有着的映射把四方中的每一方都开放入它的本己之中,但又把这些自由的东西维系为它们的本质性的相互并存的纯一性。[1]

海德格尔认为,在这个统一体中,四方是相互依存、相互信赖的,处于一种亲密无间但又有区别的纯一性的关系之中,"四方中没有哪一方会固执于它自己的游离开来的独特性"[2]。四方的每一方都映射自己,同时又以各自的方式映射其他三方。在映射中,四方相互转让自己的本己性质。也就是说,每一方都为了占有对方而失去自己的本己性质。"这样一种失去本己的转让就是四重整体的映射游戏(Spiegel-Spiel)"[3],就是世界。四方的映射游戏,以"圆舞"的形式显示出来,因而是"柔和的""轻巧的""顺从的"。我们似乎能从海德格尔的描述中读出老子的味道——"天下之至柔"(四十三章)、"守柔曰强"(五十二章),因为海德格尔从《形而上学导论》的"斗争"走向了四方域"圆舞"的轻柔。

　　在海德格尔看来,天、地是"存在者",神是"造物者",人是"被造物者"。他说:"终有一死的人通过栖居而在四重整体中存

[1]　《物》,《演讲与论文集》,第193—194页。
[2]　同上,第194页。
[3]　同上,第194页。

在。"以人与地的关系而论:"终有一死者栖居着,因为他们拯救大地——'拯救'一词在此取莱辛还识得的那种古老意义。拯救不仅是使某物摆脱危险;拯救的真正意思是把某物释放到它本己的本质之中。"以人与天的关系而论:"终有一死者栖居着,因为他们接受天空之为天空。他们一任日月运行,群星游移,一任四季的幸与不幸。他们并不使黑夜变成白昼,使白昼变成忙乱的烦躁不安。"[1]人并不把自己的意志强加于天,而是一任天空自然而然地运行。人对于诸神只是期待他们到达的暗示而已。

海德格尔进而将人转向最后之神:"最后之神的将来者只有、而且首先是通过那些人来准备的,这些人寻找、测定和建造那条从被经验的存在之离弃状态走出来的返回之路(Rückweg)。如若没有这些回行者的牺牲,甚至不会有最后之神的暗示的可能性的一种破晓。这些回行者乃是将来者的真正先-驱。"[2]海德格尔明确指出,"最后之神"不是诸神,也不是基督教的上帝。显然,最后之神与诸神是有本质区别的。早期希腊的诸神是自然力量的化身,它们与存在比邻而居,所以海德格尔认为:"希腊人既未按照人的形象造神,也未将人神化。"[3]到了"四重统一体"中的诸神,海德格尔突出了他们的神性。他说:"诸神是有所暗示的神性(Gottheit)使者。从神性那神圣的支配作用中,神显现而入于其当前,或者自行隐匿而入于其掩蔽。"[4]最后之神则根本不同。海德格尔说:"最后之神有其最独一无二的唯一性(诸神是复数,最后之神乃单数——引者),而且置身于那些计算性的规定之外,即由'一-神论''泛-神论'和'无-神论'之类的称号所意指的计算性规定。"[5]既然最

---

[1]《筑·居·思》,《演讲与论文集》,第163页。
[2]《哲学论稿:从本有而来》,第436页。
[3]《巴门尼德》,朱清华译,商务印书馆2018年版,第162页。
[4]《筑·居·思》,《演讲与论文集》,第162页。
[5]《哲学论稿:从本有而来》,第436页。

后之神已经完全摆脱了一切计算性的规定,故笔者认为,最后之神可能是没有神学之维的神,是无形之神(对照老子的"大象无形")。最后之神是通向存在历史另一开端的开启者,而它的暗示则具有引导作用。"最后之神并不是终结,而是我们的历史不可估量的可能性的另一开端"[1],海德格尔强调说:"最后之神乃是那种处于其最短轨道中的最长久历史的开端。"[2] 这个"最长久历史"指的就是存在历史的另一个开端,它是由最后之神所开启的历史进程。最后之神不是本有,但它需要本有的建基。只有将来者才能获得本有的存在,"作为本有的存在居有他们,并且授权给他们去庇护存在之真理"[3]。所以,将来者既是存在之真理的保护者,又是最后之神的掠过之寂静的守护者。

将来者艰难跋涉,他们需要在思想上经历存在被离弃的旧形而上学的历史,然后踏上返回之路,去寻找第一开端的最早者。唯有如此,他们才能得到最后之神暗示的可能性。将来者是极少数人,是思想家与诗人,他们承担着道说存在的责任。海德格尔认为德国浪漫派诗人荷尔德林就是将来者。或许中国古代的老子,一身而二任焉——既是思想家又是诗人,也算是将来者,因为海德格尔公开称许了他的"道"及其思想涵义。

第三节 老子关于人体悟道的境界与海德格尔的"四重统一体"

老子将人对待道的态度分为二个层面:一是圣人、侯王,一是士。老子常将道比作"婴儿""水""谷神""橐籥"等,这些都处

---

[1] 《哲学论稿:从本有而来》,第436页。
[2] 同上,第439页。
[3] 同上,第428页。

于浑朴、柔弱、低下和虚空的状态,以示无为与不争之意。道是质朴浑厚的,它像婴儿那样,无知无欲,无为无作,故圣人与侯王治国也要取法于此。老子说:"圣人处无为之事,行不言之教。"(二章)日人福永光司的《老子》阐释说:"老子的无为,乃是不恣意行事,不孜孜营私,以舍弃一己的一切心思计虑,一依天地自然(道)的理法而行的意思。"老子还说:"圣人之治,虚其心,实其腹,弱其志,强其骨。常使民无知无欲。"(三章)所谓"虚其心",就是要让百姓排除知识性的东西,它可以与"为学日益,为道日损"(四十八章)联系起来理解。这个"学"是对于外物的知识性的探求,这种探求越多越好,故说"日益"。一个人知识性的东西越多,自然对外物的欲望也就越强。但"为道"是悟道,故要减少知识,所以老子接着说道:"损之又损,以至于无为。"(四十八章)而"实其腹",就是要让百姓果腹吃饱,别无心思。"弱其志,强其骨"就是要削弱百姓的志向,强壮他们的体骨。焦竑《老子翼》引王弼云:"骨无知以干,故强之;志生事以乱,故弱之。"最后,老子总结道:"不见可欲,使民不乱。"(三章)

老子还说:"道常无为而无不为。侯王若能守之,万物将自化。"(三十七章)范应元《老子道德经古本集注》曰:"虚静恬淡,无为也。天、地、人、物得之以运行生育者,无不为也。"也就是说,这种"无不为"并不是人为有意的操弄,反倒是无为而得的结果。侯王无为而治,不加干涉,使万物自然地运行生育("自化"),反而达到了万物蓬勃发展的目的。这是从统治者的角度出发来谋治国之道。而对被统治者,老子提出:"古之善为道者,非以明民,将以愚之。"(六十五章)王弼注:"明谓多见巧诈,蔽其朴也。"明民,使民明之,即不要让百姓多见巧诈,而是要让他们无知无欲。

老子说:"以道佐人主者,不以兵强天下,其事好还。"(三十章)还,还报也。范应元《老子道德经古本集注》认为"以兵强天

下 篇
中国老子古典学说与西方哲学思想的"视域交融"

下"乃"伤杀之事,好还报也"。以凶施之于对方,对方必以凶还报之,故不吉利。圣人如水,"水善利万物而不争,处众人之所恶,故几于道"(八章)。水虽柔弱,但以"天下之至柔,驰骋天下之至坚。无有入无间,吾是以知无为之有益"(四十三章)。《淮南子·原道训》云:"天下之物,莫柔弱于水,然而大不可极,深不可测,修极于无穷,远沦于无涯,息耗减益,通于不訾……故老聃之言曰:'天下(脱"之"字)至柔,驰骋天下之至坚。出于无有,入于无间,吾是以知无为之有益。'"水无固定形态,随物透迤,故能入于似乎没有间隙的地方。王弼注亦谓:"水无所不经。"("不"下原有"出于"两字,据楼宇烈考辨,乃衍文,故删之。)

道被老子比喻为"谷神"。谷,两山之间的溪流,乃低洼之地,故能收容万物;神则变化莫测;又比喻为"橐籥"(风箱),虚而不屈,故能应因无穷。

以上是遵循道之原则而治国的统治者,此外还有一种"善为士者"(十五章)。范应元云:"善为士者,谓善能体道之人也。惟其善能体道,故其心微妙而与冥通,渊深而不可测也。"(《老子道德经古本集注》)这种体道之士,对道有深切的体会,其人"微妙玄通,深不可识"(十五章),达到了一种很高的思想境界,为常人所无法理解与企及。[1] 春秋后期,"士"往往是指掌握一定文化知识的人。"善为士者"因为对道有深切体会,处处依循道之法则,最终内化为一种个人的精神修养。"豫兮若冬涉川",格外徐迟小心,如履薄冰;"犹兮若畏四邻",唯恐四周的敌国前来攻打,时刻保持警惕,畏敌如虎;"俨兮其若客",庄矜持重犹如作客,不敢放肆;"涣兮其若释",谓体道之人,凡事不拘泥执着[2];"敦兮其若朴",

---

[1] 河上公称这种"士"为"得道之君也",但老子既已明言"圣人""侯王"为治人者,再别立"善为士者"为君王,于理无据,兹不从。
[2] 蒋锡昌《老子校诂》谓:"随机舒散,无复凝滞,涣然如冰之随消随化,毫无迹象可见也。"其言颇中肯綮。

其敦厚朴实,就像未经雕琢的素材;"旷兮其若谷",心胸宽广,就像山中的空谷;"混兮其若浊",浑于浊流,和光同尘,不鹤立鸡群,出类拔萃。

"豫兮""犹兮""俨兮",都明显地表现出情调上的抑制——踌躇未决,欲进还退,这恰恰与海德格尔批评的"谋制"与"体验"正相反对。谋制是一种对象化的行为,它让事物处于一种被表象状态,体验则与自身被表象者的存在者相联系,并将其吸纳入"生命"之中。海德格尔说:"最远离于两者的乃是保存之力量。取代这种保存的,乃是夸张和狂叫,以及盲目而空洞的高声怒骂;而在这种叫喊声中,人们痛骂自己,哄骗自己,向自己隐瞒那种对存在者的掏空。依照其无界线和无窘境的特性,对于谋制与体验来说一切都是敞开的,没有什么是不可能的。"[1]

谋制与体验既然具有"无界线和无窘境的特性",那主体性的僭妄与恣意妄为一定是题中应有之义。它们是存在本现的一种方式,却偏向于存在非本质的一面。"谋制乃是制作和被制作者的统治地位"[2],所以谋制必然是对象性的思维,不过,它隐藏在对象性和客体性的背后。所以,在通常的意义上,谋制"乃是表示一种'坏的'人类活动及其策划的名称"[3]。体验乃是谋制的对应物与保证,它与被表象者的存在者相联系,它体验的必定是客体化的对象物,故与体道的体认是两码事。前者体验的是被表象化的对象物,后者是体认道;前者是计算性的,后者是非计算性的;前者是对待性的,后者是归属性的。

老子的"豫兮""犹兮""俨兮"与海德格尔所谓的"抑制"交相辉映,成为存在历史另一开端的地平线。照海德格尔所说,存在历史另一个开端的基本情调是抑制。此处的"情调"不具有

[1] 《哲学论稿:从本有而来》,第138—139页。
[2] 同上,第139页。
[3] 同上,第133页。

心理学的意义，而"是在内立意义上讲的……存有之真理的持存和实行"[1]，而"抑制乃是最强大的、同时也最温柔的此在之期备状态……最后之神的主宰地位唯有朝向抑制才出现；抑制为主宰地位和最后之神创造了伟大的寂静……作为基本情调，抑制贯通并调谐着世界与大地之争执的亲密性，因而也调谐着本有过程之突发的纷争"[2]。为何存在历史的基本情调是抑制？因为海德格尔看到了人性的张狂与毫无节制，人声的喧嚣与吵骂，人的行为毫无底线的扩张与争夺。

老子的"涣兮""敦兮""旷兮""混兮"，分别代表了体道之士四种精神修养的状态，对应于海德格尔的"生成""质朴""敞开"与"纯一"。

海德格尔对于此在生存论的分析，恰恰是要证明，此在的实存是生成性和变化性的，它的本质是"能在"。能在导致筹划，欲求改变现状，朝向将来的时间之维。故此在是其所是，又不是其所是，它永远处在变化与生成之中。"共相"与"理念"虽具有普遍性的特点，但却一成不变。海德格尔不满于对作为思想要素的存在进行技术性的解释，感慨道："思想待在岸地上已经久而久之，已经太久了。"[3] 而具体化与时机化的人事则变化流徙，生生不息，似一道汩汩流动的溪水，永不枯竭。老子的"涣兮其若释"正符合这种变化与生成的特质。

思想的质朴性意味着它还没有受到传统形而上学的侵染，这可以从前苏格拉底时期那些思想家原初的思考中获得。它不是夸夸其谈，因而缺乏思想的力量；相反，正是它的质朴性开启了存在历史第一开端的开端性思想，使思想具有本来应该具有的威力。这种质朴性的最显著特性就在于它"在最明确的沉思中恰恰是静默

[1]《哲学论稿：从本有而来》，第38页。
[2] 同上，第38—39页。
[3]《关于人道主义的书信》，《路标》，第371页。

的"[1]，"静默就是哲学的'逻辑'"[2]，也是最后之神掠过的先决条件。老子的"敦兮其若朴"，表明体道之士如"道"本身一样，质朴自然，摒弃一切雕饰与浮夸，归于本真。

对于敞开域，海德格尔从两个层面来进行阐释：其一，敞开域是从天、地、人、神四方交互映射的镜像游戏而来的。这个四方域就是敞开域，海德格尔称它是"自由域"，因为它的本质是自由。在这个自由域中，"人根据其本质必须首先到达的自由，由此他能够让存在者在敞开域中是它作为存在者所是的东西"[3]。"让"表示自由，"令"则表示强制，自由与不自由的分野，一目了然。人获得自由，前提是先行进入自由域，因为自由域"是对存在者的存在而言的担保（die Bürgschaft）和庇护之所（die bergende Stätte）"[4]。其二，敞开域是真理发生之所。真理不是传统所理解的符合论，即人的陈述（判断、推论）符合外界的现实事物；真理乃是解蔽，是在敞开域中的显现。只有现实事物本身处于敞开域中，它们才能被人所认识。敞开域比之人对于现实事物的正确认识，更为本原；人对于现实事物的正确性陈述即真理（流俗的真理观）是第二位。"真理源始地并非寓居于命题之中"[5]。老子的"旷兮其如谷"正是这样一个敞开域，其中有光明与黑暗的游戏，有让存在者自由地存在，空旷而不充实，开放而不锁闭。

海德格尔把天、地、人、神的四方整体称之为纯一性。这种纯一性可以理解为淳朴而统一。天、地、人、神各方褫夺本己的自身，又映射对方，出于亲密，出于淳朴的真诚而互相依赖信任，共同维系与拥有四方统一性。老子的"混兮其若浊"，不分亲疏，不

[1]《哲学论稿：从本有而来》，第64页。
[2] 同上，第86页。
[3]《巴门尼德》，第210页。
[4] 同上，第210页。
[5]《论真理的本质》，《路标》，第217页。

弃异类，浑然一体，共居一处，所以是名副其实的"纯一"。"浊"者不浊，因为"纯"的本质即是"浊"，因为唯其浊，才能成就纯。

在一次演讲中，海德格尔引用了《老子》十五章中的两句话："孰能浊以静之徐清？孰能安以动之徐生？"这两句意思是说，谁能在浑浊（动荡）中安静下来而缓缓地得到澄清？谁能在安定中变化起来而缓缓地生成？联系到前文所述，"惟有动荡不安的东西才能宁静下来"，以及世界的敞开与大地的锁闭形成一种争执，艺术作品使争执保持一种争执，或者干脆说，完成这种争执，我们不难发现，海德格尔的观点几乎是从老子"孰能浊以静之徐清，孰能安以动之徐生"脱胎而来的。这种世界与大地的争执不就是老子"动之徐生"的"动"吗？唯有争执（"动"），才能展开、生成，艺术作品不就是在争执中才生成的吗？而宁静也并不意味着静止或者凝固，宁静内部倒毋宁说蕴含了动荡。艺术作品的特性就是蕴含着动荡的宁静；当然还有它的平和自如，它远不如技术那样，是对世界咄咄逼人的"促逼"与"索要"。艺术作品没有侵略性，它是一种让显现。[1] 善为道者，体道之余，遂而行道。"孰能浊以静之徐清，孰能安以动之徐生"，就是以道的法则推广于社会人生与艺术创作。

老子之"道"是世界的终极存在，它既是天地万物存在的根据，更是人存在的根据。人遵循道的法则，"豫兮""犹兮""俨兮""涣兮""敦兮""旷兮""混兮"，通过合道、体道乃至于行道，确确实实实地提升了人的思想境界。

---

[1] 以上材料转引自《海德格尔论东西方对话》，第189—190页。

第十三章
恍兮惚兮

第一节 "道"不可言说

老子《道德经》说:"道可道,非常道。"(一章)这揭橥了"道不可道"的旨趣。老子将"道"看做两类:一类可名之曰"常道",具有永久、恒久的性质(帛书《老子》甲、乙本"常道"均作"恒道",可为一证)。这个"常道"即老子心目中的"大道"。这是宇宙生成与发展的本源,也是世上万事万物的总法则、总规律。另一类可勉强名之曰"俗道",即具体事物的道理、规矩。老子明言"道可道,非常道",就是说,作为"常道"的那个"道"是不可名状、不可言说的。"道"一落言筌,便成了常识与普通之道了。《庄子·知北游》申论了老子的这一观点:"道不可言,言而非也。"《齐物论》篇也说:"大道不称。"老子又说:"大音希声。"(四十一章)王弼注云:"不可得闻之音也。""大音"实际上是老子的一种比喻说法,指应和"道"的非同寻常的声音。

"常道"既不可言说,那它是怎样的一种状态呢?老子对此作了一番描述:"道之为物,惟恍惟惚。惚兮恍兮,其中有象;恍兮惚兮,其中有物。窈兮冥兮,其中有精;其精甚真,其中有信。"(二十一章)

"常道"不可言说,那么,人又如何体悟它、经验它呢?我们

下 篇
中国老子古典学说与西方哲学思想的"视域交融"

借用陶渊明《饮酒》诗句"此中有真意,欲辩已忘言"予以说明。陶渊明所谓"此中真意",原指自然界委运变化的奥妙,以及所呈现出来的一种意理之趣,但我们不妨把它引申为道的内涵与精义——自己明明知道此中有一段内涵与精义,想努力去辨析它,却无法用言语将其表达出来。换言之,人体悟、经验"常道",只能处于一种只可意会而不可言说的境地。

五十六章"知者不言,言者不知"应该也是反映这一意思。在老子眼中,不言之智者显然就是知道之人。老子认为"常道"之不可言,还因道具有玄秘、奥妙的特质,存活于隐蔽之中,远非语言所能描述于万一。道本身蕴藏的秘密散发出一种不可抗拒的魅力,令人百思不得其解;人仿佛在心灵之中隐隐地感受到了什么,但真要说出来,却茫然不知所以。现代人已经没有秘密可言,一切都是那么直白、显豁,因而无法设身处地去体悟、经验古代哲人思想的奥秘;现代人的头脑早已被浅薄的消费主义侵占,失去了深入思考事物本质的能力,自然也不会再有精神魅力。现代人"大言炎炎(气焰凌人),小言詹詹(喋喋不休)"(《庄子·齐物论》),唯恐别人不知。政客们在大小各种会议上言论滔滔,信誓旦旦,令人生疑;商业推销员制造的语言泡沫,极度膨胀,令人生厌;所谓的成功人士,目空一切,吹嘘炫耀,令人侧目;日常生活中的平头百姓,闲言碎语,喋喋不休,令人不堪入耳。这些无不在削弱语言与言说所传达的思想的深度,更遑论直抵道的玄奥之处。

现代人的显身方式有两类,一是表现,一是表演,无不与言说有关。表现就是在各种场合(如集会、课堂、研讨会,乃至于私人宴会等),主要通过言说让自己的身份、地位得到人们的认可、赞扬;而表演就是以夸饰的语言推销自己,借以提升自己的身价,它与艺术上的表演不能同日而语。艺术上的表演是演员的一种挑逗行为,其目的是娱人,但也得以自娱(悲剧另当别论);而社会生活中人的表演,则带有非常现实的意图,具有十分明确的特定目的。

然而，无论是表现还是表演，其天花乱坠式的夸夸其谈，足以淹没自己的自尊，倒显出自卑的一面，更谈不上能搔到义理之处。

庄子以一则形象化的寓言故事对老子"知者不言"进行了诠释：

> 知北游于玄水之上，登隐弅之丘而适遭无为谓焉。知谓无为谓曰："予欲有问乎若：何思何虑则知道？何处何服则安道？何从何道则得道？"三问而无为谓不答也，非不答，不知答也。知不得问，反于白水之南，登狐阕之上，而睹狂屈焉。知以之言也问乎狂屈。狂屈曰："唉！予知之，将语若。"中欲言而忘其所欲言。知不得问，反于帝宫，见黄帝而问焉。黄帝曰："无思无虑始知道，无处无服始安道，无从无道始得道。"知问黄帝曰："我与若知之，彼与彼不知也，其孰是邪？"黄帝曰："彼无为谓真是也，狂屈似之，我与汝终不近也。"夫知者不言，言者不知，故圣人行不言之教。（《庄子·知北游》）

庄子在此区分了三种体悟道之境界的人：一种是无为谓的无言，为最高；一种是狂屈的虽欲言而忘言，次之；而黄帝与知则对答如流，雄辩滔滔，为最下。显然，庄子告诉我们，他所欣赏的恰恰是像无为谓那样的渊默，知道而不言。

无言不是不能说、不会说，反倒是"渊默而雷声"（《庄子·在宥》）。林希逸《庄子鬳斋口义》释曰："雷声，感动人也。虽不言而德动人也。禅家所谓是虽不言，其声如雷也。"满座中最有力量者，往往是沉默寡言的人。这是人们日常生活中处处经验到的事情。

智者所体认到的"常道"的境界，老子称为"玄同"。他说"塞其兑，闭其门，挫其锐，解其纷，和其光，同其尘，是谓玄同"（五十六章）。高延第曰："兑，口也，口为言所从出，门为人所由行，塞之闭之，不贵多言，不为异行。"（《老子证义》）这里的关键是如何训释"玄同"一词。苏辙云："默然不言，而与道同矣。"

（《老子解》）在冥默之中，人与道混同为一。《庄子·胠箧》云："削曾史之行，钳杨墨之口，攘弃仁义，天下之德始玄同矣。"成玄英疏："与玄道混同也。"此训释虽不中亦不远矣。

老子的"玄同"，排除了人直接运用、言说道的玄妙，而将在内心体悟、经验道的人与道本身混同为一。后来，庄子在《齐物论》中说"天地与我并生，而万物与我为一"以及《天下》篇"独与天地精神往来"所期许的境界与认知方法，与老子心有灵犀，精神暗通。这种体认方式与西方传统形而上学通过语言（包含声音）述说本体（如柏拉图的"理念"、黑格尔的"绝对精神"）的形式迥然有别，也不同于笛卡尔的"我思故我在"。笛卡尔的哲学虽不及于言说，但其主体性的意味极强，可说是人类中心主义的极致。而老子要表示的是人契合于道，是人与道的谐调。人与道本可和谐相处，除非人类以暴戾恣睢的态度自外于道与天地万物。故老庄"天人合一"的思想表现出东方哲学或者说中国古代哲学别具一格的特性。

先秦道家哲学，通过"玄同"境界，把主体（人）与客体（道、天地、万物）的分别、对立彻底打通，使其浑然一体。这种思维方式，可称为"整体性思维方式"，即不是用人与世界割裂、对立的眼光来看待世界，而是用"天人合一"的眼光看待世界。

《庄子·逍遥游》说要"乘天地之正"，郭象认为"即是顺万物之性"。"正"就是指自然之性，或者说自然的法则。徐复观说：

> 人所以不能顺万物之性，主要是来自物我之对立；在物我对立中，人情总是以自己作衡量万物的标准，因而发生是非好恶之情，给万物以有形无形的干扰，自己也会同时感到处处受到外物的牵挂、滞碍。有自我的封界，才会形成我与物的对立；自我的封界取消了（"无己"），则我与物冥，自然取消了以我为主的衡量标准，而觉得我以外之物的活动，都是顺其性

之自然，都是天地之正。[1]

在先秦哲学中，名家与道家在对待世界万物的态度上可谓尖锐对立。名家对世界取分析的态度，将整体一层一层地分析下去，直到某个单元为止。而老庄则取整体性的思维方式。《庄子·逍遥游》载有一段名家代表惠施（惠子）与道家代表庄子的对话："惠子谓庄子曰：'魏王贻我大瓠之种，我树之成，而实五石，以盛水浆，其坚不能自举也；剖之以为瓢，则瓠落无所容。非不呺然大也，吾为其无用而掊之。'"一整个葫芦，用于盛水，但坚固程度不够；惠施就将其剖开，使之成为一个瓢，而瓢又因为硕大而没有什么东西可以盛放，惠施干脆把它击碎。这里惠施用的就是分析的方法：瓠——瓢——碎片。"剖之"与"掊之"是在分析思维方式的支配下而进行的活动，或者反过来说，它显示的是分析思维方式的过程。庄子则不同，他反对惠施的这种"剖之""掊之"的行为，说："今子有五石之瓠，何不虑以为大樽而浮夫江湖？"庄子就不取惠施那种碎片的分析方法，而是将瓠用为"大樽"，保持它的完整性。两人的思想取向截然不同。

老子的"常道"不可言说，但"道"毕竟要用语言来形容、描述，这就构成了一种悖论。人欲体悟"道"的最高境界须于冥默中得之，可即使是在内心体悟"道"，亦要借助无声的语言。语言是思想的载体，皮之不存，毛将焉附？老庄显然也看到了语言与思想之间的张力，二者间裂隙的一种嵌合。比如，老子虽说道不可言说，但他同时又说："有物混成，先天地生。寂兮寥兮，独立不改，周行而不殆，可以为天下母。吾不知其名，故强字之曰'道'，强为之名曰'大'。"（二十五章）我们注意到，老子在这一章中对道的形象、性状、演化、功用等俱有描述，可见他还是要"字之"，

[1]《中国人性论史·先秦篇》，第360页。

"为之名",尽管这是他不得已而为之,故再三曰"强"。老子甚至对道的形态都有具体的形容,说:"明道若昧,近道若退,夷道若纇。"(四十一章)虽然老子对道的形容,别有深意,但到底还是用"建言"的形式,给了我们一个模糊的形态。

庄子将语言视作一种工具,一种得意之后必欲弃之的东西。他说:"筌者,所以在鱼,得鱼而忘筌;蹄者,所以在兔,得兔而忘蹄;言者,所以在意,得意而忘言。"(《庄子·外物》)筌,通"筌",乃是一种捕鱼器;"蹄",捕兔的挂网或器械。陆德明曰:"蹄,兔罥也。又云兔弶也,系其脚,故曰蹄也。"(《经典释文》)庄子将言比作筌、蹄,突显其工具的性质。事实上,语言诸功用,如表意、抒情、交流、绘物等,无不是它工具性的显现。人离开上手的工具,无以施展身手;同理,人离开具有工具性质的语言,亦无从进行社会交往,进行物质与精神生产。对此,庄子认识得很清楚。但是,庄子所重者不在于言,而在于由言而得的意。这个意就是道家"道"的真义。而得意忘言的道理,恐怕鲜有人能够真正地领会,故庄子最后慨叹道:"吾安得夫忘言之人而与之言哉!"(《庄子·外物》)

第二节 "道"与"言"的紧张关系

语言与思想之间存在着裂隙,二者所显现的紧张,是由语言本身的缺陷决定的,即辞不达意。语言不能将道之意蕴抉发殆尽,它只能表达道之意蕴的某个方面或某个部分,它无法深入到意蕴的精微处。对于道家而言,"其中有象""其中有物""其中有信"的终极性的"道",以及由"道"所显示的境域,终归是只可体悟而不可言说的,即使言说也断断不能达乎完美与整全;能够言说的,大概只能是借助概念表达出来的具体的事事物物。

更为严重的是，语言甚至会掩蔽或歪曲道之意蕴的真义。通过语言对道之意蕴的解释（语言一经写出或道出，就是一种理解。而解释学意义上的"解释"，是理解的高级形态，是对理解的理解），既可能将意蕴的内涵反映出来，但也可能恰恰因为这种解释而遮蔽了意蕴的精义，将道之意蕴拘禁于"我看"的狭隘畛域，难免"坐井观天"的讥诮。这样的解释，比之"前理解"要糟糕得多。因为，"前理解"尚未封闭"理解之路"，它只不过是将道之意蕴暂时封存起来，一旦打开，仍有无限广阔的理解天地；而"曲解"则从根本上禁锢了未来理解的可能性，除非另辟蹊径。所以，"曲解"不仅是解释者的不幸，更是对于道之意蕴的一种粗暴的"非礼"。老庄对于语言（含言说）保持足够的警惕是哲人的明智之见，他们敏锐地察觉到语言的局限性，乃至人类对语言的误用、滥用。我们时代的不幸恰恰在于我们说话太多，太会说话了，以至于将真正的具有本质性力量的思想淹没在了语言的泡沫中。老子仿佛早已料到人类这种不幸的出现，故而发出了"知者不言"的警告。

张祥龙先生抓住《老子》七十章"吾言甚易知，甚易行。天下莫能知，莫能行。言有宗，事有君。夫唯无知，是以不我知"等语，认为老子"坚信自己的言对于领会道有极端重要的正面意义……如果他也像早期维特根斯坦那样认为自己的言就像用过之后必须丢掉的'梯子'那样是无根本意义之言，就绝不会这样说了"[1]。然而，老子《道德经》开宗明义就说："道可道，非常道。"这里出现了三个"道"。第一个"道"是指人们日常生活中经常用以指物表象的"道"，王弼说得很清楚："可道之道……指事造形，非其常也。"第二个"道"显指言说，作动词解。第三个"道"才指老子心目中的具有终极意义的实体，它是构成宇宙生成与发展，也是万事万物总规律、总法则的恒久存在之"道"。老子的"常道"迥异

---

[1]《海德格尔思想与中国天道——终极视域的开启与交融（修订第3版）》，中国人民大学出版社2010年版，第323页。

下 篇
中国老子古典学说与西方哲学思想的"视域交融"

于日常"指事造形"之"道"。日常"指事造形"之"道"是可以称说的，而他的"常道"则不可言说。如果一落言筌，就不是他的"常道"了。老子之所以说"吾言甚易知"，其实就是陷入了语言与表达对象之间的悖论——"常道"不可说，但不说又无从把握，情非得已之下，只能简要地说一下。所以，老子在说到"道"时，使用了"强字之"的字眼，此乃一种迫不得已的窘境。这可丝毫没有"（老子）坚信自己的言对于领会道有极端重要的正面意义"的意思。张先生认为"道可道，非常道"的真正含义是："道（或名）不可被作为一个现成的对象言说，因为那种道就不是常道或道言本身（或常名）。简言之，道不可被道被言，却一定是自道自言。类似于海德格尔讲的'语言本身在言说'之意。"[1] 这是用西方哲学的概念生硬地套用在老子身上，罔顾历代学者对老子《道德经》字义的训诂研究，也有违老子的本意。《庄子·知北游》说得很决绝："道不可言，言而非也。"海德格尔讲过"语言本身在言说"，可老子何尝说过"道"是"自道自言"？张先生可以对那两句话作自己的解读，但老子的本意可能恰恰与之相反。老子说："知者不言。"我们到底是相信张先生的说法，还是相信老子本人与庄子的说法呢？老子之"道"当然不可单纯地被视作"一个现成的对象"，它是无始无终、包孕天地万物的终极实体。"一个现成的对象"可以描绘，唯有终极实体才不可言说，要言说也勉强得很，言说甚至会遮掩"道"本身所具有的原始的、质朴的面目。

张先生为了支撑他的上述说法，举证说"道"字在先秦早已有"道说"的意思。但即便如此，也无济于事。因为，在老子"道可道，非常道"里，"常道"是一个偏正结构的名词，绝不可能作"道说"解。这是一个训诂的常识，无须赘言。

我们再来称引庄子的一段话，以佐证老子"道不可言"的观

---

[1]《海德格尔思想与中国天道——终极视域的开启与交融（修订第3版）》，第324页。

点。《庄子·天道》云：

> 世之所贵道者，书也。书不过语，语有贵也。语之所贵者，意也，意有所随。意之所随者，不可以言传也，而世因贵言传书。世虽贵之哉，犹不足贵也，为其贵非其贵也。故视而可见者，形与色也；听而可闻者，名与声也。悲夫，世人以形色名声为足以得彼之情。夫形色名声果不足以得彼之情，则知者不言，言者不知，而世岂识之哉！

庄子这一段话是对老子"道不可言"观点的最好诠释。他对流俗的看法提出了自己不同的见解。世人所贵者在于言能载道，即"语之所贵者，意也"，意蕴有所指向。世人都认为，通过以语言形式体现出来的书籍可以将意蕴的指向表达殆尽。不过，庄子并不认可这一看法。他认为"意之所随者，不可以言传也。"意蕴的指向是不可能用语言传达出来的，所以，世人所贵的"言能称意，书能传道"者，庄子认为不足贵也。庄子用"形色名声"作喻，形色名声只反映皮相的东西，它不能"得彼之情"。这如同语言一样，语言只传达意蕴的表层，亦不足以"得彼之情"。庄子所谓的"情"是指意蕴的实情，它是"道"的奥妙之处，实即"玄之又玄"的"众妙之门"，这是只可体会而不能言说的。故庄子说"知者不言，言者不知"。这个似乎有违常理的论断，世俗之人哪里能够了解它呢？

《庄子·齐物论》又分析了"道"不可说但又不能不说的一种困境："天地与我并生，而万物与我为一。既已为一矣，且得有言乎？既已谓之一矣，且得无言乎？一与言为二，二与一为三。自此以往，巧历不能得，而况其凡乎？故自无适有，以至于三，而况自有适有乎？无适焉，因是已。"其中"天地与我并生，而万物与我为一"，这是在冥默中与"道"契合的最高境界，即"天人合一"，故庄子称其为"一"。庄子认为,既然已经达到了被称为"一"的境界,那还需要语言做什么!然而,既然已经说到"合二为一",还能说没有语言吗?这就是一种悖论——不可说而已经在说。在庄子看来,从无(没有语言的机心)到有(有语言的机心),是一个从一到三的历程,"一"是无,"二"与"三"俱是有,"三"以后至于无穷,更是有了。庄子说,不要再计算下去了,任其自然好了。

第三节 "道"无言

庄子还称美"无言"的境界,因为"道昭而不道,言辩而不及"(《庄子·齐物论》)。道说若变得浅显直白,就不是真正的道了;语言再辩给,总有它不及的地方。庄子又说:"孰知不言之辩,不道之道?若有能知,此之谓天府。"(《庄子·齐物论》)谁能知道不用语言的辩给、不用称说的大道呢?如果真有人知道这个道理,就能够被称为天然的府库了。"天府"就是一个混莽而无所不藏的所在。这不就是老子"道"所显示的一幅原始的、质朴的图景吗?对这幅图景,一切的言说都会显得苍白无力,或者说黔驴技穷。

既然"知者不言",那"无言"就是一种体认"道"的最高境界,故老子说:"是以圣人处无为之事,行不言之教。"(二章)"多言数穷,不如守中。"(五章)"不言之教,无为之益,天下希及之。"(四十三章)

如果我们用西方哲学那种知性的分析方法来诠释老子的"道",那必然会削足适履,一无所获。老子之"道"之所以魅力十足,连哲学大家海德格尔都想从中汲取精神养分,以为他山之石,就在于它与西方哲学迥然不同的理路与取径及其别具一格的旨趣与归宿。

老子之"道",是一幅原始的、质朴的图景,因此它是不可分析的，蕴藏着不可言说的神秘。海德格尔说："老子的诗意运思的引导词语叫做'道'（Tao），'根本上'就意味着道路。"[1] 海德格尔将老子的"道"释读为"道路"，但这不是日常意义上的"道路"。比如，海德格尔曾设想将其思想的文字成果取名为"道路"，而非"著作"。"道路"一词对海德格尔具有非同寻常的意义，他对探寻思想奥秘的道路的偏爱，充分体现于他在《林中路》扉页上所写的一段话：

> 林乃树林的古名。林中有路。这些路多半突然断绝在杳无人迹处。这些路叫做林中路。每条路各自延展，但却在同一林中。常常看来仿佛彼此相类，然而只是看来仿佛如此而已。林业工和护林人识得这些路。他们懂得什么叫做在林中路上。

海德格尔将老子的"道"解释为"道路"，表示了他的一种思想取向，即他更注重于本源性与基础性的东西。而"道路"恰恰就是这样的东西。有了"道路"，思想着的人才能行走其上，决定走向哪个目的地。一切理性、精神、理由、意义、逻各斯等，都建基于道路之上。思想跋涉的道路如同林中路一样，看似曲折蜿蜒，历历可辨，但"多半突然断绝在杳无人迹处"，令人上下求索而不得。思想者仿佛奔波在每条延展的道路上，其实是各奔自己选择的歧路而已，即使彼此偶有交集，却又很快分开。真正的思想"林中路"，只有智者才能寻得并由此而上路。海德格尔是以识得这些林中路的林业工和护林人自诩的，而中国的老子则被他视作同道之人。

读过海德格尔著作的人都知道，在他后期的思想中，"本有"一词占据着举足轻重的位置。他将希腊的"逻各斯"、中国老子的"道"置于与"本有"同等重要的地位。他认为，这些具有开端性

---

[1]《语言的本质》，《在通向语言的途中》，第191页。

下 篇
中国老子古典学说与西方哲学思想的"视域交融"

的语词("本有"原本是寻常的词语,但它因与"存有"有联系,故具有特殊的含义)不可把捉,不可定义,甚至不可用现代语言来翻译。因为这些语词深刻反映了先贤的思想经验,但其真义却被现代人遗忘了,或者说得更确切些,被曲解了。海德格尔说:"本-有的原初意义是:eraugen,即看见,在观看中唤起自己,据有(an-eignen)。从我们所指出的实事来思,'本有'一词现在应作为为思想服务的主导词来说话。作为如此这般被思考的主导词语,'本有'就像希腊的 λόγος[逻各斯]和中文的'道'一样几不可译。"[1]

道的本源性是显然的,因为它是"为一切开辟道路的道路"。它呈现混沌之状:"其上不皦(光明),其下不昧(阴暗)。"(十四章)老子说:"(道)绳绳兮不可名,复归于无物。"(十四章)绳绳,一般解为"绵绵不绝",但未得老子真义。高亨先生的训释探骊得珠,可谓惬心贵当。他说"'绳绳'疑本作'黽黽',形近而讹。《说文》:'黽,冥也,从冥黾声。读若鼃蛙之鼃。'则黽黽犹冥冥矣,谓其不可见也。不可见自不可名,故曰'黽黽不可名'。"(《老子正诂》)若"绳绳"作绵绵不绝解,则"不可名"之义就得不到落实;而作"黽黽",即作冥冥解,则"不可名"之义就顺理成章了。高亨的别解,也为"道不可言"("不可名"之"名",即命名之义,命名须经由语言作中介)提供了一个有力的佐证。老子又说道是"无状之状,无物之象,是谓惚恍。"(十四章)这第一个"状",就是指有形的东西,第二个"状"才是无形的东西;"物"自不待言,是指具体的事物,而这里的"象",是指不含具体事物的无形之象。唯其惚恍,故"视之不见""听之不闻""搏之不得"(十四章)。

一切有形之物无论如何运动、变化、发展,最终都将复归于它的开端处——道。道是无形而无名的,但它却比有形有名之物更有

---
[1]《同一与差异》,第47页。

力量，因为它是本质性的东西。在西方，中世纪犹太思想家摩西·迈蒙尼德在他的《迷途指津》中也肯定了"无形"比"有形"更高明。庄子也论及此点，他借老聃之口说："昭昭生于冥冥，有伦生于无形。"（《庄子·知北游》）"有伦"即有形。曹础基训曰："伦，纹理。有伦有纹理结构，即有形。"[1] 无中生有，无形当然胜于有形。

海德格尔的意思毫不含糊。他认为，所有称之为理性、精神、意义、逻各斯等都是派生之物，因为道是开端之处，道为一切开辟了"道路"，有了"道路"，思想的跋涉才有地基，才有取向，"才能去思理性、精神、意义、逻各斯等根本上也即凭它们的本质所要道说的东西"[2]，从而方能抵临目的地。更为重要的是，海德格尔反对把道理解为理性、精神、理由、意义、逻各斯等，因为这不符合老子的思维方式，这样做显然是在用西方人自己习惯的思维方式强按到老子的道上。

海德格尔称："也许在'道路''道'这个词中隐藏着运思之道说的一切神秘的神秘。"[3] 这里的问题在于，"运思之道说"能说出"道"背后隐藏着的"一切神秘的神秘"吗？回答显然只能是否定的。从古至今，有多少人尝试着去揭露这个"一切神秘的神秘"，但都虚掷心智，徒劳无功。因为"神秘"之被称为"神秘"，就在于人们不能用言语将它发露于光天化日之下。人们尝试去揭露这个"一切神秘的神秘"，不仅枉抛心力，还弄巧成拙，落得个"假作真时真亦假"的下场，误入歧途。"一切神秘的神秘"应该永远让它保持"神秘"，如此才不失它无穷的魅力和原始本质的力量。

老子之"道"既不可言说，那如何理解庄子的"谬悠之说，荒唐之言，无端崖之辞"（《庄子·天下》）呢？这其实恰恰突出了庄

---

[1]《庄子浅注》，中华书局2007年版，第259页。
[2]《语言的本质》，《在通向语言的途中》，第191页。
[3] 同上，第191页。

子对于恍惚神秘的道如何表述感觉困惑为难,故只能以反常的修辞手法——虚远的论说、廓大的言论和没有边际的语词去阐说道,并强调不主一端("不以觭见之也"),这实际是对用言辞论说道所表现出的无可奈何的态度。有人甚至认为,庄子之所以用"谬悠之说,荒唐之言,无端崖之辞",就是要读者忘记这些言语。此论虽稍有偏颇,但不为无见。要之,这与他"得意忘言"的旨趣是一脉相通、契合无间的。

第十四章
涤除玄览，明白四达

第一节　体现老子思维特质的自然真理观

老子的真理观不是西方哲学传统的"符合论"，也不是海德格尔"敞开域"式的真理观，他的真理观是完全遵循道的法则（"惟道是从"）。"人法地，地法天，天法道，道法自然"（二十五章），归根结底，就是人法道之自然。达到这种境界，人也就是获得了自由，获得了真理。人完全遵循道的法则，就成了有道之人，而与道浑然一体，消除了人与对象物的分别及人对对象物的控制。

西方哲学从柏拉图、亚里士多德开始，就陷入一种对象性的思维方式，即把主体与客体分割开来，以主体性的人认识、掌握或者说把控客体，使外界的对象服从、服务于主体性的人及其目的。随着人类中心主义的不断膨胀，主体性的人对自然界发起了毫无节制、前所未有的征服行动。自然界成为被主宰的对象。

符合论在西方的传统哲学中表现为两种形式：一种是被海德格尔称作"命题真理"的形式，其涵义就是"知对物（事情）的适合、符合"，其本质在于陈述的正确性，这种认识直到今天仍是我们对真理的主要看法；另一种是被海德格尔称作"事情真理"的形式，其涵义与"命题真理"恰恰相反，是指"物与知的符合"。物与什么知符合呢？据海德格尔的意见，最初并非是符合于类似康德的先验思想的"知",而是符合于上帝之精神中预设的理念,就连人类理智也不过是一种"受造物",作为上帝赋予人的一种能力,它也必须满足上帝的理念。显然,这是荒唐可笑的。神学理念所构想的创始秩序,后来被世界理性对一切对象的可计划性所取代。这种世界理性为自身立法,成为"合理性"的本质概念(先行预设的本质),所以"事情真理也总是意味着现成事物与其'合理性'本质概念的符合"[1]。在认识论领域,"命题真理"似乎成了一种颠扑不破的真理。由此出发,人类历史出现了图像-座架化的情景。

西方传统哲学的符合论乃是技术理性的哲学根源。依据符合论,各种科学在具体领域得以展开,并获得毫无顾忌的发展;尔后再将科学的研究成果运用于技术,促进技术的产业化,开始对自然的促逼与索要,令自然匍匐于人类的脚下,实现了古希腊智者普罗泰戈拉的名言"人是万物的尺度",及其现代变种——贝克莱主教的"存在即被感知"与笛卡尔的"我思故我在"。笛卡尔甚至更露骨地说:在现代,人已经变成"自然的掌控者和拥有者"。如果说这一情况在17世纪还只是萌芽的话,时至今日,后果已极为严重。人与自然的关系紧张、持续而深刻,欲罢不能。

不仅如此,依照海德格尔的意见,那些独立出去的科学很快就被一门名叫"控制论"的基础科学所规定和操纵。在控制论的规定和操纵之下,"表象-计算性思维的操作特性和模式特性获得了统治地位"[2],从而开始了世界历史的新进程:技术理性思维支配着今天的每一个人,使人疯狂地促逼自然、压榨自然;人自身在这促逼与压榨中也沦落为工具,成为马尔库塞所说的"单面人"。"单面人"的特性就是缺乏反省与批判意识。果然,人们正在、还在为自己对自然征服而沾沾自喜——卫星上天,原子弹爆炸,多么辉煌的成就啊!不过,人类对自然的每一种征服,自然都会予以加倍的惩

---

[1]《论真理的本质》,《路标》,第213页。
[2]《哲学的终结和思想的任务》,《面向思的事情》,第84页。

罚。这是一条铁律。

第二节 老子的关联性思维方式

老子的思维方式与西方对象性的思维方式有着根本差异，他的思维方式是关联性的思维方式。最为典型的是其"阴阳""知白守黑"的论断。其他如"有无相生，难易相成，长短相形，高下相倾，音声相和，前后相随"（二章），都是两两相对。老子不仅看到了事物的这一面，还看到了事物的那一面，反映出老子眼中的事物具有密切的关联性，绝不是非此即彼，也不是严重对峙。"阴阳""黑白"这些看似对立的事物，其实是你中有我，我中有你，是一种亲密性的区分，同一中的差异。老子说："明道若昧，进道若退，夷道若纇，上德若谷，大白若辱，广德若不足，建德若偷，质真若渝，大方无隅。"（四十一章）范应元《老子道德经古本集注》解读此段义理最为透彻，云："道之明者，微妙幽玄，故如昏昧；道之进者，不与物争，故如退缩；道之夷者，高下随宜，故如不平等也；德之上者，虚而能应，故如空谷。白之大者，和光同尘，故如垢污；德之广者，不自盈满，故如不足；德之建者，不求胜人，不炫聪明，故如输愚；真之质者，随宜应物，故如渝变；方之大者，无所不通，故无圭角。"

以上老子揭橥的现象内含辩证意味，柔顺、温和、亲密、谦抑、内敛，"明"与"昧"、"进"与"退"、"夷"与"纇"都是关联性的，不是西方那种表象性思维方式主客对立的情形。"上德若谷"，"广德若不足"，显示了上德虚怀若谷，盛德似有欠缺的景象，丝毫没有西方对象性思维方式对于外物的那种咄咄逼人的进攻性与侵略性。"建德若偷"，王弼注："建德者，因物自然，不立不施。""因物自然，不立不施"，正反映了老子对待世界之物的态度。

建德者作为主体性的人，顺应事物的本然之理，对其不施加任何主观的意愿，与物虽有区别，但似浑然一体。"质真若渝，大方无隅"两句，也是随物变化，无所不通，与西方那种所谓科学的严格的思维方式判然有别。当然，从老子"正言若反"的叙述习惯来看，其表现形式也有现象与实质的某种分离、悬隔与差异。这种分离、悬隔与差异，正是事物的本然之态、应有之理。老子可谓目光如炬！

第三节　老子近乎独断的直言式论断

从逻辑上说，老子的论断几乎都是直言命题，有许多观点不提供任何论证。有人说，这是"基源性哲学家的特权"（丁耘语）。《韩非子·喻老》以一系列故事来印证老子之言的卓见，这种方式本身就运用了因果律。比如，四十一章"大器晚成，大音希声"，老子并没有对这个论断展开论证，以证成其说。于是，韩非引用历史典故的方式进行解释："楚庄王莅政三年，无令发，无政为也……（后）乃自听政，所废者十，所起者九，诛大臣五，举处士六，而邦大治。举兵诛齐，败之徐州，胜晋于河雍，合诸侯于宋，遂霸天下。庄王不为小害（"害"为衍文，当删）善，故有大名；不蚤见示，故有大功。故曰：'大器晚成，大音希声。'"这是用楚庄王的故事，来印证老子的"大器晚成，大音希声"。

再如，老子说："道可道，非常道；名可名，非常名。"（一章）意在说明"常道""常名"之不可说、不可称谓。但老子并没有对此展开论证，只是形容其"恍兮惚兮""寂兮寥兮"这种现象学式的描述。这反映了老子思维的超拔想象力——在费希特式的想象力中构建"道"。德国哲学家费希特在1795年给赖因霍尔特的信中说："我的哲学的入口始终是不可理解的，这使我的哲学很费解。因为它只能用想象力去把握，而不能用理智去把握。"在这一点上，老子与他何其相似。老子哲学与运用形式逻辑,以严密的判断、推理等运思方式,对对象条分缕析的西方分析哲学,殊为异趣;这倒是与维特根斯坦的论断方式颇相仿佛。比如,维特根斯坦说:"世界是事实的总和,而不是事物的总和。"[1] 维特根斯坦在《逻辑哲学论》中探讨的是与逻辑和语言的本性相关的问题,从而为"思想设定界限",那么为何他在书的开头谈论世界的本性呢?维特根斯坦对此并没有任何说明或论证。为了更确切地理解上述论断的含义,有人不得不对维特根斯坦本来缺乏的论证过程加以还原与展开。罗杰·M·怀特(Roger M. White)说,维特根斯坦"无论他着眼于命题的本性,抑或逻辑的本性,抑或对语言的有意义使用与胡话之间的区别,他都一以贯之地以'真'作为它探索工作的核心。所谓真理,就是根本上有真假可言的东西;所谓逻辑真理,就是无论实际情况如何一概为真的东西"。然而,"无论为真还是为假……都在于向某种设定对错标准的东西做出应答。而世界的引入无非就是作为一切能为我们语言中的命题设定对错标准的东西的总和",如此就把我们语言中的命题与世界联系起来了,"才使命题能依据世界的样子而为真或为假"。[2]

老子有时也用选言命题,在两者中择一弃一。如四十四章:"名与身孰亲?身与货孰多?得与亡孰病?"司马光《道德真经论》对最后一句的解释是:"得名货而亡身,与得身而亡名货,二者孰病?"前两句是取生命而放弃名誉与财货,后一句是放弃名利而取生命。

老子甚至还用上了假言命题,如十三章:"吾所以有大患者,为吾有身,及无吾身,吾有何患?"其中"及"字作假如解。最后两句意谓:"假如没有身体,我哪来什么祸患?"

[1]《逻辑哲学论》,第22页。
[2]《导读维特根斯坦〈逻辑哲学论〉》,张晓川译,重庆大学出版社2018年版,第32页。

下篇
中国老子古典学说与西方哲学思想的"视域交融"

第四节　老子与西方共通的因果律判断式叙述

人类的思维方式有共通之处，老子也不例外，《道德经》中有不少论述也运用了因果律。在西方哲学史上，因果律作为一种思维规则源远流长。亚里士多德创立逻辑学（形式逻辑），提出了"四因说"，任何事物的形成或者说完成，都有其原因，即质料因、形式因、动力因与目的因。这个"因"就是原因，是引起结果的前提和必要条件。哲学巨匠康德对因果律有过精辟的分析，他把因果律置于时间维度里加以考察。人知觉到的种种显象，在时间上是相继而起的。康德说："也就是说，在某一时间有事物的一个状态，其反面曾存在于前一个状态中。"[1] 时间相继而起的特点，恰恰符合因果关系中的显象，因为这种显象在时间上的发生是一前一后的。康德总结说："在此它就是原因与结果的关系的概念，由此原因在时间中把结果规定为后果……因此，只有通过我们使显象的相继以及一切变化从属于因果性的规律，经验亦即显象的经验性知识才是可能的"。[2] 知性范畴要运用到经验对象，构成知识，必须通过时间图形，因为时间是人们感知杂多材料的先天感性形式。原因引起结果，是一个相继发生的过程，在时间图形上表现为相继而起。海德格尔也十分重视因果律，说："一个已经普遍接受的公理：没有根据便一无所有，或者，没有原因就没有结果。"[3] 因果律作为重要的思维规则，得到哲学家与逻辑学家的普遍认同。

《道德经》对表示事物产生后果或人的行为引起的结果，往往

---

[1]《纯粹理性批判》，第178页。
[2] 同上，第179页。
[3]《论根据的本质》，《路标》，第152页。

用"是以"或"故"的词语来连接其间的因果关系。如"大道氾兮，其可左右……万物归焉而不为主，可名为大。以其终不自为大，故能成其大"（三十四章），最后两句说，大道因为自己始终不以为大，反倒成就了它的大，明显构成因果关系。又如七十一章："知不知，尚矣；不知知，病也。圣人不病，以其病病。夫唯病病，是以不病。"知道自己有所不知，这是最上等的；不知道却自以为知道，这就是弊病。《吕氏春秋·别类》"过者之患，不知而自以为知"就是解释老子的这两句话。圣人没有弊病，是因为他们把弊病当作弊病。正因为他们把弊病当作弊病，所以他们反而没有弊病。最后两句话也构成因果关系。

老子还以另外一种方式来表示因果关系，即把结果放到前面，把原因置于后面。他说："故以身观身，以家观家，以乡观乡，以邦观邦，以天下观天下。吾何以知天下然哉？以此。"这里，"以此"的"此"指的是要从"我"个人观照其他人，用"我"家观照其他人的家，用"我"的乡观照其他人的乡，用"我"的邦观照其他人的邦，用"我"眼中的天下观照其他人眼中的天下。这种推己及人的观照方式使得"我"可以知道天下的情况。

第十五章
出于幽谷，迁于乔木

长期以来，由于西方哲学中心论的偏见，西方哲学家们对中国古典哲学思想持轻视乃至于贬损的态度，如黑格尔。他称孔子的哲学只是一种常识道德；对于老子，黑格尔也是寥寥数语，只是说："道为天地之本、万物之源。中国人把认识道的各种形式看作是最高的学术。"直到20世纪西方哲学走进死胡同，困在概念之下，才有人把目光转向东方，特别是转向中国的古典哲学思想，而老子的思想智慧尤为引人瞩目。这个人就是誉满世界的德国现代哲学家海德格尔。关于海德格尔与老子思想的亲缘性，在哲学界里已经不是什么新鲜的事情了。海德格尔把老子的"道"与西方哲学的核心词语"逻各斯"以及他后期津津乐道的"本有"相提并论，称之为主导词语，居于为思想服务的中心位置。

海德格尔一直试图解构并重建西方形而上学。在西方传统形而上学语境中，海德格尔深深感受到了一种近乎窒息的困境。他对思想突围的渴望，就如一个长年漂泊于大海之中的水手渴望陆地一样。人们不禁要问：老子的什么思想竟如磁石般吸引着海德格尔？这与海德格尔对哲学使命的终结有关。在哲学与科学尚未分化之前，"哲学"一直被视作是科学中的科学，随着科学门类的日益发展与完善，哲学被科学挤占了地盘，被撵出了神圣的殿堂。正如海德格尔所说："科学之发展同时即科学从哲学那里分离出来和科学的独立性的建立。这一进程属于哲学之完成。"[1]

哲学是终结了，也就是聚集到了它最极端的可能性之中，但真正的思想（沉思）开始了，也就是说对于人类终极命运的思考没有停止，也不会停止。而在思想这一方面，老子恰恰提供了一种新的可能性，开辟了一条不同于西方的道路，升起了一缕地平线上的曙光。

老子的思想犹如一颗久久沉埋于地下的明珠，暗淡无光。西方曾鄙视它，而现代中国一度只以一种思想原则来规定它，几乎封闭了它内涵的丰富性。老子的思想遭遇不公正甚至歪曲的理解。只有把老子的思想放置到世界思想史中，与其他民族的思想进行创造性的对话，通过对比、交融，才能显示出它的真正价值。民族性的思想因为具有自己不可替代的特色，所以它同时也是世界性的思想。多元思想的碰撞才能产生新的火花。从这个意义上说，老子应该是一个以中国传统文化特色为本位的具有世界级水平的深刻的思想家。他的思想昭示着历史的未来，古老的东方智慧应该在世界思想上占有一席之地。

有人说，整个西方哲学史就是一部柏拉图思想的注释史；我们也可以接着说，整个中国思想史就是一部儒道阐释史。而且，我们可以理直气壮地说，即使是把老子的思想放到世界范围去比较也毫不逊色，它甚至有助于目前克服西方的思想危机，开辟出一条新的道路。

老子的思想是中国这个东方古老民族的精神文明的源头之一。从文明源头产生的思想，无疑具有开创性。而开创性的思想，又具有伟大的本质性的力量，因为它是不可复制的、不可替代的，也是不可超越的。时至今日，我们之所以一再对老子的思想进行诠释，与它进行创造性的对话，是因为我们要从已经被思过的老子思想中去思它尚未被思过的东西，以期把它精粹的思想恰如其分地释放出

---

[1]《哲学的终结和思想的任务》，《面向思的事情》，第83页。

来，从而赢获它的本质性的力量。

老子的思想固然已是两千多年前的过去之物。如果我们按照只是对它进行表象化的处理，那它顶多是中国古代众多思想流派中的一支，不足为奇。但如果我们直面老子思想的"实事"，把它视作中国古代思想史上的一个伟大事件，那么我们就要直奔老子思想的核心，萃取它的精华，以规划当前，昭示未来。"伟大的传统作为将-来走向我们。它绝不通过对过去之物清算而成为它所是的东西：指望、要求"[1]，而是要把老子思想这个过去之物中隐蔽的世界带向开放之境，带向将来，这个思想世界因为具有开端性而蕴含着无穷无尽的变化力量。它或许会向人类的历史命运、人类的终极关怀献上一份智慧的礼物。

中国具有同样影响的思想家孔子是"述而不作"，即对周创制的礼乐文化进行阐释，传承其脉络，保存其精华，使之发扬光大；而老子则不同，他是"作而述之"。老子创设了"道"这个全新的概念，把中国式抽象思维的水平提高到了一个前所未有的境界，更为重要的是他能为目前陷入困的世界思想境，指点迷津，寻找出口。他的道家学说与《周易》的"生生"与"变易"思想是中国思想史上两座巍然耸立的文化丰碑。

老子是一个自然主义哲学家，又是一个形而上学思想家。他创设的"道"有象、有物、有精，具有原始物质的属性。它又是先天地而生，是万物之母，具有始源的性质与意味。道无名无形，恍兮惚兮，寂兮寥兮，因而超越形而下，成为形上之物，可以体悟而不可究诘。道独立而不改，周行而不息，逝远而知返；道虚静柔弱，谦抑退让，不与争功；道之于万物，生而不有，为而不恃，长而不宰，功成而不居。

老子说"道法自然"，并不意味着道之上还有一个更高等级的

---

[1] [德]海德格尔：《思想的原则》，《同一与差异》，第135页。

自然，自然在这里是一个形容词。"道法自然"的意思就是道纯任自然，不含人为模拟的因素；道就是事物本然的状态，就如海德格尔的"本有"一样。它的特性就是顺应自然之理（《韩非子·解老》所谓"缘道理以从事"），不以人的主观意志霸道野蛮地干涉事物，使之成为工具理性的对象。行道之士应该自觉地与自然高度契合，辅助万物的自然变化而行事。将此对待事物的原则与态度贯彻到社会生活中去，对统治者而言，就是要无为而治，蠲除苛繁的法令；对百姓来说，则是要他们自我化育，自由生活，自在生存。

"缘道理以从事"，就要去除"前识"，摒弃"自见"。这种所谓的先见往往偏离、歪曲对道的认知，是道的虚华，是愚蠢的开始，应该用现象学的还原法"加括号"予以悬搁。

"缘道理以从事"，就能看到事物都具正反两面，所以，不仅要看到事物的正面，更要看到事物的反面。要"知其白，守其黑"（二十八章）。"人是不能消除这种幽暗的。而毋宁说，人必须学会，把这种幽暗承认为不可避免的东西"，因为"幽暗却是光明之奥秘。幽暗保存着光明。光明属于幽暗"，"终有一死的人的思想必须落入井泉深处的黑暗中，才能在白天看到星辰"[1]。老子不仅看到了事物的正反两面（最典型的就是"白"与"黑"，这也被海德格尔在《思想的原则》一文中直接引用），并看到了对立的双方可以互相转化："毫末"可以转化为"合抱之木"，"累土"可以转化为"九层之台"，从而发生事物性质的变化，蕴含着丰富的辩证思想。但在老子那儿，这种转化是渐进式的，潜滋暗长，悄无声息，少有爆炸式的突变。

西方思想史上一个重要事变就是辩证法的诞生。海德格尔说："历史地看，这个事变（Vorfall）几乎可以回溯到一个半世纪前。这个事变表现在：通过思想家费希特、谢林、黑格尔的努力——已经

---

[1]《思想的原则》，《同一与差异》，第144—145页。

下篇
中国老子古典学说与西方哲学思想的"视域交融"

由康德作了准备——思想被带入它的可能性的另一个维度之中,另一个在某些角度看最高的维度之中了。思想有意识地变成了辩证的。连荷尔德林和诺瓦利斯的诗意沉思也在这种辩证法区域内活动,甚至更激烈地为它未经探测的深度所触动。"[1] 海德格尔给予辩证思想以很高的评价,称它是"最高的维度"。然而,老子早在两千多年前就已经天才地发现了现实世界与人类思想中的辩证法因素,并揭示了它的要义与玄妙的变化。尽管它还是朴素的,但已弥足珍贵。

"缘道理以从事",就能体察到事物如果发展得过分强壮,必然导致衰老,直至死亡。因此,要消除奢泰,不肯盈满,始终如朴如谷。老子的"朴",既是道的别称,又提示了道的性质是质朴的。质朴的东西往往是最有力量的,因为它不是计算性的、表象性的。"朴散则为器"(二十八章),就使最有力量的东西降维了,消散了。老子尽管仍坚持"大制不割"(二十八章),但已不无忧虑地看到这种降维与消散的必不可免。或许,这是人类历史发展的一种宿命。

老子的"道"又是虚静的。这种虚静不是人为的心理学意义上的虚静,与修身养性无关。它是道性的一种存在状态,是其最为本质性的特性之一。唯其"虚静",才能够容纳万物,所以,老子说:"道之在天下,犹川谷之于江海。"(三十二章)百川归海,万物复返于道。唯其"虚静",才能"袭明",保有与掩藏智慧。这两点就足以显示"道"的虚静的伟大力量。海德格尔说:"那种对于最寂静之寂静的最寂静的证明,在此寂静中,一种不可察觉的冲击(Ruck)把真理从一切被计算的正确性之混乱状态倒转入它的本质之中:使最隐蔽者保持隐蔽,诸神之决断的掠过的战栗,存有之本现。"[2] 这话把寂静抬高到了无以复加的地位,寂静将真理从计算性思维中解放出来,转投到它的本质中去,即转投到自由的敞开域中去,于

[1]《思想的原则》,《同一与差异》,第133页。
[2]《哲学论稿:从本有而来》,第421页。

是就产生了三种情形：其一，寂静使存有之真理的持权杖者（即最隐蔽者）保持他的隐蔽状态，不轻易显露；其二，寂静使"诸神之决断的掠过"产生战栗；其三，寂静使存有的本质得以现身。而将来者乃是"这种真理之本质现身的迟缓不决而长久倾听的建基者"[1]。老子与海德格尔都注重虚静或寂静，可说是达于一致。

"缘道理以从事"，需要知晓事物变化发展俱有规律，当观察到某一现象反复出现，则可断定有某种规律在背后起作用。"知常曰明"（五十五章），了解、知晓事物变化发展的规律乃是明智。明智是一种智慧，也是真理的表现。海德格尔所谓的真理是"自行遮蔽的敞开状态……构成存有之真理的原始本质现身"[2]。换言之，他所谓的真理是一片敞开域、一种澄明之境，它同时照亮认识者与被认识之物，它比符合论更为原始；而老子的真理是"知常之明"，即认识自然的常理、常道就是真理。反之，如果逆自然的常理、常道而任意妄为，必然会带来灾祸——"不知常，妄作，凶"（十六章）。"知常"的"知"并非认识论意义上的认识，而是一种顺从道、与道融为一体的体悟，是存在论意义上的"知"，否则老子也不会说"为学日益，为道日损"（四十八章）了。

"真理的本质是自由"。海德格尔说："人并不把自由'占有'为特性，情形恰恰相反：是自由，即绽出的、解蔽着的此-在在占有人，如此源始地占有着人，以至于唯有自由才允诺给人类那种与作为存在者的存在者整体的关联，而这种关联才首先创建并标志着一切历史。"[3]

老子的"道"的精髓是让民自化，让物自作，所以是充分自由的。这种"让自化"与"让自作"，用海德格尔的行话说就是"让存在"。他说："让存在，亦即自由，本身就是展开着的（aus-setzend），

---

[1]《哲学论稿：从本有而来》，第421页。
[2] 同上，第430页。
[3]《论真理的本质》，《路标》，第222页。

是绽出的（ek-sistent）。着眼于真理的本质，自由的本质显示自身为进入存在者之被解蔽状态的展开。"[1] 海德格尔的"自由"是其"自身为进入存在者之被解蔽状态的展开"，而老子的"自由"是"天高任鸟飞，海阔凭鱼跃"，这显示出东西方哲学思想的不同特色。

老子的"道"就是保持事物的本然状态，它的特性是"无为而无不为"（三十七章），是"知其白，守其黑"，是"敝则新"（二十二章），是"柔弱胜刚强"。它的运行规律是"逝"，是"远"，是"反"。人们如果反乎它的特性与规律而行动，就不得自由。故是道"占有"了人的自由，而不是人的自由"占有"了道。人为了要获得自由，首要就是顺从道并体悟道的特性与规律。所以，老子赞许"古之善为士者"（即"善为道之士"），称他们"微妙玄通，深不可识"（十五章），因为他们已经深入到了道的堂奥，充分体悟到了道的特性与规律，故他们谨慎小心，心怀惕怵，像作客一样庄矜严肃，像坚冰即将融化一样洒脱流动，像未经雕琢的素木一样质实朴素，像深山幽谷一样空旷显豁，像浑浊之水一样随和包容。

老子说："上士闻道，勤而行之。"（四十一章）善为道者，不但能体悟到道的特性与规律，还能够"勤而行之"。他们完全遵循道而行动，把光明的道看作好似暗昧的，把前进的道看作好似后退的，把平坦的道看作好似崎岖的，把崇高的德看作好似低下的川谷，广大的德看作好似不足的，把刚健的德看作好似懦弱的。

海德格尔在他那本谜一样的《哲学论稿》中呼唤"最后者"。他说："（最后者）乃是那个东西，它不仅需要最长久的先-行，而且本身就是（ist）（这种先-行）：不是终止，而是最深的开端，此开端伸展最广，最难被超过。"[2] 这个"最后者"既是存在历史第一开端的终结者，又是开启存在历史另一开端的"将来者"。这个"将来者"以诗性的沉思来回应存在的召唤。在海德格尔的心目中，

[1]《论真理的本质》，《路标》，第220—221页。
[2]《哲学论稿：从本有而来》，第429页。

德国浪漫主义诗人荷尔德林就是这样一位"将来者"。如果从"最深的开端""最广的伸展""最难被超过"这三个维度来定义"将来者",那么老子完全合格。老子无疑是中国思想史上的"将来者"。他的道家学说是中华文明"最深的开端"之一;他的思想至今仍被人从不同的视角不断地加以诠释,历久弥新,可以称得上"最广的伸展";他的智慧不可复制、不可替代,也是不可超越的,完全符合"最难被超过"这一严苛的衡量尺度。老子这个"将来者",生前寂寞无名,他"逃避一切计算,并且因此就必定能够忍受那最嘈杂和最常见的误解之重负,要不然,这个最后者又如何可能保持为赶超者呢?"[1] 这个"最后者"作为"赶超者",是对存在历史-真理另一个开端的赶超,也是更前行者。

---

[1]《哲学论稿:从本有而来》,第429页。

结 语

中国的春秋战国时代是老子道家思想植根的土壤、产生的基础、聚集的大地。老子其人其书的诞生，绝对是中国观念史上一个重要的思想事件，它如一颗晨星，划破了黑夜的阴暗，启迪了黎明的光亮。它在中国人思想拓荒的路途中竖立了一座路标，指示了未来的方向。老子破天荒地提出作为纯粹哲学意义上"大象"之物"道"的概念，将它升华到思想的顶层，使其成为万事万物的始基与最高规定（也即无规定的神秘物），这极大地发展了中国人的抽象思维能力，并由此发展出了一套宇宙生成论、本体论、政治哲学、认识论、知识论体系，形成了中国特色的真正意义上的哲学创造，体现了东方式的哲学思考与思想路径，其世界性的贡献堪与古希腊前苏格拉底时期的思想家巴门尼德提出"存在"概念相颉颃。从老子生活的年代到今天，时光流逝，已经过去了两千余年，但当我们回过头去重新温习、评估老子的道家思想，仍能感受到它逼人的光芒。它给处于世界时代的黑暗而趋近子夜的人们一种思想上的鼓舞，为终有一死的人指出追寻通达转向的道路。或许，目前西方形而上学的困境，能够在东方老子"道法自然""大而化之"的道家思想中找到真正的出路。在这贫困的、匮乏的计算时代，我们必须学会善于聆听思想家兼诗人老子的吟唱与道说，把握它的思想意蕴，澡雪我们的精神，在响应它的召唤中将自己锻造成自由之人。

后 记

此书得以问世，经历了一番曲折。早在 20 世纪 80 年代末，前同事姚铭尧君（也是我几十年来的好友兼诤友）就介绍我阅读海德格尔的代表作《存在与时间》，说是与他一起考入华师大一附中的挚友王鸿生君推荐的。王鸿生君并告诉他，海德格尔提醒世人，从来的西方哲学家孜孜竞逐存在者，而恰恰遗忘了远为重要的存在问题；他要重拾这一问题，追问存在的意义。这话令我印象深刻，久久萦回脑际。姚铭尧君是我接触海德格尔的第一位引导者。然而，《存在与时间》向以艰涩难懂著称，令许多人望而却步，心生畏葸。虽然，我勉强读了该书的一些片段，但以我过去积存的那点可怜的马克思主义哲学知识，尚不足以打破这颗坚硬的"核桃"，遂有望书兴叹之感。后来，因为工作的调动，不再碰这部巨著，颇有遗珠之恨，耿耿于怀。直到我退休后，决心再去啃读这部巨著，攻坚终于有了初步的成功，自以为得其哲学思想的精髓，心里的喜悦自不待言。于是我由《存在与时间》出发，进而系统地阅读了海德格尔的《路标》《林中路》《演讲与论文集》《形而上学导论》《面向思的事情》《同一与差异》等名著，甚至还小心翼翼地浏览了他谜一般的《哲学论稿》。经过大约四五年的集中攻读，我算是初步掌握了海德格尔哲学思想的主旨与脉络，形成了一个较为完整的认识。几十年来，我一直对中国古典学怀抱着浓厚的兴趣，在攻读海德格尔著作时，突然发现他在晚年对中国老子的思想格外垂青，并在其著作与演讲中引用了《道德经》里的原话，作为他突破思想重围的助力。这令我十分吃惊，也让我萌生了将二者思想进行对比研究的雄心。我研究的处女作《老子之"道"与海德格尔的"林中空地"》，经当时身处异国他乡的姚铭尧君积极撮合，最后在亦师亦友的王鸿生教授耳提面命的指导下，有了一个还算像样的形态。因为这篇文章的媒触，我在思想的道路上继续艰难地跋涉，写成了今天呈现于读者面前的这部新著——《老子新说——中西会通解老子》。

拙稿"分娩"后，我不敢自专，分别请海德格尔研究专家张振华教授与上海古籍出版社的袁啸波编审审读。他们从各自的专业出发，对拙稿提出了非常宝贵的意见，补苴罅隙，踵事增华，令我受益匪浅，深为铭感。在这里，我还要特别提到两位：一位是我多年的好友刘仲善君，他不弃谫陋，惠然赐序，令拙著光宠之至。另一位是我的亲戚朱磊教授，他是知识渊博的比较语言学者。他对拙著中涉及的希腊文与德文作了认真的审核与校正，避免了错讹的发生。上海书店出版社编辑陆陈宇，在修改拙稿时作了大量细致周密的工作，还有解永健先生抱持的十分积极的态度与周到妥帖的安排，我在此一并致以敬意和谢意！

最后，我要说的是：在思想的入口处，就像在地狱的入口处一样，"这里必须根绝一切犹豫；这里任何怯懦都无济于事"（引自但丁《神曲·地狱》中的名言）。

陈继龙
写于 2024 年 8 月下秒

图书在版编目(CIP)数据

老子新说：中西会通解老子 / 陈继龙著. -- 上海：上海书店出版社, 2024.12. -- ISBN 978-7-5458-2420-9

Ⅰ. B223.15

中国国家版本馆 CIP 数据核字第 202439ZH89 号

特约编审　袁啸波
责任编辑　陆陈宇
封面设计　郦书径

老子新说
——中西会通解老子

陈继龙　著

出　　版	上海书店出版社
	(201101　上海市闵行区号景路 159 弄 C 座)
发　　行	上海人民出版社发行中心
印　　刷	上海商务联西印刷有限公司
开　　本	890×1240　1/32
印　　张	10.25
版　　次	2024 年 12 月第 1 版
印　　次	2024 年 12 月第 1 次印刷
ISBN 978-7-5458-2420-9/B・134
定　　价	78.00 元